本书系国家社科基金青年项目"传记社会学的历史、理论与主要议题研究"(项目编号:15CSH003)的最终成果。

传记社会学理论议题

鲍磊 著

Biographical Sociology

中国社会科学出版社

图书在版编目（CIP）数据

传记社会学：理论议题／鲍磊著 .—北京：中国社会科学出版社，2023.11
ISBN 978-7-5227-2372-3

Ⅰ.①传… Ⅱ.①鲍… Ⅲ.①传记—社会学—研究 Ⅳ.①K810

中国国家版本馆 CIP 数据核字（2023）第 143970 号

出 版 人	赵剑英
责任编辑	许 琳 姜雅雯
责任校对	冯英爽
责任印制	郝美娜

出　　版	中国社会科学出版社
社　　址	北京鼓楼西大街甲 158 号
邮　　编	100720
网　　址	http://www.csspw.cn
发 行 部	010-84083685
门 市 部	010-84029450
经　　销	新华书店及其他书店

印　　刷	北京君升印刷有限公司
装　　订	廊坊市广阳区广增装订厂
版　　次	2023 年 11 月第 1 版
印　　次	2023 年 11 月第 1 次印刷

开　　本	710×1000　1/16
印　　张	15.5
字　　数	239 千字
定　　价	88.00 元

凡购买中国社会科学出版社图书，如有质量问题请与本社营销中心联系调换
电话：010-84083683
版权所有　侵权必究

目　　录

导论　理论的视角 …………………………………………………（1）

第一章　传记与社会学：走向联姻 ……………………………（8）
　　一　传记及周边概念 ……………………………………………（9）
　　二　从传记的社会学到传记社会学 ……………………………（12）
　　三　个体传记与社会结构 ………………………………………（18）
　　四　客观实在与主观建构 ………………………………………（23）

第二章　主要理论流派：反实证主义传统 ……………………（28）
　　一　解释学 ………………………………………………………（30）
　　二　理解社会学 …………………………………………………（32）
　　三　现象学社会学 ………………………………………………（34）
　　四　精神分析 ……………………………………………………（35）
　　五　符号互动论 …………………………………………………（38）
　　六　批判社会理论 ………………………………………………（40）
　　七　女性主义 ……………………………………………………（41）

第三章　人生档案的社会学意义：《身处欧美的波兰农民》
　　　　　方法论回访 ………………………………………………（44）
　　一　《身处欧美的波兰农民》对于人生档案的运用 …………（45）
　　二　芝加哥学派的接续与拓展 …………………………………（52）

三　布鲁默的评论及各方回应 …………………………………（55）
　　四　传记研究的式微 ………………………………………………（63）
　　五　传记转向与《身处欧美的波兰农民》再发现 ……………（70）

第四章　从生命经验到历史世界：狄尔泰的解释学 ……………（73）
　　一　生命经验 ………………………………………………………（73）
　　二　生命书写 ………………………………………………………（77）
　　三　生命之联结 ……………………………………………………（82）
　　四　客观历史 ………………………………………………………（87）

第五章　生平情境及其理解：舒茨的现象学社会学 ……………（91）
　　一　生平情境及其独特性 …………………………………………（91）
　　二　生平牵连与意义共同体 ………………………………………（99）
　　三　科学情境与理解问题 ………………………………………（104）

第六章　传记之我：斯丹莉的女性主义视角 …………………（108）
　　一　现实主义的谬误 ……………………………………………（108）
　　二　女性主义传记 ………………………………………………（113）
　　三　传记之我 ……………………………………………………（117）
　　四　研究者的自我 ………………………………………………（121）

第七章　真诚与契约：卢梭自传中的坦白术 …………………（125）
　　一　卢梭本真 ……………………………………………………（125）
　　二　辩解与虚饰 …………………………………………………（130）
　　三　自传契约 ……………………………………………………（135）
　　四　叙述之真 ……………………………………………………（140）

第八章　传记幻觉：从布迪厄的生平看其意义及其限度 ……（143）
　　一　生活史与传记幻觉 …………………………………………（143）
　　二　布迪厄的生平境遇及其自我分析 …………………………（146）

三　布迪厄隐晦的自传体反思 ……………………………… (151)
　　四　客观性问题 …………………………………………… (155)

第九章　个体化进程中生平模式的转变：从传统到现代 ………… (160)
　　一　标准生平 ……………………………………………… (161)
　　二　选择生平 ……………………………………………… (164)
　　三　风险生平 ……………………………………………… (169)
　　四　生平规划的可能性 …………………………………… (172)
　　五　生平模式的制度化 …………………………………… (178)

第十章　情感资本主义下的治疗性叙事：伊洛兹基于美国社会的省思 ……………………………………………… (182)
　　一　治疗性叙事的脉络 …………………………………… (183)
　　二　治疗性叙事的制度化 ………………………………… (186)
　　三　治疗性叙事的结构 …………………………………… (190)
　　四　苦难的魅力：奥普拉的脱口秀 ……………………… (194)
　　五　治疗性叙事的逻辑 …………………………………… (199)

第十一章　社会学书写：传记式路径 ……………………………… (201)
　　一　社会学家的缺席 ……………………………………… (201)
　　二　传记式书写 …………………………………………… (206)
　　三　社会学自传 …………………………………………… (210)
　　四　一种可能的书写方式 ………………………………… (213)

结语　传记社会学的邀请 ………………………………………… (216)

参考文献 ………………………………………………………… (222)

后　记 …………………………………………………………… (244)

导 论

理论的视角

20世纪七八十年代以降,"转向"或曰"取向"如同病毒般在人文与社会科学领域中传播开来（MacLure, 2003: 4）,如历史转向、文化转向、空间转向、叙事转向、情感转向、语言学转向、主体性转向、个体化转向,等等。曾经在学术领域占有一席之地日后却被忽略的研究议题或方法,如今重新获得学界关注,某些鲜为人关注的研究领域逐渐被发掘。其实,无论哪种转向,都是朝向理解我们这个社会世界所做出的一种努力,一种不同于以往的努力。这些转向侵蚀了学科之间的边界,扭转或者说打破了以往研究的基本理论预设,开启了新的研究空间和研究进路。本书所探讨的传记转向（biographical turn/the turn to biography）,即是其中之一,它意味着大致20世纪70年代中后期以降,"传记研究"开始被认可为一种具有批判性的学术研究方法。本书有充分理由相信,这一转向代表着当代社会学的一种新进展,或者说呈现了本学科的一种发展趋势。退一步说,它"或许并非承载着伟大的和创造性的理论雄心,能从根本上改变我们看待世界的方式,但它的发展依然呈现出过去三十年人文研究的重大演变"（Renders et al., 2017: 1）。

转向只是起点,更重要的是后续表达规则、理解规则的建立。各类转向的提出者与拥护者总是有着同样的心情,那就是高调突出此种转向的重要性,而且似怎样强调都不过分。有学者甚至把传记转向的重要性与库恩（Thomas Kuhn）所谓的范式转变进行类比,认为"其影响所及不仅是一系列学科的定向,也包括它们之间的互相联系"（Chamberlayne et al., 2000: 1）。在晚近的发展中,越来越多认同此道者努力将该议题向前推进，并顺势采取"传记社会学"（biographical sociology/the sociology of biography）这一具有统辖性的表述。遗憾的是，就社会学传记转向及后续发展而形成的具有分支学科意义的传记社会学，学术界至今还没有对其理论与方法的影响进行全面、系统地检讨，尤其是在国内学界，虽有少许进展，但整体上并没有引起足够的重视。本书便意欲在此方面有所作为，从理论视角出发为该领域提供有效理论供给。为行文方便计，更多则出于一种认同态度和捍卫立场，本书如下便以"传记社会学"名之。对于传记社会学，目前还没有一个明确的界定，这当然是每个新领域在真正取得合法性之前均会面临的遭遇（Shantz，2009）。

从传统理论资源中寻求理论和方法论上的支撑，是新兴研究领域获得承认的一贯做法。笔者注意到，由于受到研究者的知识结构、价值观念、态度以及个人经历等方面的影响（Merrill and West，2009：58），对于这一"晚熟"的传统，虽许多研究者皆声称采用了传记式研究路径，但他们在理论以及方法论的选择上却存在分歧，解释学、精神分析、女性主义、符号互动论、批判社会理论、后结构主义以及后现代主义等都被便宜性地拿来使用，甚至于有学者认为，"传记研究代表了一种视角、重点和理解方式的拼贴，它们各自植根于不同的学科和方法论传统"（Merrill and West，2009：98）。笔者的关注是有限的，只能关注那些相对系统或者说主要的传统，关注能够为本领域提供可借鉴资源的研究，诚希望读者在批评指正时，认识到笔者所受局限与选择性需要。

考察传记与社会学之间的这场联姻，有必要先考察联姻一方"传记"的内涵。本书并不试图去逐项检讨此前学者对于传记概念的界定，而是在社会学的学科语境下分析其所具有的意涵。第一章将首先就关键概念予以简明界定。对于社会科学中的各种转向而言，其都意味着又"注册"（register）了一个新的研究领域（MacLure，2003：195）。如果说，在转向之后，"研究者和言说者心中多了一重想象的维度，或者多了一层反思"（成伯清，2007：56），那么，这重想象的维度是什么？它给我们带来何种反思？传记研究有着颇为复杂的理论传统，因此，争议是在所难免的，也是多方面的。可以说，几乎从传记转向一开始，它就受到各方质疑，认为这种对个人叙事的运用在根本上就是有问题的。"在社会学中，有些人并不愿意，甚至抵制将传记研究作为可接受的一部分。"（Shantz，2009）第一章也将围绕个人与社会、事实与建构、主观与客观相互对立的角度进行检讨，细心的读者也能看得出笔者的捍卫立场。

第二章概略呈现了传记社会学的主要理论传统或流派。在拉斯廷（Michael Rustin）看来，这些研究总体上属于"科学至上主义的例外情形"（exceptions to scientism）（Rustin，2000），是对孔德（Auguste Comte）之后的实证主义的反抗，换言之，它们都属于某种反实证主义传统。应当说明的是，本书将考察的重点放在反实证主义思想传统方面，并不是说实证主义研究路径在该领域毫无作为。毕竟，在一定限度内，任何范式和方法都是有效的。而且，传记的"主流形式和内容源自实证主义和基础主义的起源和假设"（Stanley，1992：154）。"通常情况下，直到目前为止，'生活史方法'是通过传统实证主义的观点来评估的，或者至少是作为它的起点。"（Roberts，2002：37）在后续的发展中，天真的实证主义虽然为人抛弃，但其新变种，如新实证主义（专注于通过经验材料和演绎来验证先前的理论）、后实证主义（人们不可能完全把握现实，只能尽可能去接近它）等，则为不同的研究者所遵循。

在托马斯（William Isaac Thomas）和兹纳涅茨基（Florian Witold Znaniecki）之前，社会学研究中也有关于传记（资料）使用的情况，如韦伯（Max Weber）在《新教伦理与资本主义精神》（*The Protestant Ethic and the Spirit of Capitalism*）一书中，对于《富兰克林自传》中许多表述的引用；普卢默（Ken Plummer）在寻找社会学中"人文主义方法"的起源时，也发现19世纪与20世纪早期社会调查者把日记、书信、照片、生活史作为典型材料（Plummer，1983）。但两位作者有关波兰农民的研究才普遍被视为传记研究之先河，甚至可以说，正是由于这部作品，在研究中对个人生活档案的使用才上升到自觉的程度。第三章将围绕《身处欧美的波兰农民》（*The Polish Peasant in Europe and America*）一书，考察传记研究在社会（科）学中的遭遇，即其在社会学中的发端、发展、式微及再度勃兴的历程。总体上讲，在《身处欧美的波兰农民》一书的引领下，传记研究在20世纪二三十年代的芝加哥社会学派获得了发展，但后来的社会学家们逐渐否弃了这一研究领域或者说研究路向，尽管这一研究传统的再次复兴大致都发生在20世纪70年代初，也大都把传统追溯到早期芝加哥学派，但由于文化传统和社会发展议题的差异，它并没有基于同样的理由传播开来，其在不同国家呈现出不同的面貌。

若要理解人类行动的意义，就要从行动者内部把握其主观意识和意图，为此，狄尔泰（Wilhelm Dilthey）从解释学出发去观照人们对于生命的经验、理解与认识，进而去关注作为生命反思的传记。在狄尔泰看来，自传是关于个体对其本人生命之反思的文字表达，是理解生命最佳且最富教益的形式，是传记的特殊形式。传记是人们所把握和诠释社会—历史事实的重要途径，对历史的研究可以看作对个体的综合研究，而对于历史整体结构的把握也有助于理解生命。狄尔泰并未能彻底地解决特定个体的主观历史观念与普遍客观的知识追求之间的张力。第四章将在解释学这一传统脉络中重点考察狄尔泰作品对于传记研究的可能贡献。

接下来的第五章将考察舒茨（Alfred Schutz）关于生平情境的观点。在舒茨看来，人们看待世界的方式，离不开其利益、动机、欲望、意识形态乃至宗教信仰，他强调日常意义背后的生平情境（biographical situation），认为每个人都有自己的一套知识，并在此基础上获得一个熟悉的世界。人们所处的世界是一个主体间性的世界、共享的世界，人们在互动的过程中以相同的方式经历其中。社会科学的重点是社会成员所经历的生活世界，即个体理所当然的世界的样式。对研究者而言，应暂时悬置从本质上对事物或事件作出判断，要把重点放在观察生活世界中的成员以何种方式对其据以为真的事物或事件进行主观构建。

女性主义是社会学传记转向中的一股重要力量，对当代社会科学中传记方法的运用和个人叙事的关注产生颇大影响，传记甚至被视为女性主义社会学的基础。第六章着重考察女性主义代表人物利兹·斯丹莉（Liz Stanley）的观点。她认为，借助传记可以了解人们如何描述自己和他人，又如何经由共享知识来积极地整合自己的身份。同时，她将"思想自传"（intellectual autobiography）作为女性主义分析的一个基本要素，认为传记作者总是处于社会、文化和政治环境中，研究者将自身的社会属性作为解读传记"数据"的重要组成部分，特别是自我如何通过传记进行构建。

卢梭（Jean-Jacques Rousseau）对于现代自传的影响，无论怎样强调都不过分。盖伊（Peter Gay）认为，19世纪属于心理学的年代，在这个年代，坦白式自传、非正式的自我剖析、以自我为主角的小说、私人日记和私密手札随处可见，它们从一股涓涓细流转为主流的书写风格，作者们在写作中展现自我主体性时，都很明显地表现内省目的。对于这股思潮，人们可以在卢梭的《忏悔录》（The Confessions）以及歌德（Johann Wolfgan von Goethe）的《少年维特的烦恼》（The Sorrows of Young Werther）中寻找到根源（盖伊，2015：147-8）和体现。布鲁克斯（Peter Brooks）甚至称卢梭为现代自传体叙事之父（Brooks, 2000）。勒热纳（Philippe Lejeune）则认为，在法国乃至整个欧洲，自传诞生的确切日期就是1782年卢梭《忏悔录》前六卷的发表，并且"卢梭一下子使自传这种体裁达到一种完美的高度，也改变了该体裁的历史进程。此后，不论是谁，只要他准备写自己的传记，就会想到卢梭，不管是想模仿他还是想批判他。人们不得不以卢梭为参照了"（勒热纳，2013：57）。这或是实情。但自从《忏悔录》面世之后，越来越多的研究者发现卢梭《忏悔录》中存在不合实际、明显错误甚至故意歪曲的情形。尤其在后现代主义和解构主义那里，卢梭的"本真"形象进一步被瓦解。第七章将重点围绕卢梭《忏悔录》中"偷丝带"的故事展开，借此讨论传记叙事中的真假与建构问题。

布迪厄（Pierre Bourdieu）1986年在一篇短文中所指斥的"传记幻觉"（biographical illusion），是其中一个根本性的议题，因为它涉及该转向何以可能的问题。第八章将围绕布迪厄的这一重要观点展开讨论。布迪厄秉持客观主义的立场，批评那种依据编年体顺序将生平编织成一个连贯且完整的历史的倾向。传记叙事并非以纯然客观的方式去讲述生平往事，它的确会因为人们某种内在需要而调整。因此，真正要做的是去分析将传记构成连贯性整体的根源，挖掘隐藏在叙事背后的动机以及建构这种叙事更大的意识形态。事实上，尽管布迪厄本人也尽力避免在论述中提及自己的人生经历，但透过字里行间，读者还是能够看出其作品中隐晦的自传性反思。

由于传记从来不存在于真空之中，而是受到文化、经济、社会、历史和心理环境的影响,传记社会学既研究与历史时期有关的传记过程及其发生的社会结构,也研究"个人生平经历的叙事"。身份或认同已成为当代人经验的中心焦点,对身份的寻求正成为现代人一场持续进行的斗争。为因应生活中不断出现的张力与冲突,从社会结构中剥离出来的个体,时常需要反观自己的生平,并在必要时加以修改甚至重建。对身份的重构和追寻,必然要考虑生平的意义。不少研究者注意到,在现代性晚期,个体稳定而连贯的角色和地位正逐渐瓦解。无论人们对"个体化"现象怎么看,但毫无疑问,新近对个人的关注正在影响着社会科学的方法。"在此氛围下,一种转向研究个人的新方法论正当其时,这就是传记研究。"(Rustin,2000)读者将在第九章看到,围绕身份或认同这一当代人必须处理的重大问题,以吉登斯(Anthony Giddens)、贝克(Ulrich Beck)、鲍曼(Zygmunt Baurnan)为代表的当代学者探讨了社会结构变迁所带来的个体化及生平模式的转变。

在20世纪末,森内特(Richard Sennett)曾如此发问:"在一个让我们随波逐流的资本主义时代,我们该如何组织自己的生命史(life history)。"(Sennett,1998:117)他认为,考察人们如何应对未来,能够部分弄清如何组织生命叙事的难题。当然,考察人们如何处理过往,无疑也是极为重要的途径,而人们如何看待过往,便要从其叙事尤其是与自身相关的叙事来分析。可以说,叙事已经成为理解自我是如何经由文化来构成的一个关键范畴,它涉及个人如何在特定的社会环境中找到自己的位置,如何与他人沟通。第十章将考察伊娃·伊洛兹(Eva Ilouz)关于治疗性叙事的观点。治疗性叙事是关于自我的故事,是关于帮助自我实现健康的事件,或者说是关于导致自身健康失败的事件。治疗性叙事针对的是阻碍健康的病理或功能障碍,它们构成了叙事学者所称的"并发症"(complication),这种并发症可以是创伤性事件,或他人对自己造成的创伤,或弄巧成拙的信念和行为。这种治疗性叙事是更大的治疗文化的一部分,它创造了一种思维方式和联系方式,伊洛兹称为"情感资本主义"(emotional capitalism)。

传记转向也影响到社会学的书写。不同的学科有着不一样的书写策略,例如,关注语言、讲故事的文学领域与搜集事实、描述现实的社会科学领域，二者之间就有着明确的界限。作为社会学知识的生产者，社会学家并不只是发现预先存在的社会事实与规则。长期以来，以实证主义为主导的社会学，在研究中追求严格的客观性和科学性，排斥个人主观性，研究者本人的自传式思考被排斥在文本之外，这在很大程度上损害了其在研究过程中获得的智识与洞见。包括传记转向在内的一系列转向，促使社会学研究者反思自己的概念架构、研究方法以及书写实践，将研究者本人带回来，使"我"进入文本之中。我们看到，默顿（Robert King Merton）首倡的社会学自传（sociological autobiography），呈现了米尔斯社会学想象力意境上的个人经历、历史与社会结构三者之间的互动关系。书写社会学自传的社会学家的反思性体验及其以自传方式所作的书写呈现，是激发社会学想象力的重要途径。第十一章讨论传记转向视角之下的社会学书写问题。

视角都是局限性的，本书也不例外。在本书结语部分，笔者将点明这些局限，同时以传记社会学为名发出邀约，吁请更多研究者关注并参与到这一前景广阔、富有生命力的议题中来。

第一章

传记与社会学：走向联姻

应当注意到的是，在传记社会学这一大伞之下，覆盖了一系列互换使用的术语："口述史、传记、生命故事、生命史、叙事分析、回忆、生命回顾等标签竞相争夺关注，它们的共同之处在于，都注重借由某种方式记录和解释个人的生活经历。"（Seale et al., 2004: 3; Reinharz, 1992）其中，"传记"（biography）被选出来作为代表，或者说由它将关联概念打包收纳。由"传记"一词延伸而来的"传记研究法"（biographical method/biographical research method/biographical approach），在不同研究者那里，大抵也是各出心裁。邓津（Norman K. Denzin）倒是干脆，将其视为一系列术语之组合："方法、生命/生活、自我、经历、顿悟、案例、自传、民族志、自我民族志、传记、民族志故事、话语、叙事、叙事者、小说、历史、个人史、口述史、案例史、案例研究、书写呈现、差异、生命史、人生故事、自我故事和个体经历故事等。"（Dezin, 1989a: 27）好一个庞大的概念家族！因此，"当提到传记社会学时，我试图强调要对各类带有不同标签的研究与写作方法保持开放，包括那些所谓的传记、自传、自传民族志等"（Shantz, 2009）。表述越是多重，指涉越是广义，漏洞就会越多，澄清所需的努力也就越大，而从传记概念本身出发能更好地奠定这一转向的认识论基础，也是厘清传记社会学基本指涉的最佳方案。当然，这并不意味着要逐一检讨此前学者对于传记概念的定义，这虽有可能却没必要。本章旨在明确这一研究路向的修饰语或限定语即"传记"之意涵，进而考察它与社会学联姻对于社会学学科的意义。

一 传记及周边概念

据《现代汉语词典》，所谓"传记"，就是记录某人生平事迹的文字。它可以分为列传（纪传体史书中一般人物的传记）、别传（记载某人逸事的传记）、外传（正史以外的传记）、自传（叙述自己生平经历的书或文章）以及更多的变种、亚种。作为传记的核心指涉，人生（life）指个人生活的整个过程。因此，中文常常把"传记"视为一种体裁，旨在记述人物的生平事迹，它是根据各种书面的、口述的回忆、档案或调查资料，加以选择性编排、描写与说明而成。在结果上，传记呈现为一种书面的文本，在文学中多以"传记文学"（biographical literature）来指称。但作为与社会学联姻一方的"biography"并不能简单地对应中文语境下的"传记"，否则便会失掉其含义的丰富性。

《牛津英语大词典》（OED）对作为名词的"biography"提供了三种解释：其一，对个人（特别是历史人物或公众人物）生活的书面记录，或者是对其生活或工作的简况。在随后的发展中，它更一般地指以书面、录音或视觉等媒介方式对主体特定历史时期或特定主题的叙事史。其二，记录他人生活中事件和情况的过程（特别为着出版之目的），或者说是对于个人生活史的记录（一种书写体裁或社会史体裁）。其三，个人历史，或从整体角度看的个人生活中的事件或情况，也指个人的生命过程或动物或植物的生命周期，此时"生平"或是更为恰当的表述。除名词外，"biography"亦作动词，即"为……作传"，指的是对个人（尤指历史人物或公众人物）人生的描写，以使之成为传记或传记介绍的对象。

"自传"和"传记"这两个概念总是成对出现，我们很难在讨论其中一个时而忽略另外一个。依据狄尔泰的说法，自传是关于个体对其自己生命之反思的文字表达，而当这种反思转化为对另一个体生存状态的理解时，自传就会以传记的形式表现出来（狄尔泰，2011：31）。勒热纳（2013）的定义与狄尔泰基本一致，只是在他看来，自传并不必然是第一人称的，自传在根本上从属于传记，个人在谈论自己时，只能采用当时传记叙事中已经使用的话语类型。在英语世界,"biography"一词首次出现于 1660 年,而"autobiography"这个词则要到 18 世纪才在英国工人阶级作家伊尔斯利(Ann Yearsley)的诗集序言中出现(Smith and Watson, 2001:2)。尽管"自传"一词在西方是相对晚近时候才出现的,但自传性的书写实践有着悠久的历史,在西方或许可以追溯至古希腊罗马时代。甚至在有文字之前,自我叙事就出现在口头之中。事实上,在人类历史的大部分时间里,人生/生命故事的讲述基本上是一种口头传统,也在代代相传的过程中被不断地改造或重建。尽管口头传统今天仍然广泛存在,但是大多数文化形成了自己的书面传统。而有关生命的叙事一旦被书写,就有可能流传下来,为后人所知。因此,相较于口头传统,书面故事让历史学家、考古学家和叙事学家觉得更为确信,也能更好地去理解过去。

即便存在这样或那样的差异,各种定义都有一些基本内核。在希腊语中,"bios"意指"生命","graphe"指"写作",复合而成的"biography"就含有"生命书写"之意(Smith and Watson, 2001:1)。再加上一个表达"自我"(self)的前缀词"auto",构成"autobiography",指"自我生命书写"。细分的话,传记是"书写他人的生命",又称"他传";自传则是"书写个人自己的生命",作者(biographer)与传主(biographee)为同一人。代词"我"的使用是一种文化建构的修辞惯例。自我叙述的方式会根据不同社会对个体的考虑和相关性而变化,当作者用"他"或"她"代词而不是"我"来谈论自己时,或者当一个虚构的叙述者呈现作者的人生故事时,第三人称自传也是可能的。中文所表述的传记就包括了自传和他传,后文不作交代时便以广义"传记"来用。

传记所要呈现的便是其核心构成"bios",这也是传记社会学的核心关切。它对应英语中"life"一词,在不同的语境下,可以指"人生"(人的生平与生活),也可以理解成"生活"(人为了生存和发展进行的各种活动),或者是表达"生命"(生物体具有的活动能力)的意义。读者在后文也将看到本书对于该词的权宜性使用。不论立场如何,传记研究大多认定存在一种经历过的人生或一种可以进行研究、加工、重建和写作的人生。"life"涉及两种现象:人(person)及其人生经历(lived experience)(Denzin, 1989a:66)。每个人都有自己独特的人生或者说生命历程（life course），人既有内心体验也有外在经历，人的意识既指向思想和经验的内部世界，也指向事件和经验的外部世界，而在传记之中体现为两种经验的结合。人生意味着一系列项目的组合，人试图围绕自己的身份来组织这些项目。人生最基本的发展阶段，包括"童年""青年""中年"与"老年"这种特定的建构，因此，人生也自有其期限（life time/life span）。进言之，对于人生的书写，其实就是对人生经历的书写。所谓经历，是个人在自己的人生中对于事件的遭遇、体验与理解，它是"生活现实如何呈现给意识"（Bruner，1986：6）。

针对人生（经历）的叙事，构成人生叙事（life narrative）或者说人生故事（life story）。人生故事意味着对个人人生的讲述，主要是个人怎样度过自己的人生以及在此过程遭遇了什么、做了些什么。在利科（Paul Ricoeur）看来，叙事是人们理解世界的一种最基本的方式，是进入人类经验与行动核心的途径（Ricoeur，1991：144 – 167）。它也是一种方案，"通过这种方案，人类赋予他们的时间性和个人行为的经验以意义"（Polkinghorne，1988：11），将个体行动和事件连接成一个相互关联又能为人理解的整体。叙事还是"我们得以成为我们的方式"（流心，2005：70）。"在其行动和实践中，也在其虚构中，人本质上是一个说故事的动物。"（MacIntyre，2007：216）对于人生经历的叙事受多方面的影响，可能涵盖自生到死的全程（而非所有）经历，或者只是那些被认为重要的阶段性的或局部性的特定经历。有研究者区分了三种人生形式：（1）既往的人生（a life as lived），这是真实发生的；（2）经历的人生（a life as experience），它由生活中的人所知道的形象、感情、情感、欲望、思想和意义组成；（3）被讲述的人生（a life as told），它是一种叙事，受讲述的文化惯例和社会背景影响（Bruner，1984：7）。这种区分显然只是形式上的，人生复杂，它或许是三种形式的结合体。此外，叙事还涉及实在与建构、真相与虚假的问题。

人们有时会以讲故事的形式来叙述过往，故事可能存在虚构，或者说故事是具有情节和线索的叙事。人生故事包含在人生历史（life history）之中，"人生故事是个性化的、人格化的，而人生历史是语境化的、政治化的"（Sikes，2010：87 – 8）。人生故事可能脱离它们产生的环境。

人生叙事的产物，可以是多种形式，以记录方式存在的人生档案或"传记"是一般性的表达，其形式包括自传、日记、回忆录、书信、自画像、生活逸事、年谱、简历等以书面形式呈现的文本，也包括那些视频、录音、胶片或多媒体形态（multimedia）的形式。随着网络社会的来临，电子邮件、博客、社交网站、网页也成为传记研究的对象。尽管它们之间在形式或内容上存在着差异，但都属于"个人档案""生命档案"或"个人记录"（Plummer，1983，2001），或者称为生命书写，即以生命为题材的各种作品的总称。当然，相较于生命叙事，生命书写更为宽泛，它可以是传记式的、小说式的、历史式的（Smith and Watson，2010：3）。因此，传记社会学中的传记并不只是汉语中文本形式的传记，它也包括访谈中的传记式叙事。不过，在传记研究者来看，这其实并不矛盾，因为口述的、视觉的还是多媒体的形式，都是传记研究的对象——传记性资料（biographical data），它们最终都要呈现为文本的形式，而书面的传记就是把经验转化成文本（text）。

有研究者依据 biography 的动词含义，在晚近的研究中将"传记"延伸为一种研究方法："通常被定义为对某个人生命的解释性研究（interpretive study），它是通过书面、胶片、演讲或其他呈现媒介利用相关证据生产的。"（Stanley，2018：287）因此，"传记"一词指涉既有的叙事文本，也涵盖个人数据的收集以及对于数据的解释。

基于以上简要考察，笔者在后续论述中除将"biography"对译为"传记"外，还会在具体语境中相机采用"生平""生活/生命历程""个人经历"等表述。我们也将看到，正是该词意义的多重与复合，造成了对此研究路向的不同理解，进而激发了更多的想象。反过来说，"定义越是明确，就越可能无效，因为我们探讨的领域是模糊不明的"（勒热纳，2013：2）。

二　从传记的社会学到传记社会学

在传记与社会学的联姻之中，我们可以大致理出两种既有差异又有内在联系的发展轨迹和表述策略：其一是"sociology of biography"，可译为"传记的社会学",是针对或关于"传记"的社会学研究,以区别于史学、文学或其他学科领域的研究;其二是"biographical sociology",可译为"传记社会学",这种修饰具有分支学科的色彩(Stanley,2018)。二者一致之处包括:批评传统社会学研究对于行动者的轻忽,强调传记所体现的个人生命与社会结构之间的联系,认可传记作为构建知识来源的可能性,以及对于相关概念的运用。但在研究路径、解释结果以及研究者的介入方面,二者又存在着较为明显的差异。

《身处欧美的波兰农民》被普遍视为社会学中"最早也是最重要的传记研究",而且日后社会学的传记转向也以此为嚆矢。这并非说此前没有研究者利用传记资料,比如韦伯在《新教伦理与资本主义精神》中,就曾引用富兰克林的自传并将其作为资本主义精神的代表。但这不是以传记为主的研究,所以也就算不上是传记研究,充其量只是以书面传记的内容作为佐证。这种对于传记资料只言片语式的引用,耐心去看,在绝大多数研究者作品中都可以找到,毕竟有人说过,一切作品皆为自传。

我们大致可以说,在托马斯那里产生了"传记的社会学"。一般理解,就是关于传记的社会学研究。展开讲,它是"旨在运用社会学的视角、观念、概念、发现以及分析程序,去建构、去理解某个时代更大历史背景下旨在讲述有关个人历史的叙事文本"(Merton,1988:18)。与文史领域的学者不同,社会学考察"文本"的范围较为宽广,既包括自传、日记、回忆录、书信、自画像、年谱、简历等以书面形式呈现的文本,也包括视频、录音、胶片、口头叙事等形式的资料。除了研究既有文本,相关研究者还发展出一套研究方法来收集资料,称呼不一而足,如传记式访谈、生命叙事法、叙事访谈等,大体方案是:被访谈对象获邀谈论自己过往的人生历程,按照自己的方式谈论其自认为重要的事情,通过对过去、现在和将来的理解,建构自我和特定的社会世界。我们在第二章将会看到,在托马斯的影响下,20世纪二三十年代的芝加哥大学,兴起了一波以"人生故事"为主题的传记研究高潮。不过,此时的社会学家还只是把它们作为研究的资料来使用,即通过这个或那个个案,研究存在于生命之中的普遍特征。事实上,他们很大程度上也是受到实证主义影响的,其目的在于从被研究者那里找到"客观的现实",被研究者的主观世界以"客观化的方式存在着"。这种以既有传记（文本）为对象进行的研究，被视为属于一种自然主义的路径（Blumer，1979）。我们看到，在传记转向发生之后，依然有不少研究者秉持此研究路径。

传记的社会学着眼于传记所能提供的解释能力。传记并不是独立的，它更多受到社会环境、政治和历史事件的影响，由此出发，传记被当作重要的解释数据（biographical data）。在斯丹莉看来，传记的这种传统模式是线性"拼图"式的：某个方面的信息搜集越多，就越接近"真相"，即"整个画面"。换言之，传记的传统线性"拼图"模型是一种显微镜，它可以聚焦个人生活的每一个细节，从而以传记主体的"完整视角"将这些细节整体呈现出来，结果就是"真正的 X 或 Y"（Stanley，1992：162）。在对传记资料的处理上，以定性分析技术为主，但定量研究也在不断增多，尤其是在计算机分析技术的助力之下。社会学的传记转向还与学科之间的"跨越"有关，尤其是史学、文学与社会学之间边界的不断变动，成为传记转向的重要促动因素。社会学的介入，多少带有开疆拓土的意图。此外，就研究对象而言，相比那些特殊人物，普通人的生平得到了更多的关注。

传记社会学，确切地说，是以传记式路径来研究社会学（a biographical approach to sociology），犹如人之生老病死过程，这样的社会学也是从研究对象的发生、发展直到结局来铺陈的。与 20 世纪二三十年代的研究相比，这一视角更为宽广，或者说是从把生活故事和传记资料用作某个预测性问题研究的证据文本或例证，转向更为范式性的视角，去关注个人，关注他们的生活、回忆与叙事，并把后者作为构建知识的重要来源。伯格（Peter L. Berger）所著的《社会学：传记式路径》（*Sociology：A Biographical Approach*）算得上是最早的传记社会学。关于该书的副标题，伯格提道："我们的意思是，我们对于材料的组织，尽可能地按照个人传记（生平）中社会经历的各个阶段的顺序来进行。……我们试图通过传记式的组织以及全书的呈现，始终如一地将大的制度结构分析与具体的个人在社会生活中的日常经验相联系。"（Berger and Berger，1976：8）这种传记社会学的研究对象，已不限于人物传记，观念、事物、制度都可以用来研究，如"某条河流的传记""某个城市的传记""某个政党的传记"。因此，对于那种倾向于"关于生平的社会学（研究）"表达之人，虽并无不妥，但"传记社会学"显然更具包容性。还应当指出的是，有些作品虽然未冠以相应的标签，但实际上也属于标准的传记社会学研究，如埃利亚斯（Norbert Elias）关于音乐天才莫扎特的社会学研究。

在晚近的发展中，传记社会学开始强调研究整个过程乃至结果的呈现方面，研究者以一种移情式的方式把自己的生平/传记融入进去，将自己的生命（bio）作为自己讲述和分析的构建元素。这就是以"传记"来修饰社会学的意义，使得社会学带有研究者个人的生平色彩。理解是一个主体间的、情感性的过程，其目标是分享他人的生活经历。研究者的思想观念并不是自发产生的，而是有着特定的来源，同时也反思性地参与到同样具有反思性观念的对象之中。英国社会学会下设的传记研究小组发起人之一斯丹莉提倡使用"auto/biography"复合词，以在容纳各种形式的传记和自传的同时，彰显研究者在文本产生过程中的作用："对他人人生的描述会影响我们如何看待和理解自己的人生，我们对自己人生的理解也会影响我们如何解读他人的人生。"（Stanley，1994：i）

传记社会学挑战了有关作者具有社会"科学性"身份的既有观念，鼓励对有效性、可靠性和客观性这些概念进行重新思考（Shantz，2009）。从19世纪开始，研究者便被要求服从学术写作的"规范"，研究者本人不应该出现在其文本中，对于"我"的使用应该受到抑制（Richardson，1997：2-3）。但"所有的写作在某种程度上都是自传，因为所有的文本都有作者的身影，在某种程度上都是作者的个人陈述，作者从自我到他人，然后再返回自我。因此，研究作品包括研究者和被研究对象的公私领域的交集"（Stanley，1993：i-ix）。事实上，作为社会学知识的积极生产者，社会学家并不是简单地去发现预先存在的社会事实与规则。传记社会学正是"强调了作者的社会位置，明确了作者在构建故事/知识的过程中所扮演的角色，而不是发现故事/知识"（letherby，2003：160）。研究议题的选择，就涉及研究者的一种自传性维度（autobiographical dimension）。研究者对被研究对象的理解是一种主体间的过程，也是一种情感涉入的过程，他们参与一个共同的经历而获得一种共享的经验和知识，达成一种主体间共同的情感体验与认知理解。

研究者当然也有自己的人生经历，他们的思想观念自有其来源，并且会在与研究对象的互动中受到影响。布迪厄将（科学的）反思性视为发展知识生产手段的一种方式，但这种反思性不能忽视研究者自身的传记经验对研究和知识生产过程的影响，因此，有研究者认为需要重新确立"科学反思性"，将"传记反思性"（biographical reflexivity）这一方法论工具纳入，即将"对研究者自身经验和参与的反思作为研究过程的方法论部分"（Ruokonen-Englera and Siouti，2013：253）。通过传记反思方案，研究者可以拓宽自己的研究视角，并在研究过程中对自己的生平经历和立场进行分析性反思。

传记社会学关注"社会学想象力"的发展，它使个人能够审视社会生活中熟悉的事物并重新看待它，没有人可以"外在于社会"（outside society），社会科学家亦复如是（Mills，2000：184），研究者的"自我"是一种"帮助理解他人生命的资源"，它总是存在的，与研究工作密不可分（Letherby，2003：96）。作为研究者，应当认识到："在你的学术研究中使用你的人生经历，并不断地对其加以省察和解释。从这个意义上说，治学之道（craftsmanship）是你的拿手戏，你可能做出的每一项学术成果都有你自己的东西在里面。"（Mills，2000：196；米尔斯，2017：273-274）因此，采用这一路径的研究者倾向于承认反思性在他们作品中的作用，即"一种尊重受访者并承认研究者的主观参与"。当然，"无论我们使用的故事是我们自己的，还是访谈对象的，我们都需要提供'负责任的知识'，我们应该诚实以待；我们是我们自己故事中的角色，也是我们自己研究中的行动者"（Parsons and Chappell，2019：8）。

对于传统社会科学而言，"工作"与生活是分隔的，科学是客观的，而传记社会学意图在社会科学中进行一场认识论革命（Stanley，1993）。"以认识论为导向的关注，关注自我与他人、写作与阅读中的过去与现在、事实与虚构之间不断变化的边界所产生的政治影响，研究者与作者在文本创作过程中作为活跃的代理人而活跃着。"（Stanley，1993）它同时也是一种方法论的取向，涉及对传记领域的反思，以及对实践中传记研究的具体反思。"传记社会学家认为，社会学家把自身实际置于一种特定的劳动过程之中，并且对他们的知识劳动产品负责。这也意味着承认

了知识的情境性与背景性生产，以及社会学家在社会劳动分工中的位置。"（Shantz，2009）

斯丹莉认为，这与默顿提倡的"社会学自传"是相似的，就是将"我"即作者本人带回来，进入文本之中，以在场的姿态呈现个人经历、历史与社会结构三者之间的互动关系。事实上，传记社会学的吸引力之一，在于其对研究者的公开定位，重新考量了"自我"和"他者"之间错综复杂的关系，借助对于意义的探索，尝试去理解动机，解释生命历史建构背后的意图。

基于传记概念的理解，本书所强调的传记社会学体现在三个层面。就最直白的层次而言，它是对于作为一种体裁、一种文本的传记的研究，这方面的研究最为丰富也最为常见。再进一步，乃是以传记资料为主，从将人生故事和传记资料用作某个预测性问题研究的证据文本或例证，转向更为范式性的视角，去关注个体，关注个体的生命、回忆与叙事，并把后者作为构建知识的重要来源，这主要是以丰富扩展社会科学的理论知识为基础的。最后，传记对于社会学的修饰并由此对社会学做出改变或者说形成一种社会学路数，更加强调思想来源于特定的观点，强调以个人经验的意义为基础，强调研究者对其研究对象的反思性参与，进而增强社会学的反思意识。

但是，社会学的传记转向或者说传记社会学的提出，并非不存在异议。可以说，几乎从一开始，人将何种价值归到来自个体经历的材料，便一直是争论的焦点。个人叙事能否达到涂尔干所谓的"社会事实"标准，其在某种程度上决定了传记社会学成立之可能，尤其是实证主义传统在社会学中的主导地位，使得生命史或生活史的研究者不得不去面对一个棘手的方法论问题，即对个体人生的研究是否充满了非历史论（ahistoricism）和唯心理论（psychologism）："我们赖以获得社会学知识的有效或可取的经验基础是什么？是对成千上万人的定量调查，还是考察单个人的主观现实？"（Barry，1987）就社会学及相关领域传统上缺乏对人生故事的使用，贝克尔（Howard S. Becker）认为是占主导地位的"科学的"假设——演绎法促成一种观念：假设是为验证而构建的，而人生故事并不能提供社会学研究者需要获得的"发现"（转引自 Roberts，2002；

6）。作为社会学传记转向的"最大反对派",甘斯（Herbert J. Gans）认为,传记实践是"后现代的产物,是一种不具有社会性（asocial）的知识理论,其结果就是不可能了解自身以外的所有事物",而且在帮助人们理解他们的社会时,传记放弃了社会学的主要角色。甘斯进而指出,在传记研究中,研究者会放弃中立态度,不再与研究对象保持应有的距离,从而导致研究结果失去可靠性和有效性（Shantz,2009；Gans,1999）。这也就是说,传记内在不具有社会学的意涵（non-sociological）。

那么,传记究竟是否有资格成为社会学的研究对象? 答案是肯定的。我们接下来将表明这一点。传记并不是孤立的,它体现出周遭的情境与社会关系,传记即是社会。传记是历史性的,或者说,传记彰显了塑造它的一种特定历史力量。传记并不纯然是实在,也不完全是建构,毋宁说是一种建构的实在或者说实在的建构,是立足当下、面向未来、回望过往的一种再塑行为,其呈现方式映照出人们的一种意义需求、一种本体性需要。传记对于社会学重要性的原因在于认识论问题:"我们如何理解自我和人生,我们如何描述自己、他人和事件,我们如何证明我们以学科的名义作出的知识主张。"（Stanley,2018:287）

三 个体传记与社会结构

个人与社会之间的二元对立,一直是社会学的经典问题,主观与客观、结构与行动、微观与宏观之间的关系,可谓是这一问题的各种表现形式。"反思与批判二元论思维方式是传记社会学研究的主要任务。"（Shantz,2009）传记研究转向消解或者说超越了社会学中传统的二元论或二分法,它带来的是将行动置于结构之中（agency-in-structure）的分析,以及个人对社会的反思性参与。概括来说,传记社会学意味着从以往追求抽象概括、聚焦社会结构转向将人们的经历作为解释起点,是对久已存在的忽略人的主体性或将其边缘化的一种反动,力图更加凸显作为行动基础的个人意义与社会意义。

社会学传记转向首先遭遇的批评,便是其被视为一种个体化的（individualistic）研究路径,内在地存在浪漫化个体及其故事的倾向。换言之，它可能会过于关注个体，从而"迷失"社会的背景与过程。而且在给予某些呼吁与生命以特权的同时，人们会忽视其他人的声音与生命（Atkinson and Silverman，1997；Munro，1998；Coffey，2001：54）。换言之，这种转向存在的危险，"就是对自身的呼吁与生命的自恋性关注，以至于人们难以客观地对其进行理解"（Paechter，1998）。又或者说，传记社会学带来的是"社会学向个人主义的转向，它在关注某个人的同时，也将其他人排除在外"（Shantz，2009）。

　　的确，在弗里德曼（Norman L. Friedman）看来，自传社会学（autobiographical sociology）是所有社会学研究转向和方法中最具个体性的（individualistic），它深入地探究并强调个人的重要性。（Friedman，1990）传记社会学能够让我们获得那些被社会屏蔽掉的事件的私人性层面，这种方式是其他研究策略难以具备的（Laslett，1991）。"所有人在某些方面：a）与其他人都一样，b）与一些人一样，c）与所有人都不一样"（转引自 Friedman，1990），多数社会研究把目光放到 a）与 b）上，至于 c），自传社会学则给予了更多的关注。对于个人的关注，还是因为自传社会学是社会学中最具人文主义的（humanistic）。如果社会学同时是佩吉（Charles H. Page）曾经提到的"科学主义的鱼（fish）、人文主义的人（flesh）、改良主义的禽（fowl）"（Page，1959：587），那么自传社会学就极为接近人文主义的人。"传记式的研究进路真正把人当人看，呈现人类的自我了解如何在有血有肉和有苦有甘的真实人生里发挥作用。"（蔡锦昌，2001）在普卢默看来，采用这种方法，促使"社会科学更严肃地看待其人文主义基础，并产生一种鼓励创造性、诠释性讲述生活故事的思维方式——这将会带来各种伦理性的参与、政治性的参与以及自我反思性的参与"（Plummer，2001：1）。如果我们认为社会学的核心议题之一是在社会与文化背景下去理解个人，那么传记转向就是有助于实现这一过程（Coffey，2004：141）。很大程度上说，社会学的传记转向，本身就是对以实证主义为主导的社会研究忽略人、忽略个人的一种纠偏。

　　早在1944年，斯莫诺乐维斯（Constantin Symonolewicz）在研究波兰移民时就指出，尽管统计数据、成堆的报纸和各种开放性档案，可以为研究提供有用的信息，但我们仍然无法理解最重要和最有趣的现象，尤其是移民群体所作出的调适与被同化的社会学过程。"或许，经过一番努力之后，我们能够知道移民的数目、他们在一个国家的分布、他们在特定产业中的构成、他们的年收入、生活水平、经济发展等等，但却没有办法弄明白背后发生了什么；他们作为个体与作为特定群体的成员在心理和文化方面发生了何种变化。"（Symonolewicz，1944）更重要的是，这些资料"无法让我们亲近真实且动人的经验，也无法揭示社会世界最本质的原动力，但是传记研究能够做到这些"（艾略特，1999：124）。

如果过于关注个体（the individual）与个人（the personal），便有可能会造成一种忽略社会背景与社会过程的可能性。对此，有研究者欲图以"集体传记"（collective biography）或"群体传记"（prosopography）来回应，"从社会学角度使用生活故事的条件是，来自同一社会类别或环境的多个生活故事的集合；一个孤立的生活故事可能是心理学家、叙事者或社会语言学家的乐趣，并无任何社会学价值"（Bertaux，2005：129）。但"由于群体历史并非传记，研究某人之生平的社会学是否有效的问题被回避了"（Barry，1987）。这很大程度上遵循的还是一种量化思维，以为有足够多的个案，就可以修正单一个案对于（社会）生活经验的可能扭曲。此类努力固然值得肯定，而且借助抽样、内容分析等技术针对特定群体的传记研究已成气候。但问题更应该是，我们如何从单一个案分析中得出与更多案例相关的洞见，以及更重要的，我们如何从对个案的研究中探索某种社会学意义、得出何种社会学理论（知识）。

在米尔斯（Wright Mills）那里，我们看到社会学想象力的实现，端赖于从个人到社会的过渡，实现从个人生平（传记）向社会结构的转变。"社会学想象力能够让其拥有者按照其内在生活与各种个人的外在职业的意义，去理解更大的历史场景……让我们能够理解历史与个人生涯以及二者在社会内部的关系……去理解'个人周遭难题'与'社会结构的公众议题'之间的关系。"（米尔斯，2017：4—7）社会学想象力的最大成果，正是理解公共议题（社会结构）与个人烦恼（传记）之间的交互作用，这看似属于个人的困扰，实际上与更宽泛的社会制度之间存在着密切的联系。尽管有学者从较为宽泛的意义上，认为传记社会学努力理解个人在日常生活中不断变化的经历与观点，他们认为，什么是重要的，如何去理解他们的过去、现在与未来（Roberts，2002：1），但关于传记、历史与结构相互作用的探讨，才是传记社会学的核心要义（Roberts and Kyllonen，2006；Neuman，1991）。埃利斯（Carolyn Ellis，1999）则认为，传记社会学者的研究涉及两个镜头的不断切换，一个是宽泛的社会学的或民族志的镜头，关注经验的社会与文化层面；另一个是更为个人化的镜头，展示的是一种研究性自我。"传记社会学探讨的正是传记、文化与历史之间的交互作用。"（Shantz，2009）这正与米尔斯社会学想象力正相吻合。

事实上，"讲述关于某个人的真相（truth），象征性地，就是讲述一个完整社会的真相"（Hamilton，2014：233）。传记从不存在于真空中，而是受到文化、经济、社会、历史乃至心理等方面的影响，因此，传记社会学分析的焦点不是重建作为个人生命历程的意向性，而是将传记叙述嵌入社会宏观结构中来加以考察，并在历史进程中考察传记与社会结构之间的联系。概括来说，传记社会学的目标是超越对单一个体的关注，通过努力"既保留一个本质上的社会学参照框架，又证明对社会结构和过程的原始知识可以从对个人生活故事的研究中获得"（Rustin，2010：45）。换言之，我们需要承认个人具有能动性，个人的经历（传记）形塑着社会，社会也影响着个人经历（传记）的形成。正是在此意义上，"传记即是社会"（biography is society）（Barry，1987）。

斯丹莉也认为，对于社会学家及其知识实践和劳动过程的关注，并不必然意味着我们关注个人而排除了所有他人。"从个人身上，我们能够揭示社会过程与社会结构、网络、社会变化等等，因为所有人都处于社会与文化环境之中，正是后者影响着我们对事物的认识与理解。"（Stanley，1993）

> 事实上，我们能够挑战结构与行动之间以及相应的个人与社会之间，在理解社会生活方面传统上对立的二元论。这意味着反对一切如下的观念：即把"一生"（a life）理解为单一生命的表达，孤立于相互交织的传记（个人经历）网络之外。尽管一种更为普遍的假

设认为，自传关注单一的生活，但实际上，在每个人的生活中很难有一种自传不是充满重要他人（significant others）的传记。

（Stanley and Morgan，1993）

在承认传记社会学所强调的个人性维度的同时，弗里德曼（Friedman，1990）也指出，传记社会学者采取回顾的方式，从自己内在的体验出发，转向外部更大也更宽广的讨论与理解。这正与多数社会学研究的转向相反，后者出发点宽广，但停留在表面（shallow），是高度非人性的，面向的是无名无姓的应答者、被试与木偶般的行动者。不仅如此，艾略特（Brian Elliott，1999）则指出，社会学家在调查中引用的所有资料，其实都只具有个人主义式的特性，但是，传记材料揭露了许多互有关联的集体过程，例如婚姻的缔结、家族的建立、职业的获得，或是在社会上出人头地。人是社会人，自传行为（autobiographical acts）并不是私人性的；每个人的记忆都"突破个人的、私人的限制，具有集体的性质"（Rosen，1998：110）。即便是文学自传这种看似个人性的和孤立的体裁，实际上也是受人际关系影响而形成的，内中包含着丰富的人际关系。他赞同哈布瓦赫（Maurice Halbwachs）的观点，认为自传中的自我并不是与他人相孤立的；恰恰相反，自传记忆是集体性的，因为它"总是通过与我们共享群体身份的他人的互动中产生的"（Rosen，1998：130）。个人生活的事件，以及对这些事件的解释，都是社会行为。

因此，如果要超越二元论，我们不应当将个人化约为客观的、无感情又无价值的呆板行动者，也不应当视社会（结构、制度、组织）仅为追求秩序的无人性的领域。曼海姆（Karl Mannheim）曾辩证地提出，任何想要知道怎样才能通过改变人类来改变世界的人，必须首先仔细地观察目前世界怎样使我们变成目前这种人的。借助曼海姆的观点，人们可以通过自传这种最有价值的信息源同时观察两种情况：首先，也是间接性的，我们能够观察到以往人们反省态度的性质——他们以何种方式和为了什么目的而观察自己；其次，我们能够看到不同的历史情境是如何培养不同形式的人格的，以及这些不同形式的反省态度是怎样无意识地发挥某些社会功能的（曼海姆，2013：99-100）。

祖斯曼（Robert Zussman）在分析个人所在社会对于个人身份认同形成的影响时，认为自传的生产与维系是一种社会性现象，社会结构在个人的自传中是无所不在的。

> 如果自传叙事构成了自我，那么这些叙事本身就是社会性建构的。如果我们要理解与解释自我……那么就叙事本身而论，我们需要对生产自传叙事的社会结构予以更多的关注。我们必须认识到，这些结构——警察、教师、雇主甚至是家庭、朋友与同学——都可能给自传作者（传主）带来一段故事以及一个自我。
> （Zussman，2000：5-6）

因此，传记社会学提供了一种独特的方法去理解个人与社会的关系，而不单单是研究个人的生活（Shantz，2009）。传记社会学"质疑并且反对结构与行动之间以及相应的个人与集体之间传统上的二元对立，它为社会生活提供一种超越二分法的视角。它意味着反对任何这样的观念：人生能够被理解为脱离互相交织的传记网络中单个自我的表达"（Stanley and Morgan，1993）。无论何时，人们总是需要把个人叙事置于其社会背景之中。

四　客观实在与主观建构

从本质上讲，传记研究就是试图分析个体叙事，进而了解人们如何借助意义的联结而建构他们的社会世界。社会个别成员所建构的意义是传记研究的重要主题。围绕着叙事的作用，在传记研究家族（family）中存在着重要的理论差异。例如，有人视传记代表着生活的"事实"（实在论立场），有人认为传记提供了受更多条件限制且片面的"真理/真相"，它受到语言、权力以及研究者与被研究者之间互动的影响（批判实在论立场）。这种差异"源自关于人类主体性本质以及叙事的地位和透明度对比假设"（Merrill and West，2009：58）。实际上，无论对象是谁，对其所作传记性解释，都必然受到更大社会中占支配地位的意义的形塑与限制，

"意义是在表达与互动中被建构、维系与改变的,而非意味着研究对象的固定特征"(Taylor and Littleton, 2006)。人们的传记有时也被理解为建构性的,但它在社会结构、社会网络与社会实践中,却是通过表演性方式表现出来的。

叙事者(narrator)的传记性表达被视为进入一个特定社会世界建构的主要途径(Kokemohr, 2001)。但有研究者认为,传记研究缺乏可靠性和有效性,就算排除那些因记忆造成的讹误,传记也总不可避免存在虚饰、夸耀、错误言辞。甚至有研究者在根本上怀疑历史真相可以从传记中得出:"社会学家作为生活史的读者或倾听者,基本上无法确定对过去生活的描述是真实发生的事情,还是当事人对自己过往的想象。"(Apotgsch and Inowlocki, 2000:56)的确,如果认定了主观观点具有幻觉性质,那么对于系统生产出来的意义进行分析就毫无必要。

从认识论出发,朴素的实在论者将生活史视为一种纪实方法用来把握外在现实,认为人生故事反映了活生生的现实,但又认为社会现实可以以一种透明的方式表现出来,是一种"经验上的错觉"(empiricistic illusion),因为社会现实总是模糊的、不清晰的、脆片化的、不连续的(kochuyt, 2005:126)。而传记的极端建构论者,尤其是那些倾向后结构主义或后现代立场的研究者,则认为"并无真相(实),没有现实,也不存在把对象世界与言说世界或书写世界联系在一起的,而是存在多重阐释,一切都同样可能"(Roos, 2005:163)。这一立场的研究者认为,人生故事能够反映现实或经验事实的观点过于简单化,是一种"传记幻觉"(biographical illusion),故事并不是经验的参照。不过,大多数的研究者都处于实在论和建构论之间的立场上。

事实上,无论持何种立场,都彰显了一种"求真之志",但需要确定的是:这个"真",是什么?是真理、真相、真诚抑或真实?是历史之真、主观之真还是虚构之真?

人们认为,真诚的自传作者会愿意讲述其自己生活中的主观之真(自认为真)。一个历史上真实的陈述应该是符合某一事件或经验的现有经验数据的陈述。当"自传是一种美学上的成功"时,就证明了一种美学之真……当有人认为"'真正'之真包含在'纯粹的'虚构中"时,就出现了虚构之真。

(Denzin,1989a:11)

总之,尽管自传叙事必然包括"事实",事实多少往往无法确定,但这个事实并不是关于特定时期、个人或事件的实际的(factual)历史,或者说它们只是提供了主观性的真(truth)而非事实本身(fact)。传记研究者显然都会接受一个事实:我们永远无法透过某个人的人生故事得到一个简单而真实的生命真相,不可能通过口述史得到简单的"历史性真相"(Plummer,2001:238)。换句话说,不论从哪个角度看,"完人"(the whole person)都是一种虚构,是一种创造出来的意象。就自传而言,它不是也不可能是一种简单传达或参照"既往人生"(lives as lived)的方式,所谓的理解和再度理解都是解释性的,因此,"不存在完全真实、正确、忠实的自传"(Bruner,1993:38-9)。在记录一个事件、探索某个时期、纪念特定共同体时,叙事者便在某种意义上重造"历史",为着特定目的,某种程度的修辞在所难免。

但这并不意味着我们听到的所有故事都必须被视为有效或无效、真实或欺骗。恰恰相反,认识到人生是建构而来的,意味着我们需要寻找方法来评估什么被建构了。换言之,尽管人生故事不是也不可能是完全客观性的,它们总是人为的、可变的、片面的,甚至有些说法实际上是错误的,但这些"错误的陈述"在心理上依然可能为"真",而此"真"或许与实际上可信的叙事同样重要(Portelli,1978:72)。就正统的弗洛伊德理论来看,即使是"错误的"数据,如果能在其中识别出某种模式,也能在心理上有所启示。不同的叙事塑造了被讲述的经历:"哪一个是正确的?这最终可能无关紧要,因为每个叙事都是一种感觉、一种情绪、一种视角、一种观点。"(Plummer,2001:239)在故事被讲述的那个时刻,它们都自有其真。在后文关于卢梭《忏悔录》的讨论中可以看到,尽管卢梭自诩对自己"本来面目"袒露无遗,但日后越来越多的人发现书中存在的错误甚至虚构。

据此,我们认为,传记研究者应秉持一种务实的立场,而不是坚定地忠实于"实在论"和"建构论"的某一方。实用主义的观点是"获得对个人生命的洞察或者反映更广泛的社会文化意义,而不是停留在方法和理论假设上的差异"(Miller,2000:18)。换言之,尽管关注的议题都是个人的故事或叙事,但收集和使用它们的方式则会有所不同,可能会采用不同的方法,为着不同的理论目的(Roberts,2002:8)。若以实在论为前提,那么物质世界必须有一个基础,包括嵌入的制度、核心结构和明显的身体现实,个人正是置身其中。没有经历的事实,便不能算作社会学的传记研究。而建构论则可以用来帮助分析讲述者如何塑造他们对特定事件的经历的叙述,如何通过叙述形成对他们来说的"现实"。

传记既包含社会事实,也包含主体理解的世界与经历的世界。传记研究的目的在于重建研究对象的生活轨迹,重建他们理解世界的方式,重建他们对世界的概念化、意义和表述,进而去探究他们的行为及其所受到的社会经济和文化背景的影响(Losifides,2008)。就发展历程来看,在今天的社会学中,人们越来越多地把传记看作社会现实本身的社会建构,而起先书面的或叙述的传记被用来作为一种特殊信息的来源(Kohli,2005)。

可以说,传记研究乃是基于这样的事实之上:人类世界乃是由符号连接而成的意义网络。但意义并非物理学事实,它是由人所建构的,个人正是意义的创造者,并根据对社会存在意义的理解而行动。这些意义构成了个人日常生活的基础,社会也通过这些意义而得以建构。意义不可能建构于符号的语言系统之外,所以没有人能够建构他自己完全私人的世界,意义总是公共(public)的意义,孤立一人难以建构一个完全无任何参照外在世界的意义。书写自己的历史,就是试图塑造自己,这一意义要远远超过认识自己。"自传不是要解释一种历史的真相,而是要呈现一种内心的真相,它追求的是意义和统一性,而不是资料本身或者其多么详尽。"(勒热纳,2013:77)"自传所追求的乃是生活的意义。"(勒热纳,2013:71)一言以蔽之,自传作者所表现出的不是一种绝对的客观性,而是一种可称作"主观客观性"的东西,自传坚持的是坦诚性,但并不追求全知性。

在卢梭身上,一种真正新的自我观念形塑了他对于自己人生的描述,而这也应当成为传记社会学的追求。与此同时，普卢默所指出的悖论也需要我们谨记在心：

> 人生故事的世界当然能够帮助人类实现解放，助力人们理解自己人生，不过，如果我们不小心，它也可能成为一个故事包装的世界，它们很容易成为控制、消费和专注自身的形式，使生命失去人们自以为宣称的真实。
>
> （Plumer，2001：79）

最后还应提及的是，讲述个人的真实情况并非易事，然而，研究数据之"真"往往依赖收集和分析它的条件。生活故事通常指的是"真实的"事件和经历，通常讲故事的人可能是这些事件的唯一目击者，然而，如何认知并选择这些事件，进而按照时间顺序重新排序或随着时间的推移而做出改变（编），也受到叙事惯例或书写惯例的影响。认清这些，如果研究者再具备高超的访谈技术，显然能更容易获得真相。

第二章

主要理论流派:反实证主义传统

与传记悠久的历史相比,社会(科)学与传记的遭遇是相对晚近的事情。从总体上看,这一转向与个体的发现以及对主体性的关注密切相关(Rustin,2000;Roberts,2002;Merrill and West,2009)。但个体生活/生命(individual life)或"个人生平"的呈现并不是一个新现象,作为一种"文化实践",它已有长期的发展(Mascuch,1997)。早在18世纪启蒙运动之前,在关于政治权利的思想中、在新教改革的宗教话语中,就已涉及"内省"(introspection)的观念(Roberts,2002:4)。拉斯廷(2000)则将个体(individual subjects)的"发现"或"建构"并称为文化关注的焦点,放到西方近代社会早期,尤其是近代欧洲。

自16世纪末以降,欧洲社会对于个体之间的差异,对于他们的内心世界、道德价值的兴趣与日俱增。《哈姆雷特》(*Hamlet*)中波洛尼厄斯所言的"对自己要真诚",反映了当时流行的观念。伦勃朗(Rembrandt)的画像与自画像,表达了一种对于自我、对于时代的新反思。作为将人从其地方性背景中解脱出来的最重要手段,文字印刷有助于个人去理解他人的经历,最初是对《圣经》(*The Bible*)的本土化转译,后来出现诸多类型的作品。新教也要求个体具有自我审查与自我净化的强大能力。到17世纪,哲学把个人的感官体验(sensual experience)或内省(introspection)观念视为知识的基础。18世纪,启蒙主义小说的出现,使得读者能够反思像他们一样的人以及他们周边人的生活意义。最具影响者,当推《鲁滨逊漂流记》(*Robison Crusoe*),它想象一个生活在孤立但能自我满足的环境中的人,这为基于个人情感观念的个体抒情诗提供了良好的基础。华兹华斯（William Wordsworth）在《前奏曲》（*Prelude*）中，叙述了自己心灵发展的各个阶段的印象、感受和思想。在同一时期的德国，"德育小说"或关于个人发展的叙事［尤其是歌德的《威廉·迈斯特的学徒年代》（*Wilhelm Meister's Apprenticeship*）］，通过典型个人的生活经验建构了同样的世界观。其后，原本处于个人文化"发现"最前沿的戏剧，再度成为探讨个人生活复杂性的重要形式，尤其是在易卜生（Henrik Ibsan）、斯特林堡（Johan Strindberg）与契诃夫（Anton Chekhor）的作品中，以及后来从米勒（Arthur Miller）到贝克特（Samuel Beckett）一系列剧作家的作品里。电影自打问世，就成为一种建立个人身份认同、价值与美感想象特别有力又流行的手段，通过对"明星"的创造使理想化的个体得以推广。这些有关个人生活的各种意象与反思，乃是最宽泛意义上的"传记"，即便它们中的大部分实质上是以"想象"或"虚构"的方式产生（以上讨论见 Rustin，2000）。

但社会科学并未对这些方法产生共鸣，甚至将传记从自己关注的领域中过滤出去，这种现象被视为"历史性的悖论"（a historical paradox）。这背后的原因，便在于自然科学方法的规范观念主导着社会科学的研究，它以其普遍化与抽象的方法，要求摆脱个人主观性，独立于被研究对象之外进行严谨且理性的客观观察。而对整个社会科学都有着巨大影响的实证主义，则主张社会科学要仿照自然科学特别是物理学的研究法则、模式及语言，用自然实体、自然因素和自然规律来解释人类社会，以获致后者的那种精确性与客观性。在 20 世纪早期物理学知识的影响下得以发展的逻辑实证主义，把没有人情味的客观性（impersonal objectivity）与普遍性推向极致："如果不指涉可观察到的事实，也不指涉要素之间的逻辑关系，此等陈述便无意义。"（Rustin，2000）

就社会学而言，19 世纪将社会学从思辨哲学中独立出来的孔德，就是把"科学"理解为以实证方法为特征的自然科学。这种实证主义取向的社会学，基本精神就是把社会视为自然的一部分，按照特定的自然法则进化发展，并且认为只有通过自然科学尤其是物理学所普遍使用的经验手段，才能获致有关社会的知识。他还强调研究对象的可观察性和研究结果的可证实性或重复性。可以说，始于孔德的这种实证主义精神，塑造了现代社会学的基本品质，但它又在日后限制着社会学的健康发展。尽管真正左右现代社会学的社会事实范式秉承了实证主义精神，但其他诸种范式尤其是社会行为范式其实也不同程度地接受了实证主义的影响（周晓虹，2002）。当然，这并非说社会（科）学之内不存在"人文主义"（humanist）或"观念论/主义"（idealist）传统，接下来所讨论的狄尔泰对于传记的研究、韦伯的理解社会学、胡塞尔（Edmund Husserl）与舒茨的现象学、芝加哥学派的符号互动论等，都是"潜在"（subterranean existence）的资源（参见 Erben，1998；Roberts，2002）。

一　解释学

解释学（hermeneutics），亦被称为诠释学，我们这里不关注它身为一门边缘学科或者哲学思潮的定位，而是其作为一种研究方法对于传记研究的意义。我们可以在狄尔泰的早期著作中看到他对于解释性理解最初的讨论。透过对施莱尔马赫诠释学思想的研究与改造，狄尔泰将其对圣经文本的诠释转向对人类经验的理解。施莱尔马赫（Friedrich Schleiermacher）的诠释学是一种神学的工具，他通过讨论圣经教义与不断变化的文化条件之间的关系，寻求解释与调和对传记而言最为迫切的方法论议题，即共时性（synchronic）与历时性（diachronic）之间的关系。施莱尔马赫认为，主观和客观之间的距离主要是语言上的，当我们用语言思考和交流时，理解和修辞必然是相关的。对狄尔泰来说，通过耶稣基督的故事，接近神性被社会历史的生活经验再造所取代。

可以说，传记是狄尔泰方法论中最有价值的主题，因为它结合了人文科学背后的跨学科动力和对归纳方法的拒绝。狄尔泰从解释学的角度提出人文科学（精神科学）与自然科学是两种不同的理论形态。狄尔泰认为，自然科学可以通过将观察到的事件与其他事件联系起来加以解释它们，而人文科学只能通过深入行为背后，进入不可观察的领域，进而通过思想、感情和欲望来理解人类。我们可能不仅知道一个人做了什么，还知道促使他们这样做的动机、记忆、价值判断和目的。鉴于处理的知识对象不同，狄尔泰反对用关于自在性的自然物的认知方式来对待人文科学的对象（即自主性的精神现象），他认为，人文科学的方法不是实验、观察、归纳，而应是理解。在历史理性的引导下，人文科学通过对文本的理解形成意义经验，这种经验使人们体会到文本诞生时的一种生命状态，从而在理解中还原到生命的本真。

解释学的观点认为，人类行动是有意义的，要理解某一特定的行动，就要把握该行动的意义，按照行动者正在使用的特定方式进行解释。狄尔泰认为，如果我们要理解人类行动的意义，就要从行动者的内部去把握其主观意识和意图，而要做到这一点，则要对行动者进行一种同情式的理解，即通过进入行动者的内心，理解其行为的动机、信仰、欲求、思想等（施瓦特，2007：208）。在狄尔泰看来，自传是最高级、最富教益的形式，它是关于个体对其自己生命的反思，传记则是对另一个个体生存状态的理解。因此，自传不仅是理解个人生活的方法论模型，而且也是通往历史性或社会性现实的优越方式。对狄尔泰而言，自传的基本方面能与"主观性"相连。正像其在自传中的展开一样，生活结构是与体验、意义的结构相关。作为主体个人生活的综合视角，自传是最能够被他人理解的基础。

狄尔泰认为，传记主体是对于内心生活的一种再造，但对另一位重要的解释学家利科来说，这样却会限制传记和历史叙述的可能性，因为过去的文本永远不能对我们完全开放。自我理解的过程只能存在于文化符号的调解实践中，这种调解是通过承认存在的普遍特征来实现的。人们在自然而然和反思过程的两个层面上都经历了时间，而生活是由经历时间的叙事构成的，过往、现在和未来的连贯性特征构成了思想和行动的原因。利科对过去文本的研究，对历史叙事的解释，对过往生活的理解，主要关注的是时间本身的本质。这并不只是"对过往的看法"，或者仅仅是带着偏见回到过去。我们不能重新经历过往，我们必须用过往本身的一个版本来呈现它。然而，这种重新表达的版本，并不是对于过往进行的准确而全面的陈述。对利科来说，生命的意义是通过与情节或生命赖以生存的一系列情节的结合来理解的，然而，传记作者想象力的完整性总是建立在传记主体叙述的丰富基础上，而不是建立在纯粹自传体自我之上。传记作者需要进入主体的叙述和后见之明的叙述，并进一步利用"由当时的社会科学发展起来的分析技巧,以确定在行动者的环境中起作用的社会力量"(White,1991:145)。在利科看来,对于理解过往而言,后见之明也并非全不合理,因为它也是一种方法。但我们也必须意识到,解释并不是对文本的一个简单动作,它是这样一种行为:"解释者所说的是一种重新表达,重新激活了文本所说的内容。"(Ricoeur,1991:72)

在进行传记研究时,解释学注重传记研究相关文献历史脉络的确定,采用"预先准备的诠释""文本内在的诠释""交互合作的诠释"理解传记文本的内容(梁福镇,2004):"预先准备的诠释"关注的是传记文本内容和资料来源的考验与评估,在检查传记版本后确定传记文本的信度。在传记文本的诠释中,研究者须对自己的"先前意见""先前理解""先前知识""待答问题"等加以澄清,使其观点非常明确。而且注重文本一般意义的诠释,以确定其核心的内容。"文本内在的诠释"注重文本语义和语法的探究,经由文字意义和文法关系,运用"诠释学的循环",就文本整体和部分的意义进行来回诠释,同时应用逻辑法则,将文本粗略加以划分,以阐明文本的意义。"交互合作的诠释"注重研究者对部分重要文本的理解,因为部分重要文本的理解有助于整体著作的诠释。对于作者意识与无意识的先前假定,例如,作者的价值观念、政治信仰、宗教观点等,必须尽可能加以披露,才能达到完全的理解。另外,要从具体教育情境出发,不混淆作者和诠释者在情境上的差异,方能达成较佳的理解。同时,意义关系与影响关系只是一种假设,这些假设必须不断加以证明或修正。对一个作者或特定的事物作长期和密集的诠释,可以获得较好的效果。

二　理解社会学

理解社会学(verstehende soziologie/understanding sociology)导源于狄尔泰,但更多与韦伯联系在一起。韦伯的社会学研究秉持的是一种反自然主义倾向,他对自然客体和社会现象进行了区分,强调社会现象的特殊性、不可重复性,认为自然科学的方法论原则并不能用于指导人的精神活动这一独特领域的研究。人的行动由行动者赋予一定的意义,"理解"行动者的行动乃是社会学的任务。他甚至把社会学定义为理解社会行动的科学,即通过理解社会的过程与结果,对社会行动做出因果解释。社会行动(social action),就是行动者以他主观认定的意义而与他人的行为发生联系的行为。韦伯突出社会行动者的主体性、意识性和创造性,反对把人当作非人格的客观结构的物化现象。

韦伯认为,对于社会世界的科学解释,必须参照人类行动的主观意义,并通过与他人行动的相互依赖性来解释人们行动及其行动后果。就行动的意义而言,实证主义所推崇的自然科学是无能为力的。韦伯突出能动性(agency)和主体性(subjectivity),他的理想类型是有关"社会行动"的类型(Rustin,2000:44)。行动者将个人主观意义与其行动相联系,个人在行动中考虑他人的行为及其目标,所以这种行动是有意义的行动。受韦伯影响,格尔茨把人视为悬挂在由他们自己编织的意义之网上的动物,"我认为文化就是这些网络,因此对文化的分析不是一门寻找规律的实验科学,而是一门寻找意义的解释科学"(Geertz,1973:5)。这些文化网络赋予了经历以意义,或者说是给人们提供了一个框架,人们通过这个框架让自己适应这个世界,适应其他人及其本人过去、现在和未来的生活。

在界定行动的规范时,韦伯的著作中所描述的典型个体是重要的例证。主观意义总是通过社会形成的,它参与了社会世界的构成。在米尔斯看来,当人们理解社会结构和结构变化对较为私密场景和经验的影响时,我们就能够理解个人行为和情感的原因,而在这些特定环境中的人们自己却没有意识到这些原因。韦伯对于"清教徒"观念,关于这类人的动机及其在宗教制度和经济制度里所发挥的作用,使我们能比清教徒更好地理解他们本人,"韦伯对结构概念的运用使他超越了'个人'对自身及其环境的认识"(Mills,2000:162)。

韦伯主张借助价值关系理解人的主观意义在社会认识上的重要作用,但在社会认识上要求对社会事实和价值判断、理论和实践做出分别的处理。韦伯认为,研究者要达到客观认识历史事实的目的,应秉持价值无涉的研究态度。研究者在研究中不能持任何价值观、党性、派性或阶级偏见，不能把学术与个人偏见混为一谈。韦伯提出的这一认识论原则，目的是要清除科学研究中的个人偏见，避免科学讨论与价值判断的混淆。事实上，研究者在研究中的涉入程度、其主观价值倾向，成了许多传记研究不得不面对并进行回应的问题。当然，韦伯的理想类型未能摆脱形式主义和方法论个人主义的缺陷。他否定任何关于集体构成的"实体主义"概念，认为社会学的唯一分析单位是个体存在者的行动，而任何其他概念（国家、阶级、阶层、家庭、社区、协会等）都只是代表了社会关系的一个特定范畴。

三 现象学社会学

如果说狄尔泰站在解释学的角度论证了传记与历史（以及社会）之间的相互依赖，舒茨则从现象学社会学（phenomenological sociology）方向表明，人们所处的世界是一个主体间性的世界、共享的世界，人们在互动的过程中以相同的方式体验于其中。"自我传记式'展露'世界的过程与机制，无论是经历的还是解释的，都绝非发生在互动与交流'之外'。"（Apitzsch and inowlocki，2000：61）

传记研究法深受胡塞尔现象学的影响，他的哲学现象学为之后现象学社会学的发展提供了出发点。胡塞尔着重分析意识的结构，在他看来，正是意识的结构使得人们领会经验世界（empirical world）成为可能。意识往往是对某个事物的意识，感知不是对客体的被动反应，相反，它是人类意识在积极构造经验对象。当然，意识也不是凌驾于经验之上而独立存在，意识在感知世界的同时也在建构着世界。受胡塞尔的影响，现象学社会学家舒茨将现象学中有关意向性（intentionality）和生活世界的观念应用于社会研究，着力分析个人的主体性和生命史。现象学社会学分析主要关注的是理解日常的主体间性的世界（生活世界）是如何建构的，其目标在于把握人们如何将自己和他人的行动解释为有意义的，以及如何在个人主体间性的沟通之中去重构行动的客观意义的根源。舒茨强调日常意义背后的传记情景（biographical situation），认为每个个体都有自己的一套知识，他们在此基础上获得一个熟悉的世界。人们所处的世界是一个主体间的世界,一个人人共享的世界,在互动的过程中,个体以相同的方式经历其中,分享同一个现实。

现象学社会学注重个人生活世界和生命经验,审视生活世界(life-world)是如何建构的,生活在该世界的人们如何赋予自己和他人行动以意义,以及如何在主体间性的沟通之中去重构行动的客观意义。在现象学中,经验便是所谓的"意识流"(stream of consciousness),这种意识流整合并显示出来便是个人的生平(biography)。生平不是编年记录,而是主体不断重新诠释自己生活的结果,同时也是一种不断重新创造自己之身份认同的活动,生平所记并非所谓"不争的客观事实",也不一定按照时空顺序来安排。现象学并不是对人类意识经验本身感兴趣,才去专门研究人类意识经验,而是基于意识经验乃人类生活世界中一切事物之根本,才特意去进行研究。

现象学社会学认为,社会科学的重点是社会成员所经历的生活世界,即每个个体所想当然的世界的样式。对研究者而言,应暂时抛开对于事物和事件的性质及本质的判断,重点观察生活世界中的成员以何种方式对其据以为真的实际事物或事件进行主观构建。在进行传记研究时,采用现象学还原法去除研究者的偏见,收集传记研究相关的文献,再运用现象学描述法分析传记研究的文本,掌握传记研究所要探讨的生命现象和重要因素,探究其组成要素之间的关系,以了解藏在现象背后的真相。现象学社会学的不足之处在于,它过于强调传主的个人意识、主观意义,在历时性方面的分析也显得较为薄弱。

四 精神分析

传记写作与传记研究都受到精神分析很大影响。鲍斯威尔(James Boswell)的《约翰生传》(The life of Samuel Johnson)、卢梭的《忏悔录》等作品对传主行为或人格的成功解释,所带来的现代"传记革命",就是从精神分析向传记渗透开始的。尤其是弗洛伊德(Sigmund Freud)撰写的《达·芬奇童年的记忆》(Leonardo Da Vinci: A Memory of His Childhood),关于达·芬奇人格心理特点与人生经历关系的研究,被认为是精神分析与传记（写作）的真正相遇，它预示了西方传记发展的新方向，即从关注外部行为的真实转向关注内在的心理真实。也正是在这本书中，弗洛伊德提出了心理传记（psychobiography）的概念，深度的心理分析就此成为西方传记的显著特点（舒尔茨，2011）。弗洛伊德之后，一种新型的传记形式，即精神分析传记（psychoanalytical biography）应时而生，它采用心理学的理论和方法来研究某些人物的生命故事。

弗洛伊德自视为科学家，然而，他的主要研究方法是个案研究，从中提炼出具有代表性的精神结构，他从病人（案主）及其周围的人处收集历史，特别是通过精神分析诊疗学习，用特定的方法对梦与自由联想进行解释。尽管这种心理传记本身和精神分析学一样饱受争议，但不可否认的是，精神分析学确实非常有助于传记的写作，"心理学的叙述对应于人从摇篮到坟墓的生命历程，使它能够作为传记故事的一种细致和丰富的补充形式"。在弗洛伊德之后，出现了心理传记的写作高潮。同时在理论上也逐步由早期弗洛伊德的强调本我，即无意识的本能冲动，转向自我心理学，把内在的心理同外部的环境更多地结合在一起来考察。

精神分析是一种系统方法，用以挖掘个人没有说出的、所不知道的方面，也包括个人曾经是而如今不再是的方面。作为一种关注个体主观领域的方法，传记研究不可避免地要借鉴精神分析中的相关方法，自传与传记研究从精神分析那里借鉴的主要方法包括"自由联想""抗拒"等。在很大程度上，精神分析观念的传播与再造总是通过临床实例产生，通过咨询室内一种典型精神结构的实例与另一个实例之间的"家族相似性"产生。咨询室里的个案研究成为精神分析理论与技术发展的主要经验来源。精神分析坚持把"全人"作为研究的对象，坚持把精神生活的非理性层面理解为人类本质的必要性，拒绝接受人文科学中盛行的正统研究方法的遗产。

现代传记对传主的童年经验、精神病态、梦、性欲等问题的重视，对传主的身份认同、个人神话、无意识动机和深层人格等问题的探讨，无不与精神分析的启发和灵感密切相关。在传记叙事和解释策略方面，精神分析对"时间"和"记忆"问题的一系列洞见也更新了传记家对"传记事实"和"传记证据"的看法，启发了现代传记家打破传统的传记叙事模式，在过去和未来、事实和虚构、现实和梦幻之间建立了复杂的关联，通过对传主"精神地形"的层层描摹，传记家对传主的人生做出了更为深入的解释。在现代传记的叙事伦理方面，精神分析解释或者说"合理化"了传主生活中那些易引发伦理论争的问题，从而使得传统传记的伦理功能逐渐让位于现代传记对于复杂人性的理解。此外，精神分析对传记作品及传记操作过程的研究和探讨也为理解传记家与传主之间捉摸不定的关系这一长期以来困扰传记理论界的问题提供了新的洞察力（赵山奎，2012：22）。

当然，我们也应当看到，由于某些传记研究者对精神分析的过度认同与依赖，其自身的局限尤其是其程式化的分析套路也开始遭到质疑与批判。甚至有人认为，在传记研究中，精神分析不能帮助人们发现任何真相，它只是制造了一个更为连贯的、尽人皆知的个性化叙事。面对批评，一些精神分析学者开始努力克服这些问题，并借助其他理论加以匡正。由于其在探索个人意义的潜在层次的优势，在20世纪90年代，从事心理动力与对精神结构进行理解的传记研究者不断增多。

埃里克森（Erik Erikson）将心理的发展比作若干阶段的生命历程，从而发展了新的研究模式，成为心理史学和心理传记研究的又一个里程碑。埃里克森强调人格发展中社会和文化影响的作用，将精神分析和社会学结合起来。埃里克森主要采用传记和个案研究，他的主要作品《青年路德：一项精神分析与历史的研究》（*Young Man Luther: A Study in Psychoanalysis and History*），以精神分析的方法探讨了路德宗教革命思想产生的原因。根据流传下来的资料，埃里克森对路德的疾病进行了临床诊断并作了历史分析，认为路德年幼时受到父亲过于严厉的管教，造成精神上的危机和创伤。在之后与精神病的斗争过程中，路德决心让自己从精神的重压之下解放出来，并由此出发，决心把自己的同胞从中世纪僵化且严峻的天主教禁锢中解放出来，这就是他倡导宗教革命的动因。总体上看，埃里克森强调健康和适应性的自我机制，使得精神分析不再局限于临床个案的研究，而是扩展到正常个体的研究，他由此也把以自我为中心的人格发展阶段扩展到整个生命周期。

精神分析的"经典"模型认为，个人对自我的理解是从自卫性的无意识神话转向对真实个人历史的自我觉醒式理解，是从幻觉转向真相，但这一点在20世纪80年代的精神分析传统内部遭到了后现代主义的批评。有人认为，精神分析没有发现任何真相，只是制造了一个更为连贯的、人尽皆知的个性化叙事。尽管如此，那种认为所有行动者都未能完整意识到自身行动的条件、意义与结果的预设，无论是在精神分析中还是在社会科学中都仍然占据主导观点。而20世纪90年代之后，从事心理动力与对精神结构进行理解的传记研究者不断增多，主要的原因就恰恰在于它能够探索个人意义的潜在层次。此外，对于运用精神分析学说对历史人物进行分析评价的心理传记研究，历来意见不一，批评意见包括对精神分析学说本身的批评，对其理论和方法在用于历史人物身上时有效性和适用度的怀疑，对其资料考证和使用的担心，以及对心理学家在把握和处理具体历史问题中的能力的质疑。

五　符号互动论

作为芝加哥学派的"子嗣"，符号互动论受到韦伯理解社会学影响。符号互动论反对实证主义社会学轻视行动者主观能动性的社会结构决定论，主张从社会行动者的角度来看待社会事实。尽管符号互动论聚焦于个人，但它强调必须在互动的背景下来理解个人行为。"社会互动建立对自我（自我客体化）与他人（采取他人的角色）的考虑之上……应该按照构成社会的个体来理解社会，而个体应该按照他们身属其中的社会来理解。"（Meltzer et al., 1975：1-2）对米德（George Mead）来说，自我只能存在于与其他自我的关系中。没有社会互动，个人就不能发展自我意识。自我"不是一个事物，而是一个过程，自我是意识对自身的意识"（Denzin，1989b：289）。自我是通过参与社会行为和概化他人（自我与之互动的人，包括整个社会）在社会互动情境中对自我的态度而发展的。"个人总是为了自己而依赖群体。"（Mead，1982：163）自我必须明白是如何被看待的，并在一套共享的意义中对此做出回应，在此过程中成为其自身的对象。米德认为，个体的自我只有通过社会以及不断进行的互动过程才能产生和存在，个人总是依赖于自己所在的群体。在传记研究中,米德有关主体间性与反思性自我的论述,有助于人们思考如何"通过互动与语言学习,进行自我的建构与重构或制造与重造,以及对文化、亚文化及其符号进行调整和重新调整,一切都在社会互动过程之中和制度范围之内"(Merrill and West,2009:61)。

个体如何将事件和与他人的互动解释为创造意义和构建自我的过程的一部分,是符号互动论者工作的核心(Blumer,1962,1969)。符号互动论认为,有关社会世界的认识是通过参与具体的情景、参与人与人之间的互动而得来的,并且对人们所面对的问题的解释也是符号性的。在这里,理解世界是一种实践性的、情景性的而非抽象性的活动。通过与他人互动,自我与社会通过协商与解释而形成,意义通过语言而被符号性地生产出来,并在与他人互动中得到发展。人们通过语言和与他人(包括社会秩序)的互动,赋予他们的经历、自我和身体以意义,也赋予他们更广泛的社会世界以意义,对这些意义的分析是社会研究者的核心任务。

简而言之,互动论者所研究的是在特定历史时刻互动、传记与社会结构之间的交集(intersection)。互动性经验被认为是按照人们为了行动赋予自身的动机和理由来加以组织的,它们是意识形态的建构,在具体的情况下创造了主体互动的具体形式。权力、情感和力量是日常生活的基本特征。主体间性,即存在于两个人之间的关于个人的意识状态的知识共享,是人类群体生活共享的基础。在互动中要协商的中心对象是个人身份或人的自我意义。身份的意义存在于互动过程中,并随着人们对当下任务的确立和协商而出现和转变。

后期的符号互动论者多采纳生活史研究与参与观察方法,通过研究过去与现在的生活,关注生活的微观层面与人的主体性,进而理解与群体和社会有关的个人。受符号互动论影响的常人方法学(Ethnomethodology),关心人们用来建立并维系社会秩序的日常方法,重在分析社会成员理解自身世界的方法与实践,强调理解老生常谈与日常生活中想当然行为的重要性。社会秩序是通过日常社会互动来维系的,在解释社会活动如何发生时,常人方法学者认为,社会学家也是社会行动者,其对社会事实有自己的感知。所有的行动者与社会学家都是他们社会世界的"理论家",研究者并不是唯一的"理论"来源。常人方法学有助于传记研究者站在传主的立场来审视问题。

六　批判社会理论

尽管与精神分析一样,批判社会理论(critical social theory)在实践上也强调通过对个人和团体启蒙的过程加强自我认知和自我意识,强调日常生活和过往事件的深刻而重要的意义,但与精神分析关注个体心理不同,批判理论更侧重于社会的扭曲。精神分析寻求自我的释放,聚焦个体的童年时代,个体看作一个充满内在竞争和挣扎的张力系统,本我、自我和超我之间不断地被生和死的本能相互牵制,批判理论则瞄向社会群体的解放,目光放在社会历史之上,试图解释日常生活实践和社会问题的根源,旨在寻找改善社会关系的出路,使社会迈向公正和理性。批判理论主张要为社会生活现实提供启蒙,揭示出个人和群体的真实兴趣或利益所在,彰显出那些影响或者掌控着个人或者群体作出决定的关键因素,从而尽可能对人在自主性方面的潜能进行挖掘。

批判理论者利用传记强调不平等和压制,进而提出改变社会的方案。利用个人叙事及其全部经历/传记,批判理论努力去解释那些不受质疑但具有压迫性的社会设置,以及严酷的现实,如何形塑了人们的言行。批判理论挑战并批判了占统治地位的意识形态和权力结构,披露由统治精英或统治阶级所欲保持的社会不平等与不公正,他们倾向于将现有社会秩序视为理所当然的、正确无误的,窒息了潜在的持异议者。"传记研究者寻求人文主义的路径,较多关注被边缘化的人群,努力表达他们的呼声,并挑战支配性的假设,建立一个更为公正的社会秩序。"(Merrill and West,2009:4)事实上,传记社会学某些最有趣的运用,"涉及边缘化的、被排斥的或被剥削的人群"(Shantz,2009)。在某种程度上,传记能促成那些被从历史中清除出去的具有欲望、希望与梦想的个人的抵抗行为。"传记能够帮助人们去理解公民身份与缺少公民身份的过程、结构与生活体验,理解他们被羞辱与被抛弃的体验,甚至于推动物质性的'真实世界'(real world)的改变。"

批判理论有助于我们理解传记的集体（社会）意义，尤其是那些来自同样的社会经济背景中的人，诸如白领工人阶级的女性，分享共同的阶级与性别不平等体验。对于个人关系结构所进行的反思性批评，能够激发读者反思他们自身的生活经历、自我的构建以及在社会历史情境中与他人发生的互动。讲、听以及被识别的权利被视为社会公正的基本支柱，每个人都有讲述自己故事的权利，每个人都能够在社会互动中发挥自己的主观性，不应当只是简单地去顺应支配性叙事。传记能够帮助人们去理解公民身份与缺少公民身份的过程、结构与生活体验，理解他们被羞辱与被抛弃的体验，进而推动物质性现实世界的改变。在某种程度上，传记能促成那些被从历史中清除出去的具有欲望、希望与梦想的个人的抵抗行为。传记社会学所提供的替代性的叙事与实践，在纳入公共政策之后，也有助于改变嵌入现行管理之中占据支配地位的知识/权力坐标（Maggie and Harindranath，2006）。

批判社会理论主张，与人有关的全部事实都为社会建构，是由人力来决定和解释的，因而会因手段和方法的差异而发生变化。所以，不存在价值中立的社会事实，语言总是某种价值的承载体，"客体性"取决于认知主体在社会生活世界所处的位置。因此，研究更多是一种政治行为，研究者带着公开的假设进行研究，力图在认识上或政治上有所斩获。伴随着社会过程的客观化，关于预测与控制的语言逐渐主导了社会科学，启蒙运动孕育了一个超然的、宣称中立的工具理性霸权，它影响着研究者的定位，并导致忽略甚至无视社会事实的压制特征。批判理论竭力批评无反思性的工具主义，后者认为研究是一个技术活（technical matter），目的是建立并测量关键变量之间的因果联系，而不考虑社会公正与人的价值。这种批判性的指向，有助于把人从强大的意识形态所塑造的依赖关系中解放出来。

七　女性主义

总体来说，女性主义是基于天赋人权而产生的、以男女平权或男女平等为核心的思想和理论，所以也时常被称为女权主义。早期女性主义追求妇女解放，其目的是消除妨碍妇女作为个人获得完全发展的一切障碍，它指导了女权运动实践，又在这种实践中得到检验、批判和发展，最终成为世界性的政治社会文化思潮。继早期或第一波女性主义之后，20世纪60年代中期、20世纪90年代初又分别开启了第二波、第三波女性主义。女性主义的传记方法出现于20世纪60年代末和70年代，受到了符号互动论和米尔斯作品的影响，但它超越了符号互动论，采取了更具批判性、更富政治色彩的立场。

女性主义最重要的贡献就在于其对主流社会学中的性别主义的批判，这种性别主义不仅忽视了女性的生活经验和感受或使其成为无形化，而且歪曲了对整个社会世界运行秩序和人类生活状况的全面公正的理解。正如玛丽·埃文斯（Mary Evans）所指出的，女性主义者想要表明，历史并不只是关于伟大男性的，女性不仅是历史的受害者，她们也是历史的创造者。女性主义者提出了这样的问题，即谁有权力去建构知识，并批评"男性社会学"（male sociology）或者说"男流"（malestream），认为他们忽略了或不顾女性的角色与生活，研究的焦点只放在男性公共世界上。由此，女性主义的研究匡正了使用男性语言、由男性研究者把持、进行的以男性为对象的研究，改变研究者与被研究者之间的权力关系。挑战不平等和压迫是女性主义传记研究的基石。"传记作品往往成为女性运动的重要一部分，因为它将女性从模糊的状态中带出来，修复历史记录，为女性读者与作者提供认同主体机会。"（Reinharz，1992：126）女性主义的传记研究不仅揭示了性别不平等与压制的问题，也揭示了它们与其他不平等形式（如阶级与种族）之间的互动。"女性主义传记方法是一种有力的工具。它以一种独特的视角参与研究，为参与者的生命体验增加深度，赋予意义，提供背景。"（Popadiuk，2004：395，转引自 Merrill and West，2009：65）

女性主义者主张在研究者和被研究者之间建立一种民主的关系，打破等级制度的访谈方法。女性主义传记研究尤其关注那些普通女性的日常生活，让她们从默默无闻中走出来，让人们听到她们的声音，并强调"个人是政治的"，因此个人的经历也是集体性的。女性主义者塑造了传记研究进行的方式，尤其是对特定研究对象的关注。与"传统的"研究不同，女性主义的作品与女性有关但不是关于女性的（Oakley，1981）。女性主义研究强调，"那些生活被主流社会秩序塑造、约束（或边缘化）的人的观点"（Lawthom，2004：102）。其中最重要的贡献是坚持研究者和被研究者之间的主观参与，目的是建立一种民主的关系，打破等级制的访谈方法。劳瑟姆（Rebecca Lawthom）进一步认为，被访谈者也是共同研究者，是他或她塑造了故事，"拥有完全的编辑控制权，并呈现第一人称叙事"（Lawthom，2004：60）。

需要指明的是，尽管女性主义者共同的目标是挑战社会中的性别不平等，解放所有受到压迫与被异化的女性，进而改变她们的生活，但不同的女性主义（如自由主义、激进主义、马克思主义、后结构主义、后现代主义）之间也存在着分裂，反映了一系列意识形态和认识论的立场。各流派之间，甚至一个流派内部的观点都存在很大不同，甚至相互抵牾。马克思主义的女性主义者认为，女性受到压迫是根源于资本主义制度及其固有的私人财产实践。激进女性主义则把男人视为女人的压迫者，性别关系是通过资本主义社会的权力关系与阶级结构形成。黑人及其他边缘女性主义者，认为白人女性主义的理论与书写并不代表自己的经验与声音。随着后现代话语的兴起，女性主义更加关注女人之间以及女人和男人之间差异的多样性和多元化主体概念，女性主义话语的统一模式再度遭到怀疑，而局限于独立的学科结构和专业框架的讨论也被视为一种本质主义的企图。

与此同时，我们也要看到，关注"女性经验"的女性主义观点被批评为是针对个人经验或者说主观经验的探索。主流社会科学所引以为豪的，是其能够进行概括或者说推而广之（generalized）的能力。斯丹莉坚持认为，个体必然性是社会性的存在，因此，社会结构和范畴可以通过分析特定物质环境中的特定人的描述来"复原"，反过来，模式化的社会结构现象可以从研究者的"思想自传"中加以复原和分析。因此，在女性主义视角中，事实和虚构、幻想和现实、传记和自传、自我和他人、个人和网络，不仅共存而且相互促进，传统二分法之间的界限也因此被打破。

第 三 章

人生档案的社会学意义：
《身处欧美的波兰农民》方法论回访

前文已简要提及，社会学的传记转向及后续传记社会学的提出，很大程度上是对《身处欧美的波兰农民》（以下简称《波兰农民》）一书使用传记资料的再发现、再评估。罗森塔尔（Gabriele Rosenthal，2019）甚至认为，该书是社会学中传记研究出现的最主要的推动力量（the most important impulse），没有之一。这部作品的境遇，正体现出传记研究方法由发端（以这部作品为标志）到兴起（主要在芝加哥社会学派），转而衰落（在美国社会学界），又再度复兴（主要以欧洲学术界为先为主的"传记转向"）的历程。对于该书中所用的传记资料，后来的研究者提出多项称谓，如人文档案/记录（human documents）、个人记录/档案（personal/individual documents）、人生/生活记录（life records）、人生档案/记录（life documents）、生命历程记录（life course records）等。对生命历程和传记/生平的关注，被认为是该书对社会学的核心贡献（Abbot and Egloff, 2018：241-242）。有研究者认为，该书之所以出名，是因为对传记资料的大量使用（Plummer, 1983：41）。当然，罗森塔尔认为，并不是具体的传记分析使得这一多卷本著作对随后的传记研究产生了影响，而是它们在方法论上的贡献（Rosenthal, 2004）。安杰伊（Kaleta Andrzej）也指出，无论是关于《波兰农民》影响的通俗观点还是严肃的学术分析，对社会学发展而言，最重要之处是该书在方法论层面和方法层面的创新，尤其是对新经验材料的使用，"将个人档案引入研究是当代社会学的一个伟大发现，标志着实证研究的新方向和发展一般社会理论的希望"（Andrzej，2018）。笔者在此也将重点集中在该书的方法论及其后续影响上。

一 《身处欧美的波兰农民》对于人生档案的运用

可以说，《波兰农民》诞生于芝加哥一个波兰社区背巷垃圾堆之中。身为外来移民的托马斯路过此处时，碰巧发现不少被波兰移民丢弃的书信，便大感兴趣。一个版本的故事如此写道：

> 一天早晨，走在一条背巷的托马斯……不得不迅速地侧身一步，以避开正被直接扔出窗外的垃圾。在他脚边的垃圾堆里有几包书信。因为他学过波兰语，所以被书信内容所吸引，他开始读一捆按顺序排列的书信。在这些书信呈现的序列中，他看到了一份丰富且有意义的记录，他受到引导去寻找个人档案作为研究工具。

（Janowitz，1969）

说是"碰巧"，但如果没有好奇心的驱使，没有过往的人生历练，没有对相关问题的关注，没有思想上的创造性，他或许不会如此在意。应当说明的是，在《波兰农民》出版之前就有利用传记资料进行研究的情况。就大形势而言，19世纪的研究者和改革家开始对个人档案、口述史和生命史产生兴趣，由此发展而来的新方法，在19世纪20世纪之交的社会工作、精神病学和犯罪学等新兴学科领域成为主流（Plumer，1983：39）。在19世纪90年代末至第一次世界大战期间的"进步时代"，美国的改革者和知识分子曾试图了解处于急剧变化中的美国工人阶级和城市里的贫穷移民，他们的研究采取诸如新闻报道、丑闻曝光、政策调查、小说与移民传记等表现形式（扎列茨基，2000：1）。

有研究者追溯了《波兰农民》一书的三种可能传统（Abbot and Egloff，2018）：第一，案例作品传统（the casebook tradition）。在托马斯活动的非社会学圈子里，以案例为基础进行阐述的作品相当普遍，尤其是在医学和法律领域。托马斯1906年在评论汉密尔顿·霍尔特（Hamilton

Holt）的《普通美国人的生活史》时曾提道："这本书包含了一系列有趣的个人档案，呈现了外国移民所看到的美国主要状况，并以他们自己的语言来进行了表述。"第二，精神病学对生活史的观念（the psychiatric concept of the life history）。托马斯熟识并在《波兰农民》中引用过其作品的芝加哥社会学者海利（William Healy），曾于1915年出版过《个人犯罪》（*The Individual Delinquent*），这是一项个案研究，《波兰农民》的开篇模仿了该书。托马斯和海利同样都受到过精神病学家迈耶（Adolf Meyer）的影响，后者的思想奠定了生命历程概念的基础。第三，维多利亚文学对性格和社会变化的分析（the Victorian literary analysis of personality and social change）。托马斯直到1893年还是一名英语文学教授，他在课程中所教授的许多文学作品，在主题、叙事形式和结构上都与《波兰农民》相似：比如莫尔（Thomas More）的《乌托邦》（*Theutopia*）、斯特恩（Laurence Sterne）虚构性自传作品《感伤之旅》（*A Sentimental Journey Throug France and Italy*）、狄更斯（Charles Dickens）采用第一人称叙事的《大卫·科波菲尔》（*Dardent Copperfield*）、浪漫主义作家霍桑（Nathaniel Hawthorne）的《红字》（*The Scarlet Letter*）和艾略特（George Eliot）的历史哲理小说《罗摩拉》（*RomoLa*）等。

托马斯从1909年就开始设法从各方收集书信，他还曾在波兰语报纸上刊登广告以获得身在波兰的家庭成员来信，每封信付酬10—20美分。1910年，慈善家海伦·卡尔弗（Helen Culver）捐赠的5万美元，使得托马斯得以"在欧洲和美国对一个移民群体进行研究，尽可能找出他们的家庭习俗和规范与其对美国的适应与不适应之间存在何种关系"（转引自Blumer，1979：103）。

就理论积淀看，早在1910—1913年间，托马斯就在理论和方法论方面逐渐形成自己的观念和立场。他曾提出社会学研究六个方面的特征：经验性的、归纳性的、比较式的、系统性的（或战略性的）、分析性的（或概念性的）以及社会心理学式的（Haerle，1991）。与那些倾向于建构抽象理论的同行不同，托马斯视经验事实为建立社会学的基础，他提倡研究人员自己动手，不要成为学院里的"循规蹈矩者"，而是去关注个人与社会之间的互动。在"种族心理学"（race psychology）一文中，托马斯就如何使用数据提出了一系列具体且中肯的建议：

> 尽可能以案例为单位进行记录，给出实例而不是笼统描述。逐字引用你的资料，而非转述它们。如有可能，以书面陈述（written statements）代替访谈。务必注明信息的来源，如来源为印刷品，引用时要特别小心。拍摄并搜集图片。
>
> （Haerle，1991）

这里的书面陈述，在《波兰农民》一书中就体现出对新型个人档案资料的使用。在资料收集方面，托马斯提出了三种类型的数据：个人观察（personal observation，后续发展成为"参与式观察"）、有设计的记录（designed records，如历史、民族志和民俗）和未设计的记录（undesigned records）。未设计的记录"包括书信、日记、报纸、法庭、教堂和俱乐部记录，布道，地址簿，学校课程，甚至包括传单和年鉴"（Haerle，1991）。未设计的记录并不是为了达到特定目的而设计，托马斯认为以这种记录为标准能够更好地衡量社会生活。

在卡尔弗基金资助下，托马斯于1910—1914年多次赴欧，以咨询相关研究者并借机收集更多相关研究资料。他在波兰华沙碰到了也有意进行此项研究的波兰年轻哲学研究者兹纳涅茨基，后者次年赴美访学，一项伟大的合作就此展开。尽管二者年龄、气质、国籍和文化各不相同，甚至在学术倾向上也存在分歧，但他们对知识和社会学研究新方法的热情是一致的："他们彼此互补，使该书体量巨大，理论丰富，社会学方法具有革命性，也开创性地搭建了社会学和社会心理学之间的桥梁。"（Mostwin，1993）就兹纳涅茨基一方看，他充分理解使用人类"原初体验"的数据或使用"重建体验"的数据的方法论意义。在他看来，经验数据是原始经验标准化的结果，即物质数据的感觉经验和逻辑数据的概念经验。"科学调查的数据不是'疼痛本身'……而是患者感受到的疼痛。"（转引自 Markiewicz-Lagneau，1988）

有研究者就托马斯和兹纳涅茨基对《波兰农民》的各自贡献进行了辨析。我们关注该书对于资料的使用如何在日后为社会学的传记转向奠定基础。返回到当时的背景，我们会发现，在第一次世界大战前后，面对剧烈的社会变迁，越来越多的有识之士认为，有必要制订一套研究方案，来分析复杂多变的社会。此时的美国社会学家对于研究方法的意识也在不断增强，他们希望能够在本领域运用物理学严谨方法，以获得自然科学那样的声望。但是，不少社会学家发现，社会现象带给科学家的分析问题并不同于物理现象，在解释人类行为时需面对人类经验中的主观因素，这便引发学者在研究方法上的不同倾向。例如，在社会心理学方面：

> 倾向于客观主义和行为主义的研究者，往往在社会研究中使用统计技术，而倡导共情式理解的研究者，则认为关于行为主体的行动的意义是最重要的数据，因此，后者比较喜欢去研究包括生活史、社会案例记录、日记和书信在内的人生档案，将其视为获得对社会分析至关重要的主观经验数据的最合适方法。

（A. Thomas，1978）

托马斯和兹纳涅茨基倾向的正是后一种观点。他们强调，对人类行为的解释，必须去解释个人或群体定义其处境或感知客观条件时的态度，研究态度，就必须解释行为所具有的意义。因此，对人类生活的理解需要掌握所谓主观因素的那些层面。人们不能只是去考察那些起作用的外部因素，然后去考察人们对这些因素所做出的反应。相反，人们必须考虑行动者具有的选择倾向或性格特征，这些因素决定了他们将以何种方式对外部影响做出反应。

《波兰农民》的基本前提，就在于作者认为人类群体生活是"客观"和"主观"因素相互作用的结果，这两种因素都存在于个人行动和集体社会行动之中。个人对具有群体意义的事物采取行动（客观因素），但对该事物的行动依据的是个人对它的感受和评价（主观因素）。托马斯和兹纳涅茨基把主观因素归结为"态度"，把客观条件归结为"价值"，对群体生活和行动者行为的研究与分析必须从态度和价值的共同发挥作用的角度出发。按照这一前提，只要能够确定与任何行动路线有关的价值和态度之间的关系，行动路线就会保持不变或者说某种程度的稳定。如果拥有一套固定态度的行动者遇到新的价值或社会规则，或者行动者的新态度影响到固定价值，那么必然会发生行为的变化。托马斯和兹纳涅茨基将这一思想融入他们的"社会变化的法则"（laws of social becoming），社会变化可以追溯到价值的变化（客观因素）或态度的变化（主观倾向），它是由一种给定的新态度作用于既定的价值，或者一种新的价值作用于既定的态度。根据态度和价值相互作用的基本前提，托马斯和兹纳涅茨基发展了一套探究人类群体生活的程序。

> 与其他任何科学一样，社会科学的最终目的，就是使其理论结论具有尽可能高的准确性（尽可能逼近现实）和普遍性（能够推广），并尽可能与这些结论所依据的对象（the object-matter）的具体性相协调。换句话说，用尽可能少的一般规律来解释尽可能多的具体社会生活。由于只有与构成社会事件的个人生活结合在一起，具体的社会生活才称之为具体，而且个人因素是每一种社会事件（social occurrence）的组成因素，社会科学便不能停留在某些学派所希望的社会变化（social becoming）的表面，而必须抵达真实的人类经验和态度，这些经验和态度在社会制度的正式组织之下构成完整的、有活力的和积极的社会现实。或者在统计表格化的大量现象背后，这些现象本身不过是未知因果过程的症状，只能作为社会学假设的临时依据。
>
> （Thomas，1958：1834）

在普卢默看来，该书关于"情境的客观性因素与对这种情境的主观性理解"的区分具有基础性的意义（Plummer，2001：41）。由于社会行动源于行动者看待和解释其必须处理的客观条件的方式，因此，有必要采用一种理解其认知和解释的方法。为了将他们的方案运用到波兰农民社会，有必要确保能揭示人类经验中这一主观因素的数据来源，同时又能满足对科学数据的通常要求，即其他研究者也可以访问这些数据并验证研发结果或得到新发现。对托马斯和兹纳涅茨基来说，能够做到这一点,即能够识别主观因素的研究工具,就是所谓的"个人生活记录/档案"(personal life records)。

> 无论我们从具体个人的详细生活记录中提取社会学分析的材料,还是从对大众现象(mass-phenomena)的观察中提取材料,社会学分析的问题都是一样的。但是,即使我们在寻找抽象的规律,对具体人物的生活记录也比任何其他种类的材料有明显的优越性。我们可以有把握地说,尽可能完整的个人生活记录构成了一种完美的社会学材料(sociological material),如果社会科学必须使用其他材料的话,只是因为,目前要获得足够数量的这样的记录来涵盖社会学问题的全部,在实践上是困难的,也是因为要充分分析描述一个社会群体的生活所必需的所有个人资料,需要做大量的工作。把握社会学问题的总体性以及大量工作的总体性,都需要对描绘一个社会群体的生活所必需的所有个人资料进行详尽分析。如果我们不得已使用大众现象作为材料,或利用任何形式的事件,而不去考虑参与其中的个人的生活史(life-histories),这其实是我们目前的社会学方法的缺陷,而不是优点。
>
> 事实上,很明显,即使是对单一社会数据——态度和价值观——的描述,个人生活记录也给了我们最精确的方法。……社会学记录越完整,就越接近完整的个人生活记录。
>
> (Thomas,1958:1832 – 1834)

《波兰农民》一书并未就这种个人生活记录给出明确界定,所以,日后出现多种称呼。布鲁默(Herbert Blumer)称其为"人生档案"或"人生记录",它是"对个体经验的描述,揭示了个体作为人类能动者和社会生活参与者的行为"(Blumer,1979:29)。该书使用个人档案数量最多的是移民家庭成员间的往来书信,第一卷的很大部分和整个第二卷,共有50大系列、764封的家庭书信,展现了不同区域不同层次迁移农民的生活,书信是作者刻画和分析波兰农民生活的"具体材料"(concrete materials)。第三卷收录了一部长达312页的生活记录(或称长篇自传),是一位名为瓦尔德克（Wladek）的波兰移民应托马斯要求撰写的。两位作者以笔记的形式给出了大量评论，并在最后以 18 页的篇幅作了总结，概括性地描述了瓦尔德克的人格特征及其形成过程。除此之外，书中所用人生档案还包括波兰报纸上的纪实性报道、波兰教区记录、社会机构记录以及法庭记录等。书信、日记属于"主观性自传"（subjective autobiography），而其余的档案则为"客观档案"（Kaleta，2018）。与书信和生活史相比，布鲁默认为，后者"更为正式，也更具反思性，少了点私密、个性与率真，因此也较少启发性"（Blumer，1979：47）。本书关注的个人档案是生活史，当然更广义的传记也包括了书信这种体裁。

针对布鲁默 1939 年的评论，托马斯稍微改变了自己的立场，有点后悔使用了"完美的材料"的说法，但他依然认为，"对于个人经验叙事，无论是引导的还是被引导的，都是研究动机的基础和出发点"（转引自 Blumer，1979：133）。这些观点为后来关于社会学生活史研究价值的许多讨论奠定了基调。这里，笔者采用布鲁默的概括，以表明个人生活记录的特殊用处。首先，它在描述态度和价值观方面具有优势。即使是对单一的社会数据进行描述，"个人生活记录也给我们提供了最精确的路径。在孤立行为中表现出来的态度总是容易被误解，但当把这种行为同个人过去的行为联系起来时，我们遇到这样的风险就会减少"（Thomas and Znaniecki，1958：1833）。其次，由于能够更精确地确定人们的态度和价值，个人生活记录也最适合于确定抽象社会规律的规范目的。再次，帮助人们考察某种态度的演变历程。生活史呈现的是某个人在进化过程中的样子，它让人看到一种态度的出现，这种态度的出现是一条发展路线（a line of genesis）的结果。最后，生活史能够跟踪个人发展的整个过程，从而确定社会人格特征。人格是以进化的形式存在的，是一种持续的演变，它只在"它整个生命的历程"中显现出来。

尽管布鲁默指出了这些优点，但他还是对这种材料的使用持怀疑态度。在介入布鲁默评论以及围绕该评论展开的讨论之前，我们先来看看该书对于芝加哥学派的后续影响，在日后的社会学转向之中，该学派的思想资源不断被发掘和援引。

二 芝加哥学派的接续与拓展

尽管在此之前存在使用个人传记资料的情况，但直到《波兰农民》一书出版尤其是该书所讨论的议题及相应的解决方案，才在更高层面对芝加哥社会学派的发展产生深远的影响。就移民研究而言，《波兰农民》问世之前的研究多数被视为"社会普查"，属于"常识社会学"（common-sense sociology），只堆积数据而不分析其根由，而且倾向于道德说教和指责穷人（扎列茨基，2000：6）。甚至有学者认为，芝加哥学派的出现，很大程度上便是受到该书的鼓舞（Bulmer，1984；扎列茨基，2001）。在该书出版时，社会学在美国的发展尚不足30年。从20世纪20年代到30年代初期，芝加哥社会学派主导着美国社会学的发展，这段时期被认为是芝加哥学派的全盛期（the hey-day）。具体而言，从1918年出版的《波兰农民》到20世纪30年代中期，美国社会学几乎等同于芝加哥的社会学（Plummer，1983：51）。对于个人档案的利用也在这一时期大放光彩。就当时情形看，该书被广泛视为"先进社会学研究和理论分析的最佳呈现"（Blumer，1979：vi），并被冠上"标志性作品""经典""里程碑""转折点"之类的标签（Plumer，2001：104）。《波兰农民》对于传记资料（特别是生活记录和生活史）的运用，某种程度上成为社会学和社会心理学研究的标准方法。布鲁默注意到，在《波兰农民》发表数年之后，采用传记资料和大量访谈作为说明或解释材料的研究，在学术社会学和社会问题领域成为普遍现象。托马斯本人也说："无论如何，这场搜集人生档案资料的运动不可避免地在芝加哥展开了。"（Thomas，1979：130）

如果将芝加哥学派的研究方式全数归为是受托马斯或该书的影响，那显然是有失公允的。因为一桩不明所以的"丑闻"，托马斯于1918年离开了芝加哥。之后扛大旗者，当推帕克（Robert Ezra Park）和伯吉斯（Ernest Watson Burgess）。帕克曾担任太平洋海岸种族关系调查项目的负责人，他亲自制作并鼓励使用生活史问卷，同时广泛收集日记和书信。伯吉斯认为档案材料提供了个人对其与直接参照群体关系的解释的直接证据，并阐明了在整个文化环境中人格形成的过程。"量化技术的最严重的缺陷，是现有的统计体系是基于原子社会的概念，而非有机社会的概念。"（转引自 A. Thomas，1978）伯吉斯在他关于犯罪和家庭的研究中，非常重视个人档案的案例研究，并认为这与统计学方法不存在冲突，这一点得到了不少研究者的认可。正是在他们的推动和示范下，传记研究在芝加哥广为接受，不少颇有影响力的作品广泛运用了日记、照片、家庭案例等形式的个人资料。帕尔默（Vivien Palmer）甚至汇编了一个指导学生研究计划的手册。

值得一提的是肖（Clifford Shaw）的研究，他和伯吉斯一起收集了大量的生活史资料，撰写了包括《杰克—洛勒：一位犯罪少年自己的故事》（*The Jack-Roller: A Delinquent Boys Own Story*）在内的一系列研究作品。这本书在生活史研究领域堪称典范之作，书中所用材料是他在芝加哥青少年犯罪研究所收集得来的。肖在1921年遇到书中主角即14岁的斯坦利（Stanley），两人逐渐建立了一种非常亲密的感情，这种感情贯穿了他们的一生。与《波兰农民》获取瓦尔德克的生活史资料类似，肖先是列出犯罪行为和制度规范，再由斯坦利"详细描述每件事、事件发生的情况以及他对这段经历的个人反应"，最后进行扩展和书写。书中对于故事的呈现，几乎是对斯坦利这位男孩所写内容的直录。

可以说，倾向于这一路数的研究者，认识到"站在行动者的角度看问题"的必要性，也认识到传记个案研究对于记录各类环境中社会成员主观性视角的优势。在研究对象上，传记资料不断地被用来分析移民群体、社会机构、犯罪团体以及一般意义上的人格类型研究。资料获取则尤其侧重于那些旨在描述芸芸众生"历史、经历与态度"的生活史或生平记录（biograms），而非那些具有历史雄心或文学抱负之人所写的自传（Symonolewicz，1944）。在衰落之前，生活史研究路径在20世纪20年代和30年代的美国社会学中成为极为重要的方法。

普卢默概括了芝加哥社会学派对生命史研究所产生的深远影响（Plummer，2001：114）：一是它敦促研究者避开抽象概念，转身关注细节和具体经验，因为具体的人是不能以抽象方式来把握的，个人档案就是具体性的表现。二是它强调同时关注主观和客观两个层面。"价值观"

和"态度"、"对情况的主观定义和客观定义"以及"自然科学和文化科学""人文系数",这些贯穿整个书写过程。三是它主张视角的必然性。所有的故事,甚至是科学故事,都是从某个角度来讲述的。个人档案不可能带来全部的真相,因为这毕竟是遥不可及的;但如果谨慎使用就能够从中发现有限的真相。四是它关注边缘和弱势群体。甚至可以说,芝加哥社会学传统是建立在一种边缘化的意义上的,或许正是如此,芝加哥的社会学者们倾向一种非传统的方法进行社会实验。

总的来说,这一时期的不少学者都运用过生活史,但总体上偏于保守,多数人不过是利用生活史来补充他们对都市生活、犯罪、迁徙过程或是其他过程的研究,亦即基本上都是在实证主义的框架下完成的。艾略特认为,"传记性材料可以让我们对社会的种种变迁过程有更多认识,然而却没有被严肃地用来挑战早期社会学发展出来的方法、理论以及认识论"(艾略特,1999:141)。此时的社会学家还只是把它们作为研究的资料来用,即通过这个或那个个案,研究"存于生命/生活"之中的普遍特征(Stanley,1993)。事实上,由于很大程度上受到实证主义的影响,很多研究者的目的主要是从被研究者那里找到"客观的现实",被研究者的主观世界以"客观化的方式存在着"。尤其是"他们所希望的还是一种追求通则的科学(nomethetic science),书面叙事不过是他们资料的来源而已。他们并没有将叙事提升到本体论地步"(成伯清,2007:35)。还值得一提的是,此时的研究者对于自己的角色身份、研究过程以及与被研究对象之间的互动缺少足够的反思。

到20世纪60年代,传记研究方法式微,在很多拥护此类方法的学者看来,这多少有点"出人意料"(surprising)(Merrill and West,2009:26)。尤其是"鉴于生活史研究可能带来的多样化科学用途,人们必定想知道为什么它会落到如此受忽视的地步"(Becker,1966:xvi)。在分析这背后的原因之前,我们先考察1938年前后围绕《波兰农民》展开的一场争论,这场争论设定的诸多议题,在日后一再被讨论。

三 布鲁默的评论及各方回应

1938—1939 年间，美国社会科学研究委员会在全国范围内，就社会学、人类学等学科遴选第一次世界大战之后最具影响力的作品，欲以此推动社会科学的发展。社会学领域入选的就是《波兰农民》，该书被誉为"对社会学知识最为重要的贡献"（Blumer，1979：xi，以下对布鲁默的引用，页码标为罗马数字的系 1979 年评论，页码标为阿拉伯数字的系 1938 年评论）。受该委员会之邀，布鲁默聚焦该书的"立场与方法"，撰写了长达 80 多页的评论。根据布鲁默评论涉及的议题，1938 年 12 月 10 日该委员会组织了一场专题研讨会。时隔 40 年后的 1979 年，布鲁默再次回顾并总结了当年的评论和研讨会相关议题，所作评论的篇幅也长达 47 页。尽管布鲁默前后两次的评论和出席研讨会的学者大都认同该书的巨大价值，但对于个人档案的使用也存在着多方面的分歧。

布鲁默在进行概括时指出，"理论的有效性通常不能由档案来确定"（Blumer，1979：79）。他承认该书的理论或许具有很高的有效性，但它们并非来自对数据的归纳考虑，而是因为熟悉欧洲和美国的波兰文化。换言之，理论并非来自实际（经验数据），"似乎是理论在要求数据"（theories seem to order the data）（Blumer，1979：77）。布鲁默认为，《波兰农民》中大部分理论构想和理论解释是作者事先就酝酿好的，并非真正或完全从材料中得出，人们也无法透过他们的档案材料进行检验。

打比方说，如果能找到一个最聪明的人，一个有天赋能理解人类行为的人，把《波兰农民》里所有的档案资料都交给他，让他尽可能多地利用这些资料，给他尽可能多的时间，我敢断言，无论他在理论方面提出了什么，与托马斯和兹纳涅茨基对这些档案的理论和解释相比，都会是可怜的薄弱和贫乏。这意味着什么？对我来说，这意味着托马斯和茨纳涅茨基在很大程度上已经达成了他们的理论方案和解释，而不是依据他们所研究的档案材料。我怀疑这些理论构想的主要特点是在托马斯先生……那里形成的。就这一点而言，我们不能断言《波兰农民》中的理论观点完全来自材料，尽管它们显然有一部分来自材料。然而，这一点并不是很重要，因为个人从哪里或如何得到他的理论观点并不重要。唯一重要的是这些理论观点能否被提交的证据所检验。

（Blumer，1979：109-110）

因此，这些个人档案似乎并非决定理论有效性的关键。"我怀疑实际上这些个人档案是用来拓宽作者经验的一种手段，是用来为他们提供各种线索和直觉的一种手段，是更好用来帮助了解他们所接触特定群体的一种手段。"（Blumer，1979：111）布鲁默分析了书中以人格理论来解释瓦尔德克生平记录的例子。瓦尔德克曾提到其童年时的情况：

> 我一直认为不服从是一种罪，我也难以想象不听父母的话会怎样。我不仅听从他们的话，还听从我的哥哥姐姐们的话，如果他们命令我做什么，我就会去做，这不仅是因为害怕，也是因为我坚信自己做的是正确的。我的父母和我的哥哥姐姐都没有在这方面抱怨过我。

（Thomas and Znaniecki，1958：1943）

对此，托马斯和兹纳涅茨基所作的解释是：

> 这里的服从是渴望得到回应的结果，但瓦尔德克在这一点上主张道德价值，当他的行为恰好符合社会规范时他总是这样做，即使它的来源完全不是责任感，也是如此，这是一种典型的平庸之人态度。他的主张也证明，在旧的家庭团结的瓦解过程中，服从是所有态度中最持久的。在其他情况下，取代原始团结的感情纽带是一种新的社会态度，不像服从态度那样属于传统情结。

（Thoma and Znaniecki，1958：1943）

布鲁默认为，两位作者的观点或许为真，但这种观点很大程度上并不是由材料中得来，只能说作者提供的观点或者说所作解释，很好地符合了他们的一般理论框架。很明显，瓦尔德克的自传并不是构建人格理论的归纳材料，书中所作经验排序只是为了使其能符合理论框架。在讨论中，布鲁默再次强调自己并不是要去质疑《波兰农民》一书中理论的有效性，而只是想表明人们往往不能通过使用人类档案资料来确定这种有效性，"理论本身可能是有效的，即便它未获得这种人类档案资料的证明"（Blumer，1979：118）。

布鲁默从代表性（representativeness）、充分性（adequacy）、可靠性（reliability）与可验证性（testability）四个标准分析了在使用传记资料时可能遇到的问题。

第一，代表性。布鲁默认为，就个人档案而言，确保研究人群的"代表性"样本是没有意义的。拿书信来说，写信之人并不能构成所来自人群的代表性样本，因为有些人从不写信，或者虽写过信但并不公开从而也就不为人所知。提供生活史的瓦尔德克，虽是"文化上被动大众的典型代表"，但从群体选择一个具有代表性的样本，再让某个成员准备所需要的个人档案并不可行，因为并不是所有人都具有这种能力。"许多人永远写不出信息丰富的书信，写不出有意义的生活史，写不出有启发性的日记，写不出人生自白，也无法对深入探究的访谈进行有效回应。"（Blumer，1979：xxx）不仅如此，对于特定社会行动而言，并非所有参与者都平等地参与其中，人们对正在发生的事情也会有不同的理解，因此，无法就研究者所研究的社会行动提供同样的资料。在1979年的评论中，布鲁默似乎改变了看法，认为个人档案的代表性"不是在给定的人口中获得一个具有代表性的样本，而是确保其作者对所研究的特定行为之形成有充分了解"。在他看来，6名了解实际情况的人所构成的"代表性样本"，要比1000名仅仅从事某项活动却不了解活动本身的人所构成的样本更好（Blumer，1979：xxxii-xxxii）。

第二，充分性。个人档案必须能够提供充分的信息，足以体现社会行动形成过程中起作用的主观因素和主观过程。布鲁默认为，普通研究工具的任务是尽可能精确地确定所使用的"变量"，然后确保对每个变量都有充分的覆盖；对于个人档案而言，同样也要找到并发掘正在发挥作用的新的或此前未被认识到的因素,这就需要研究者对所使用的特定档案进行反复考察,或用其他类似档案对此类档案进行有益的补充。

第三,可靠性。在很多人看来,个人档案是不可信的,因为"个人叙事的作者可以轻易地发挥他们的想象力,选择想说的东西,保留不想说的东西,倾向希望说的东西,只说在那个时刻碰巧想起的东西,总之,会存在有意和无意的欺骗"(Blumer, 1979:xxxiv)。的确,人们总能就单个案例提出例外情况,以此进行反驳,但问题是,人们是在单个案例中还是在案例总体中去寻找可靠性。在布鲁默看来,"如果人生档案的学术价值取决于它们如何准确地描述被研究的人类经历,那么这些档案是虚构的还是真实的,又会有什么区别呢?"(Blumer, 1979:xxxv)因此,问题不在于信息提供者是否忠诚,而更在于研究者精准的洞察力。

第四,可验证性。布鲁默指出,科学数据须具有独立于对数据进行理论解释的特性,并检验理论主张是否得当。为了确保个人档案所提供的数据真实准确,布鲁默提出几种简单的方案,但他同时也自相矛盾地予以否定:一是将可用数据限定为那些被确定为既定事实的数据,但该方案会抛弃个人档案中最具价值的内容,因为寻求的主要信息涉及特定行动者如何看待、定义和应对情境,而对这些情境的描述很少能被确定为既定事实。二是确保档案内容符合代表性、充分性和可靠性的标准,但正如前面所论述的,这些标准自身也面临着方法论上的难题。三是寻找特定类型的数据来解决不同理论解释之间甚至相反理论解释之间的冲突,但问题是需要认识到缺失什么数据,哪些数据无法获得。尽管如此,布鲁默依然认为能够解决个人档案中获得真实准确数据的问题,他尝试给出的办法是:只使用那些已知对所研究特定行动类型了解之人的档案。

当然,面对某些研究者否定《波兰农民》所用档案材料,进而认为它作为科学研究的实例毫无价值的观点,布鲁默又不无矛盾地帮助作了开脱,认为该书的基本目标是例证"一种观点和方法"。实际上,作者对于材料的处理也达到了所追求的目标,并彰显了在充分的社会研究中使用个人档案的可能性和必要性。尽管该书所用档案材料或许不够充分或不够完美,但它利用了所能获得的最好档案,并且在许多材料的处理上也保证了客观公正。

第三章　人生档案的社会学意义:《身处欧美的波兰农民》方法论回访

托马斯在回应中承认了书中某些方面的缺点,同时也为自己作了辩护。布鲁默认为,个人档案不够完整、不够可信,托马斯承认这种论断在某种意义的确成立,因为所有人类证词和交流都会有某种保留或者存在特定偏见,有时也会迎合他人的期望。即便那些看似最诚实的法庭证词,也并非完整可靠,人们的认知和记忆并不能充分显示这些数据(信息)。然而,人们在日常生活中做决定或与他人交往时,又不得不使用他人的证词或事实叙述,正如法庭不得不用证词一样。"没有经验记录的社会心理学,就像没有证词的法庭。"(Blumer,1979:84)托马斯由此认为,行为档案/记录(behavior document),无论是自传、个案记录,还是精神分析探索,或多或少都是对个人经验的系统记录,而这类档案表明对经验的广泛记录将揭示个人生活的一般图式。借助这类记录,人们可以审视人生的演变过程、人在各类情境或危机中的反应、特定人格特征的形成以及生活规划。当在特定情况下,把一系列人生记录与特定经验加以联系,便能够揭示特定的规律。退一步讲,托马斯认为,即使是一份高度主观的、妄想的或捏造的档案也具有重要意义,因为它代表的是可以转化为行动的态度。

> 个人为了弥补自卑感而准备的档案或阐述一种受迫害的错觉,都是尽可能远离客观现实的,但主体对情境的看法……可能是解释的最重要的因素。因为他的直接行为与他对情境的定义密切相关,他对情境的定义可能是客观的现实,也可能是主观的评价——"好像"是这样的。通常,正是他人眼中的情境和个人眼中的情境之间的巨大差异导致了公开的行为。……如果人们把情境定义为真实的,那么结果就是真实的。
>
> (Blumer,1979:85)

托马斯虽意识到所使用书信中存在某些虚构,但依然认为书信揭示了书写者的态度和价值观的惊人变化,也能够说明他们所要讨论的社会问题。当然,还可以使用其他材料来加以佐证,在讨论诸如青少年犯罪之类的问题时,就可以借助家庭成员、教师、邻居等方面的证词。托马斯也不否认统计研究的作用,认为"在研究社会变化和个人适应与不适应的过程中,既需要继续收集本民族和其他民族文化中正常的、病态的、犯罪的、低等的和优越的个人的生活记录,又需要应用适当的统计研究作为推断的基础"。但他依然认为,"如果不以个案历史作为补充而仅有统计研究,对人群行为的统计研究的意义将是有限的"(Blumer,1979:86-87)。

返回欧洲的兹纳涅茨基也作了书面回应,他某种程度上认同布鲁默观点,即他和托马斯的理论未得到所提供事实充分证实,或者说他们提供的材料本身的性质,无法满足用事实来检验理论的科学有效性问题。对于布鲁默所说的"先入之见",兹纳涅茨基并没有完全否认,但他和托马斯的观点并不完全是从这些数据中归纳而来,"除了对波兰社会的特殊了解之外,我们还把以前的比较分析和概括的结果运用到我们的数据上"(Blumer,1979:90)。在他看来,并没有什么归纳科学能够从事实中直接得出有效的理论又不受先前理论的影响。从布鲁默的观点出发,他们应该区分哪些理论是从其他渠道获得的(他们自己的还是他人的),哪些理论是从数据中得出的,他们之所以没有这样做,是因为"最初并没有建立新理论的打算,而只是想展示一系列个人档案,加上一些评论和解释,以便让其他科学家利用它们";同时"许多新的普遍问题和新的假设都是我们从经验数据中归纳出来的结果",是在选择、准备、解释、分析和组织材料的过程中,逐渐地发展起来的(Blumer,1979:91)。因此,在处理人类数据时,依赖个人洞察力而不是标准化的共同经验,才是决定性的。兹纳涅茨基乐观地宣称,个人档案是社会资料的最佳体现,它能够成为社会学理论的有效检验。

斯托夫(Samuel A. Stouffer)认为,布鲁默的评估是失败的。甚至认为,后者所持的是一种"虚无主义态度",因为布鲁默所提出的研究理念,即对数据的仔细归纳分析应该以某种方式形成健全的理论和社会"法则",过于绝对,因为理论的提出,不仅发生在提问和分析数据之时,研究者也会利用直觉、洞察力和先验知识。在沃勒(Willard W. Waller)看来,托马斯所使用人生档案的一个价值是,它们确实在某种程度上纠正了观察者的任何先见之明,而且该书并未把看到的所有现象都描述出来，事实上也做不到，只能抓住某些典型的现象来展示其理论的解释力。"压缩呈现是衡量科学发展的标准之一。"（Blumer，1979：128）贝恩（Read Bain）则坚决反对个人档案研究，认为可观察数据是科学解释中唯一可接受的证据，生命史充满了"不受控制的变量"："个人档案是非特定的，很大程度上是不受控制的，一份个人档案反映了该档案所产生的整个文化，它与化学家将硫酸和锌混合时所处理的特殊情况不同，二者遵循的是完全不同的逻辑概念。所以，当布鲁默把个人档案视为任何事物的特定实例时，就把自己置在了困难境地。"（Blumer，1979：118）奥尔波特（Gordon W. Allport）持一种调和态度，他概括出两种可能的类型：一种是针对总量，统计数据较为适合；另一种是针对个体，生活史则较为适用。布鲁默并不认为统计数据会更好，尤其对于人类行为中的主观因素，统计方法虽有可能予以观照但却倾向予以忽略，尤其是主观经验的中介因素。而在沃斯（Louis Wirth）看来，主观性与客观性都是易变之词，均是相对的，托马斯所追求的，是努力从个人档案中选择那些构成他兴趣焦点的元素，并通过抽象的方式来实现。

就布鲁默的评论和会议讨论看，个人档案能否满足其作为一种科学工具的标准，个人档案研究在社会学中该如何定位，这些问题依然悬而未决。这场研讨会之后，社会科学研究委员会曾在社会科学领域赞助了几项个人档案研究的批判性调查。安吉尔（Robert Angell）曾断言，当前的研究为社会现象提供了貌似合理的解释，但没有办法对这种解释进行最终检验。除非个人档案研究可以根据可验证的假设和明确的概念进行，否则其应用将仅限于确定重大问题，然后通过定量程序进行研究。这一研究方案在社会学中的地位并不稳固。

还需要说明的是，布鲁默在1979年进一步深化了对于《波兰农民》研究方法论的认识。他认为，个人档案的优点在很大程度上来自它们属于一种"自然主义式的"（naturalistic）研究："对一个特定领域发生的自然或实际性质的观察，而不是对该领域发生的替代或替代形式的观察。"（Blumer，1979：xxiv）但很多研究所使用的是人为的、输入式的或建构性的数据，实验室里的实验就是一个突出的实例，不过是呈现了现实生活的某些方面。

传统的研究从一个被研究对象的构建模型开始,并通过模型的推论与实际世界联系,这与自然主义的研究不同。……自然主义研究和调查研究之间存在明显的区别,调查研究的目的是提供人们可能如何行动的想法,而不是他们已经或正在采取的行动。……他们不去观察群体生活中实际正在发生的事情。

(Blumer,1979:xxiv)

在布鲁默看来,"自然主义式的研究是完全正当的,也是极为重要的,它需要的研究模式将产生有关被研究生命领域中实际发生情况的数据"(Blumer,1979:xxv)。《波兰农民》正是自然主义研究的典范,其所寻求的数据是正在发生的实际经验变化过程。就书信看,它"表达了写信人的重要经历,包括他们面临的问题,他们的关切和忧虑,他们的悲伤和成功,他们的忧虑和希望,他们不同寻常的经历和他们为满足这些问题所做的努力"(Blumer,1979:xxv)。对于在不断变化的社会世界中努力梳理起作用的主观因素的研究者而言,如果某个研究工具能提供这样的数据,就理应得到承认和尊重。生活史也是在群体情境中自然观察人类经验的一种手段。"生命历史的价值可能千差万别,其中许多根本上是无用的。但是,在一个见多识广又颇为敏锐的学者那里,一份准备充分的生活史,就足以获得有关群体生活中情境变化以及情境如何变化的重要数据。此外,生活史使人们能够确定随着时间的推移,个体中特定性格类型的出现以及群体生活中特定文化模式和社会安排的形成路线。"(Blumer,1979:xxvi)因此,书信与生活史都堪称锐利工具。

因此,自然主义式的研究与非自然主义式的研究需要不同的评论方式、不同的观察技术、不同形式的数据记录以及不同类型的分析,而如何区分两种研究进路具有重要的方法论意义。学者们如何在人类群体生活的自然主义研究中获得主观经验领域,也是一个重要问题,尤其是有必要获得有关行动者如何处理、看待、定义他们的情境,并在此情境之下制定行动路线的数据。"很明显,关于这类问题的最合适的数据,必须由行动者自己以他们的经验叙述的形式提供。"(Blumer,1979:xxviii)形式当然有很多种,并不必然是书信或生活史的形式。布鲁默接受这样一种前提假设，即在对人类群体生活的自然主义研究中，以某种形式存在的个人档案对于获得数据是不可或缺的。经验主义将社会现实简化为一系列可观察到的、离散的、高度原子化的实体（事件、行为等），这些实体或多或少可以由"中立"的社会科学家使用"客观"的定量方法进行分类和测量，其目的是在变量之间发现经验性的规则，这被认为是穷尽了社会过程和因果关系（Losifides and Spyridakis，2006；Losifides，2008）。与此相反，一种由有意义的行动和社会互动构成的社会现实观，强调个体的意义和解释，将人的主体性和社会主体间性从社会探究的边缘转移到中心。这种观点采用理解（verstehen）的方法来研究社会现象，赋予定性方法（包括传记/叙事方法）在社会研究实践中不可或缺的地位（Losifides，2008）。

四 传记研究的式微

虽说传记研究方法的式微"出乎意料"，其实也算是有迹可循，而且时间上可能会更早些。当布鲁默 1938 年准备对《波兰农民》评估时，在社会学研究中使用个人档案的做法便已趋减少。"布鲁默的评论及随后研讨会的召开表明，试图模仿物理科学实验过程的社会学家，对个人档案记录展开研究是持怀疑态度的。"（A. Thomas，1978）而在第二次世界大战之前，美国的社会科学家们已将注意力逐渐转向欧洲社会理论和定量研究（扎列茨基，2000：9）。

不仅如此，就是在芝加哥学派一家独大之际，美国社会学者对于生活史路径也存在着反对的态度。贝恩早在 1932 年就指出，唯有通过观察可重复的现象方能形成概括，并且在研究中要尽可能使用定量技术。斯托夫通过实际比较发现两种方法得出的结果同样有效，但相较于案例研究在材料收集和分析上的困难，定量研究更为可取。作为当时较为极端的客观主义者，伦德伯格（George A. Lundberg）断然拒绝个人档案研究，认为它只能充当"统计风筝的尾巴"，科学方法的目标是能够做到推及一般（generalization），生活史路径和案例研究在本质上是"伪科学的"（pseudoscientific），因为研究者对特定生活史档案的解释总会受其偏见的影响，人们没法证明其作出的解释比他人的解释更为恰当，也无法确保案例研究中选择的对象是研究范围内的典型个体，因此，"只有当达到量化阶段时，我们的概括才开始具有精确科学的性质"（转引自 Hammersley，1989：100）。行为主义者伯纳德（Luther L. Bernard）持相同论调，认为案例研究只是统计概括的粗糙的、非正式的形式。对于所有科学工作来说，这些生活史案例必须被"分类和总结成某种形式，以便揭示一致性、类型和行为模式"，做出科学预测也往往要求有足够数量的案例（Plummer，2001：109）。我们还可以看到，即使是在芝加哥学派内部，也同时存在质性研究和量化研究两种倾向，只不过是托马斯对作为数据来源的生命史的"完美"本质的主张，帕克对统计明显的反对态度，布鲁默对变量分析的否定，都被认为表明了芝加哥学派对量化的反感，从而致使芝加哥学派在统计上的多方推进和运用被忽略。在某种程度上，这也成为抵制个人档案研究的因素（Harvey，1987：74-75）。

　　由《波兰农民》一书开启的这种生活史研究或者说传记研究的式微与芝加哥学派的没落几乎是同时发生的。芝加哥学派走向没落自有其自身原因，如核心人物的先后离去，发展后劲不足，但更大原因则是其未能适应时代大局的变化，逐渐在学术道路走向的竞争中败下阵来。就《波兰农民》的影响力下降而言，布鲁默指出，"大部分答案可能在于人类群体生活中普遍发生的那些令人费解的、尚未被破译的兴趣的转移"（Blumer，1979：vii）。但他认为，这不是因为社会改革的兴趣被科学兴趣所取代，而是因为该书更多关注人类社会发生了什么而不是改革人类社会的计划；不是因为出于其所关注的群体生活和群体问题不再是我们当代世界的一部分，而是因为该书非常明显地聚焦于现代群体生活和人类经历中发生的深刻变化（波兰农民只是一个方便的观察对象）；也不是该书没有呈现一个完整的、经过仔细思考的社会理论体系，因为它包含一个关于人类群体生活本质的理论方案，全面、详尽且有逻辑；也不是因为该书缺乏经验数据来支持作者提出的广泛社会理论并赋予其意义，因为在收集相关实证数据方面，可能没有哪一项社会学研究比该书更能反映出它的勤奋和详尽。

　　贝克尔对于背后原因的分析颇有见地，他认为，许多同时发生的变化导致生活史研究法逐渐被弃用：其一，社会学家更倾向关注发展抽象理论，相应地对特定组织和社区予以完整和详细的描述不那么感兴趣。他们希望数据的表述应当按照他们理论的抽象范畴进行，而不是依据所研究对象相关的范畴。其二，随着社会心理学分出自己的领域，社会学家开始专注于社会生活的结构方面，更多地关注"结构"变量和共时性功能分析，而不是那些在人的生活和经验中表现出来的因素。其三，社会学家未能借助此项研究技术"发现"他们所期望产生的结果。随着日益固化与专业化，社会学转向更为单一的研究（the single study），即能够自足和自洽的研究项目，因为这类项目能够提供人们接受或拒绝结论需要的所有证据。单一研究通过以下方式与知识的主体相结合：

> 它从对已知事物的考察中得出假设；接下来，在研究完成后，如果那些假设被证明了，它们就会被添加到科学上已经知道并用作进一步研究基础的东西上。重要的一点是，研究人员的论点要么被证明，要么被推翻，这基于他所做研究的发现。……而人们一旦将单一研究作为科学工作的模型，便要使用设计的标准来确保单一研究的发现确实提供了一个可靠的基础，在此基础上接受或拒绝假设。……而这遵循的是一种控制实验模型。……从实验模型中提取的用以评估单个研究的标准，无论它们在何种情况下可能会如何有用，都有一个不好的副产品。它们使人们忽视了研究的其他功能，特别是忽视了一项研究对整个研究事业的贡献……由于根据这些标准，生活史没有产生确定的结果，人们对如何利用它感到茫然，总的来说，他们拒绝投入必要的时间和精力来获得生活史档案。

（Becker, 1966: 12–13）

贝克尔总结的这些原因，意味着其他研究方法对这种研究方法的替代（如参与观察），但更重要的是，"拉扎斯菲尔德（Paul F. Lazarsfeld）和斯托弗（Samuel Stouffer）改进的社区调查技术所产生的影响，这种技术承诺在形成和验证归纳的过程中保持了客观性和准确性"（A. Thomas, 1978）。就学科发展形势来看，这种生活史方法的式微与实证主义的继续发展并做大有关。亚历山大注意到：

> 至少从第二次世界大战结束以来，社会学家愈来愈趋向于将社会科学视为一种单向的过程而实践之，即是将社会科学视为一种仅仅沿着从特定性到一般性这一维度而运动的探究而实践之，我将这一趋势称之为实证主义的"倾向"。在当代社会学中，它更多地代表着一种未具形的自我意识，而非一种明了完备的智力承诺；的确，当今最圆熟的社会学思想家早已避而不谈古典实证主义的那些形式的方法论原则了。然而，在更高的类的概念意义上的实证主义仍然是渗透在当代社会科学中的一种倾向。
>
> （亚历山大，2008：6）

可以看到，随着拉扎斯菲尔德和帕森斯更"科学"、更为客观的方法占据主导地位，定量研究方法被普遍接受，并最终取代了芝加哥学派广泛采用的以田野调查为主的质性研究方法。尤其是帕森斯《社会行动结构》在1937年的问世，标志着结构功能主义正式登上历史的舞台。帕森斯强调理论要以客观观察到的经验事实为依据，科学命题的主要内容是发现事实以及事实之间的关系。"科学进步观与实证主义的科学进步观之间存在着高度的一致性。"（谢立中，2010）因此，"个人的'个性'（individuality）与人类意义（human meanings）的多样性要么受到忽略，要么就沦为次要的关注点或者残余（residue）"（Roberts，2002：4）。人们也看到，"帕森斯与斯托弗在哈佛大学的联盟作为一方，默顿与拉扎斯菲尔德在哥伦比亚大学的联盟作为另一方，这两个联盟使人相信出现了一个建立在理论与数量性研究相结合基础之上的新范例"（周晓虹，2004）。在以定量研究为主导的新范式面前，具有人文主义色彩的芝加哥社会学逐渐收缩"势力范围"。换言之，生活史研究方法虽继续存在，但其合法地位受到质疑，它慢慢地被降级到下层研究的边缘。实证主义和定量研究占据了主导地位，痴迷于更"科学的方法"和在研究中寻找客观的"真相"。

布鲁默指出，自《波兰农民》全盛时期以来的半个世纪里发生了很多事情，包括新人物、新观点、新主张、新命题、新理论、新品位和新议题的不断出现，而"在这个动荡的舞台上进行重大的选择过程中，注意力和兴趣的重新定向是常见的"（Blumer，1979：vii – viii）。至于该书不再是研究程序和理论分析的典范，布鲁默还指出了该书方法论的立场，他认为《波兰农民》之所以失去了此前的显赫地位，恰恰是由于它的前提：（1）人们必须在对人类社会的社会学分析中纳入主观因素；（2）人们通过诸如书信和生活史等个人档案来捕捉这一因素。第二次世界大战后的美国社会学，明显偏离了这两个前提。此时的社会学家相信，要寻求概括，就要以"客观"变量之间的关系和相互关联的方式进行分析。此外，即使社会学者对所谓的主观因素很敏感，他们也不太可能依靠书信和生活史来捕捉这些因素。总之，当代社会学思想的主流不仅对该书的基本前提漠不关心，而且似乎持强烈反对态度。

> 举例来说，我发现很难想象当今任何研究基金的分配者，无论是私人基金会还是政府机构，会去认真考虑按照托马斯和兹纳涅茨基的基本前提起草研究提案。事实上，不难想象，如果将托马斯和兹纳涅茨基在研究波兰农民时提交的资金申请，拿到今天会引起怎样的哄笑。……如果今天提交一份此类的基金申请……评委们会问：你的问题是什么？你研究的总体是什么？这个群体的代表性样本是什么？你要如何处理现成样本？你的对照组是什么？你的变量是什么？你的假设是什么？你将使用什么仪器来获取数据？你使用的仪器提供定量数据吗？
>
> （Blumer，1979：xi）

当然，我们也会看到，依然有少数社会学家极力抵制社会科学研究中否认人的主体性、价值与能动性的企图，质疑主流研究方法（即量化研究，也包括效仿量化研究追求客观性目标的质性研究）在获得社会知识方面的优势。芝加哥学派内部由米德开创的符号互动论，在方法上仍坚持使用生活史、自传、个案研究、日记、书信、非结构性访谈和参与观察的质性研究路径，例如贝克尔、戈夫曼（Erving Goffman）等人以现象学和人种方法学为视角，从微观层面考察了人们对于职业、标签和偏差的观念。总体来看，这些研究者同样秉承一种自然主义的路向，从行为者的角度去理解"真实"社会和文化背景下的行为。

在为1966年版《杰克—洛勒》(*The Jack-Roller: A Delinquent Boy's own Story*)所撰导言的最后，贝克尔呼吁道，"我们或许可以希望，对科学事业复杂性做出更为充分的理解，将恢复社会学家对生活史的多样性和价值的认识。一套新的个人档案，就像芝加哥学派在一代人以前所做的那样，可能会在我之前建议的所有方面以及我们现在没有预料到的方面对我们有所帮助"(Becker, 1966: 13)。大概十年之后，他的呼吁终于得到学界的重视，《波兰农民》的价值也再次被发掘。

相较于芝加哥学派，米尔斯的《社会学想象力》从另一个角度成为日后社会学传记转向的理论参照与典范。这本著作本身，就有着鲜明的传记背景，它与米尔斯的个人性格以及他在写作时卷入的种种争论息息相关。在米尔斯自己的生活和职业生涯中，个人经历和社会学之间的联结得到了明显体现。尽管米尔斯对于系统社会学思考优于个人对自身的认识，他却欣赏个人经验在产生社会学知识方面所能发挥的作用。在"知识技能"一节，米尔斯用了较大的篇幅去反思如何利用个人日记培养自我反思的习惯，并学习如何保持内心世界的清醒。传记和对发生在个人身上的事情的反思，为社会学的反思提供了生活经验的基础。"社会学的想象力有助于我们理解历史与个人生平（传记），以及二者在社会中的联系。这是它的使命，也是它的允诺。……如果不回到个人生活历程（传记）、历史以及它们在社会中的交织，那么，任何社会研究都无法完成其思想之旅。"(Mills, 2000) 米尔斯在《社会学想象力》里的这段表述，实在是道出了个人生活和知识生活的交织，社会学家的任务就是要厘清个人经历（传记）、历史与社会结构之间的关系。

早在1959年，米尔斯就批判了以帕森斯为代表的"价值中立社会学"。米尔斯建议正在从事社会学职业的学者们，"在你们选择加入的学术团体中，最令人钦佩的思想家是不会把他们的工作和生活分开的……而是把两者结合起来互相充实"(Mills, 2000: 195)。米尔斯力主在社会学中维持一套人文主义的价值观，包括寻求创造一个更为公正的世界。

米尔斯讨论了社会学的基本问题，认为传记代表着历史、社会结构和个体的交汇点。社会世界就是在这样一种互动中形成的，而传记就是一个努力构建生活和创造更美好世界都在其中上演的场合。而所谓的社会学想象力则让我们掌握历史和传记以及两者在社会中的关系。米尔斯认为，如果不回到个人生活历程（传记）、历史以及它们在社会中的交织，则任何社会研究都无法完成其智识之旅。传记社会学正好能够完成这样的"任务和允诺"。因此，"任何一项社会研究，如果不回到传记、历史以及它们与社会的交集的问题上，都不能说是完成了其知识旅程的"（Mills，2000：12）。他对社会科学家的建议是思考他们关于人与社会如何运作假设之前提：

> 时刻留意你的作品中所呈现和暗示的人的形象——即一般意义上的人性；以及历史的形象——你有关历史是如何被创造的观念。总而言之，针对历史问题、生平问题以及生平和历史交叉的社会结构问题，持续不断地探索或修正你的观点。留意个性的多样性，留心时代变化的方式。用你看到的和你想象的作为你研究人类多样性的线索。
>
> ……
>
> 须知，许多个人烦恼不能仅仅作为烦恼来解决，而必须从公共议题的角度以及问题的历史生成的角度来理解。须知，必须通过将公共议题与个人烦恼和个人生活中的问题联系起来，才能揭示公共议题的人类意义。须知，社会科学的问题，要获得充分的阐述，就必须包括个人烦恼和公共议题、生平和历史以及它们错综复杂关系的范围。在这个范围内，产生了个体的生活与社会的塑造；也是在这个范围内，社会学想象力有机会改变我们这个时代人的生活品质。
>
> （Mills，2000：225-226；米尔斯，2017：318—319）

米尔斯此举便是要致力于跨学科地理解宏观层面的力量和社会结构是如何在内心世界中表现出来的，以及它们之间的相互作用。

还应提及的是古尔德纳（Alving Gouldner），20 世纪 60 年代末他曾在

《西方社会学即将来临的危机》（1970年）一书中，将"价值中立"视为一种社会学迷思，并由此提出了"反身/反思的社会学"（the sociology of oneself/a reflexive sociology）。他认为，"当要看清别人时，先要努力看清自己"，因为我们不可能了解他人，除非我们了解自己对他人的意图，并影响他人；并且"不管你喜不喜欢，不管你知不知道，在面对社会世界时，理论家也在面对他本人"（Gouldner，1970：497）。的确，"从本质上说，如果不了解自己，我们就不可能了解他人——我们在世界上的位置、我们所承受的社会力量和我们自身"（Goodwin，1973）。20世纪60年代及之后的其他社会学流派（尤其是常人方法学），开始吸收借鉴非实证主义的欧洲思想，尤其是现象学与存在主义，强调对行动和日常生活的关注。

五　传记转向与《身处欧美的波兰农民》再发现

布鲁默指出，第二次世界大战之后的社会学家，对《波兰农民》一书知之甚少（Blumer，1979：v – vi）。这种判断或许主要适用于美国社会学界。我们可以看到，在布鲁默做出这项判断之前，欧洲社会学界已提前"重新发现"这部作品的意义。20世纪60年代，意大利出现了《波兰农民》一书的全译本，该国研究者开始重新评估并运用该书的方法（论）。20世纪70年代初，德法两国社会学界几乎同时表现出对生活故事的兴趣，在思想来源上，两国的研究者首先提到的都是托马斯和兹纳涅茨基传记研究的传统以及芝加哥学派的传统。之后有关传记方法的讨论，越来越多地出现在重要出版物之中，《波兰农民》也总是一再被提及。

笔者选出几个欧洲国家的进展稍加考察。1968年法国"五月风暴"之后，伯陶（Daniel Bertaux）等一些法国社会学者，便意图寻找一种不同的社会学方法。20世纪70年代早期，法国学界在传记研究方面曾出现一股热潮。1978年在乌普萨拉举行的第九届世界社会学大会，由伯陶和英国口述史先驱汤普森（Paul Thompson）发起，特设"传记方法特别小组"会议，并在之后形成了一个对传记方法感兴趣的国际社会学家网络。1984年该小组获国际社会学会承认，成立"传记和社会"研究分委会

（RC 38）。20 世纪 70 年代，传记研究进入德国社会学界，柯利（Martin Kohli）是最具影响的学者之一，他在 1978 年出版第一本传记研究的文集《人生履历的社会学》（*Soziologie des Lebenslaufs*），并推动德国社会学会设立传记研究分支。20 世纪 80 年代，德国学术界还掀起了一场"传记运动"。在英国，普卢默于 1983 出版《人生档案》（*Documents of Life*），20 世纪 90 年代前后传记转向在英国学界出现，这带来了解释性传记研究的一次"真正的繁荣"（veritable bloom）。1993 年，英国社会学会刊《社会学》（*Sociology*）出版专辑，站在社会学立场上探讨了传记的社会学意义，"标志着社会学对于自传与传记研究的旨趣重新获得认可"。1995 年《当代社会学》（*Current Sociology*）杂志出版了关于传记研究的专辑，"社会学关于生活/生命研究的这一新立场得以巩固"（Roberts，2002：73）。2006 年，罗伯茨与科隆内（Riitta Kyllonen）在《质性社会学评论》（*Qualitative Sociology Review*）上主编"传记社会学"专辑，指出社会学中的传记研究正在呈"大扩张"之势。这一研究趋势延续至今，并延伸到多个不同的学科领域。

有意思的是，尽管《波兰农民》在欧洲国家激发了社会学的传记转向，但在该书的诞生地美国，却迟迟未得到复兴。虽然邓津于 1989 年出版《解释性传记》（*Interpretive Biography*），就传记研究方法作了一般性探讨，但直到 2014 年，瑞士裔美国学者因德拉（Ines W. Jindra）依然认为，传记社会学在美国社会学中是缺失的。2018 年，德国出版了一本《传记研究指南》（*Handbuch Biographieforschung*），该书最后部分是对德国之外相关国家传记研究进展的概观，包括英国、法国、意大利、匈牙利、希腊、北欧五国（芬兰、瑞典、丹麦、挪威和冰岛）、奥地利、巴西等国，未涉及美国。在因德拉看来，这是因为美国社会学过于关注社会结构而不是个人，以实用主义为取向，突出结果导向，更侧重于定量研究，文化理论中也缺少关于人类行动和动机的研究。布鲁默在 1979 年再次评估《波兰农民》一书时发现，在美国社会学界，很少有人会像托马斯和兹纳涅茨基那样从个人的生活史、书信中寻找数据，此时希望获得"主观"数据的社会学家，往往会采用问卷调查、访谈、临床研究、态度或性格测量、实验室实验、参与观察等方式来获得。因此，因德拉认为，美国社会学界的这一缺失应当通过借鉴欧洲的传记研究来弥补，并由此抵消美国社会学对社会结构的过分强调，抵消美国社会学偏重定量研究的倾向。

《波兰农民》一书的影响力无疑是持久的，尽管它在某些时期受到过冷落（尤其是它的诞生国）。远的不说，在该书出版100周年之际，国际尤其是欧洲学术界举办了多场学术研讨活动表达纪念，相关会议议题涉及该书的研究内容以及方法论、具体方法等方面。《东欧农村》（*Eastern European Countryside*）杂志在2018年设立专刊，讨论由《波兰农民》一书引发出来的众多议题，尤其是它对于日后传记研究方法的影响。2019年10月意大利萨莱诺大学召开纪念《波兰农民》100周年的国际会议，题目是《托马斯与兹纳涅茨基的研究：社会学的发展与未来展望》（*W. I. Thomas and F. Znaniecki's Research: Development and Future Perspectives for Sociology*）。从会议议程看，前两个单元的讨论都关注该书在研究方法（论）上带来的影响与启示（第一单元：经验研究的发展：从书信、传记、民族志和日常生活看；第二单元：传记路径中的价值和个人态度）。我们有理由相信，随着传记研究的推进尤其是作为分支学科的"传记社会学"走向成熟，《波兰农民》这部奠基之作，必然会产生持久的影响力。

第 四 章

从生命经验到历史世界：
狄尔泰的解释学

狄尔泰曾立志为人文科学奠定坚实的哲学和认识论的根基，尽管他未能完全实现这一理想，但"他做出的努力、提出的观点以及指出的方向，在德国思想界影响深远"，成为欧陆思想的重要动力（布朗等，2017：57）。狄尔泰反对按照自然科学模式和实证主义方法来理解人，因为它们存在着对生命意义和价值的否定，也忽略了人文科学与自然科学的不同之处。在狄尔泰看来，人文科学的研究对象不是外在的客观事物，而是人的活动；人文科学不是透过认识外在的因果关系来把握自然规律，而是借由内在经验和理解来领悟生命的意义和价值；人文科学的主要方法不是观察外部世界并进行实验验证，而是采用一种解释的方法（转引自伯格森，2018：249）。狄尔泰正是从解释学出发，去观照人们对生命的经验、理解和认识，并由此介入对于传记的关注。那么，在狄尔泰的解释学中，传记处于何种地位？对于生命的经验、理解和认识，传记，尤其是自传，究竟有何助益？从主观出发来重构的经验，如何使历史成为可能，这种经验又如何具有科学的客观性？对这些问题，本章将先从狄尔泰有关生命经验及其客观性的论述展开。

一 生命经验

狄尔泰之所以对历史研究感兴趣，系出于他对人类行为指导原则的不断探索。他相信，历史是保存人类总体生命经验的宝库，它能够揭示与人类有关的事情。"理解生命的最好方法，就是去发现历史的整体结构。"（Bulhof，1980：33）但该如何客观地了解人类的历史呢？作为自我认识的一种形式，历史知识又如何算得上是客观的呢？换言之，"我们怎样才能克服普遍存在的困难，从个体有限的、不确定的、密集的、难以分析的内在经验中，得出一种普遍有效的命题呢？"（Lenart-Cheng，2018）要知道，历史的形状不能被直接感知，并能够像有形的东西一样，随时接受来自四面八方的审视。这种历史意识的有限性和对普遍有效知识的科学诉求之间的矛盾，在19世纪后期一度在哲学和历史学中造成严重的认识论僵局。

狄尔泰的回应，广泛结合了新康德主义、现象学和德国历史主义的元素。他试图用一种"历史理性的批判"来增补康德的《纯粹理性批判》，但为了避免新康德主义的抽象概念，又吸收借鉴了"生命经验"（erlebnisse/life experience）的现象学概念，关注现实最直接地给予个体意识的过程。对于人们经验世界而形成的"反思意识"，人文科学应该从中获益。为了避免这些"生命经验"被视为个体性的和自洽性的，狄尔泰强调更大的社会历史背景的重要性：个性是人们在与他人交流的过程中，借由阐明彼此差异而获得的东西，因此，如果不参考更广泛的历史背景，人们就永远无法理解意识和精神联系的复杂性（Lenart-Cheng，2018）。这样一来，狄尔泰就放弃了19世纪早期从心理学角度进行的解释，而转向结构分析的方法，以避免黑格尔式的普遍化的历史，即为了抽象性而牺牲个体。

黑格尔在其精神哲学中肯定了历史是精神（mind）的辩证发展，认为历史知识是一种精神记忆形式。在此发展过程中，过往的一切都不会完全消失，过往的"基本"要素，即"那些有助于精神自我意识发展的要素，在历史的最后阶段，当它达到绝对知识时，仍然是精神的一部分"（Bulhof，1980：34）。换言之，精神完成了它的工作，在记忆中保留了它旅程中那些内在的或基本的发展要素，并逐渐形成一种世界历史的基本结构。作为一种直接的自我认知形式，精神对其过往的认识是绝对确定的，也是"客观的"。然而，黑格尔用理性的思维来认识现实，便在很大程度上忽略了生命历史存在的丰富性。因为生命并非简单的实体,当然,也不是某些简单身体活动:"生命是一种活力、一种冲动、一种创造力量,就像是一条不断向前涌动的河流。"(伯格森,2018:250)生命之流连成一个有机整体,进而形成人类社会。体现人们共性的是客观精神,客观精神所构成的世界就是"精神世界",它既是人类的社会,也是历史的世界。为此,狄尔泰试图使用自发的非理性生命(spontaneous nonrational life)的概念,去调适甚至图谋替代黑格尔的理性精神(rational mind)的概念:"因为生命作为整体取代了黑格尔的绝对理性,所以问题就出现了:历史科学是如何成为可能的?"(Bulhof,1980:34-5)

与传统哲学或执物质或执精神一端的做法不同,狄尔泰认为,二者紧密结合的产物,即生命,才是哲学的研究对象。为此,狄尔泰几乎是以黑格尔一样的方式,把历史的主体与客体等同起来。"在探究过往(past)时,人类其实是在研究自身。"(Bulhof,1980:35)使历史知识成为可能的,也正是我们自己是历史存在(historical beings)这个事实:"历史科学可能性的第一条件,在于我们自己就是历史存在,研究历史的人即创造历史的人。"(Bulhof,1980:35)

狄尔泰寻求认识论基础上的历史反思,关注个体与世界之间的部分—整体关系。换言之,由于狄尔泰认为个体生命和集体生命具有相同的结构类型,所以,在对个体生命的时间结构的经验分析中,他试图以科学的方式去研究历史的时间结构和历史作为一个整体的结构。由此,狄尔泰把焦点放在个体上,确切地说,是关注一个更普遍的、社会历史背景之下的特定个体。狄尔泰指出,存在一种连贯的个体生命史,或者说,个体的历史形成了一种历时性结构。

狄尔泰借助人类行为的目的倾向性来解释个体生命的时间统一性。人类追求以价值为基础的目标,个体预见未来,从一个计划转到另一个计划,其生命就有了某种统一的结构。

> 在寻求其生活故事的整体连贯性时,个人已经在不同方面建立了一种生活联系(life-nexus),换言之,无论是在回望过去还是在展望未来之时,他都通过感受他的生活价值,实现他的目的,制定他

的生活计划诸事项方面建立这种联系。

(Dilthey, 2002: 201)

往事虽不复存在,却以另外的方式存在着,那便是留存在记忆之中。确切地说,由于人类生活中过往、当下和未来的相互联系,往事是以潜在的方式存在着的,等待着在恰当的时机被激活,历史性的过往正是在当下呈现:"随着时间的推移,我们被罗马的废墟、大教堂和城堡所包围。"(Dilthey, 2002: 169)

通过历史学家的解释活动,那些看起来非常陌生的事物与当下之间失去的联系恢复了。在狄尔泰看来,历史学家恢复了共同体和国家的社会记忆,并最终恢复了人类自身的记忆。这也由此促发了人们的自我意识,从而意识到生命的基本结构,人们意识到自己是谁就能充分意识到自己的需求和理想。因此,历史在集体生活中所起的重要作用与记忆在个体生活中所起的作用是一样的:"想想这样一个人,他对自己的过往没有记忆,只是根据过往对他的影响来思考和行动,却没有意识到它。"(Bulhof, 1980: 37)当个人丧失了记忆,他就不知道该做什么,该坚持什么,该执行什么计划,该履行什么责任。因此,记忆是对人类社会生活有益的,它可以帮助其成员意识到他们的社会身份和在世界中的"历史"地位,以及个人在所处社会中的任务。当然,它还带来一种共同的价值观和对共同目标的承诺。

个体生命和集体历史生命的另一个相似之处,是两者都有一个连贯的结构,都是有意识地生活,并且具有特定目标。历史社会在其经验的基础上发展社会价值体系,并根据这些价值确立目标。所以,集体的历史,就像个体的历史一样,以一种结构化的方式发生。个体在写自传时,必须通过勾勒这种结构或本质来陈述其生命之真。

对狄尔泰来说,个体既不是原始材料,也不是目的论历史过程的简单反映。个体生命是生命意义的载体(Bedeutungstrager),使之成为可能的,是一种自我反思的力量。毕竟,最能了解个体一生中所发生的事件,并在其连贯的生活结构中评估其真正意义的观察者就是行动者本人。在自我反思中,行动者有一种直接了解其过往基本结构的方式。因此,狄尔泰把焦点放在客观自传知识如何反映个体生命史。从某种程度上说，只有通过考察个体生命和那些促使其形成的历史因素，才能理解人的世界。"这种把人类生活的各个部分连接成一个整体的独特意义是什么呢？我们通过哪些范畴来加以理解和把握？让我们考虑自传，它是对生命最直接的反映。"（Dilthey，2002：219）透过反思自己的生命历程，自传作者同时也阐明了与更大的历史世界之间的联系。

二 生命书写

在狄尔泰的用法中，自传是一个相当宽泛的范畴。他还经常使用"自我反思"（Selbstbesinnung/self-reflection）这个替代性概念，它在每人身上都有不同程度的体现："它总是在那里，并以新的形式表达自己。它存在于梭伦的诗篇中，存在于斯多葛派哲学家的内省中，也存在于圣人的沉思中，存在于现代的生命哲学中。"此外，狄尔泰还使用过"内省"（Introspektion/introspection）、"对自身的反思"（Besinnung eines/one's reflection over oneself）等概念表述同样的意涵（Lenart-Cheng，2018）。

狄尔泰对自传有过这样一个简明的定义："自传仅仅是人类对自己生命历程的自我反思的书面表达。"（Dilthey，2002：222）但他有时又不无矛盾地强调，自传并不是对生命的简单反映，而是对一个过程的"理解"（verstehen/understand）。自传也不是"对于生命实际过程的简单复制"，相反"它表达的是个体生命对自身联结性的认识"（Dilthey，2002：222）。在自传中，主体和客体之间存在着"理解的亲密性"（intimacy of understanding），即"理解生命历程的人和书写自传的人为同一人"（Dilthey，2002：221）。从这个意义上说，自传是一种理解"人类生命的各个部分被连接成一个整体的具体意义"的方式。在理解之中，人们认识了自身，理解意味着"我"在"你"之中的重新发现。

理解或者说解释个体生命的过程包括几个阶段，其中生命书写（life writing）是最高级的阶段，或者说最完整、最完美的阶段："对自己生命的理解和解释，要经历一系列漫长的阶段，其最全面的展开是自传。"（Dilthey，2002：225）自传作者对自己生活的了解，涉及对所有发生过的事情的基本结构或解释的认知。这样的解释并不武断，因为个体的生活是以某种特定的方式发生的。个体生命的可见情形，如出生、婚姻、疾病、死亡，作为明确的事件是自传的固定参照点。

自传是一种自我陈述，事后了悟之人在其中表达了自身生命的真实结构。尽管在某种程度上，这种结构一直是存在的，但只要行动者的注意力被短暂的经历所吸引，只要他对自己的生命缺乏全面性认识，他就不会知道这种结构。事实上，狄尔泰认为，唯有抵达生命的尽头，人们才能看得见生命的结构或"真理"，才能写一部称得上客观的自传。因为当个体忙于生命的当下时，他的行为和他经历的事件的全部意义对他来说是模糊的。未来总是通过事后澄清每个时刻的真正意义来纠正"当时的欺骗"（Dilthey，2002：200）；而唯有"在生命的最后一刻，它的意义才能被确定，因此只能在生命结束的那一刻，意义才会出现"（Dilthey，2002：237）。

由此，个体要写下自己的生命故事，就得充分发挥自己的记忆力。简单回顾是不够的，因为这仅仅给了个体的过往一个大体框架而已。"我只是通过记忆来近似地看待它的整体，这样所有连贯的瞬间都在其中占有一席之地。因此，理解成为一个需要付出最大努力的智力过程。"（Dilthey，2002：200）要言之，只有当个体试图把他的生命看成一个整体时，他才会完全意识到它的结构。当然，如果人们能站在自己的外部，即站在局外人的立场，把自己的经历当作理解的对象，去重新体验过往的生活，那么其自我认识就能得到充实和澄清。"我们对自己的生命和他人的生命都采取一种理解的态度"，这个过程也不断地自我完善，直到在自传中达到顶点，"自传是对自己的一种理解"（Dilthey，2010：248）。

需要强调的是，狄尔泰认为，历史学家写的历史不如自传具有客观性，因为历史学家和他的研究对象不一致。狄尔泰在自传中看到了固定的参照点，因为个体从直接经验中知道哪些事件对他特别重要。然而，在历史学中，没有这样的固定参照点存在："类似自传那样具有的固定关系消失了。我们离开了河流，也就是偏离了生命历程，无边无际的海洋吞没了我们。"（Dilthey，2010：252）

人存在于生命经验中，但这种经验需要透过理解来阐明。理解是一种生命经验的移情，个人亲身经验的事项有助于理解他人，反过来，也能从对他人理解中获得助益以理解自身。进言之，作为一个过程，如果没有生命运动和生命经验的亲密性，对他人的理解基本上是不可能的，而个人自己的经历永远也不能揭示其生命的真正完整性。生命经验赋予个人的经验以现实和生命，理解则赋之以全面性和客观性。因此，二者不可分割，它们共同构成了人们与精神世界进行一切交流的基础。

在狄尔泰看来，作为解释学理解的"理想情形"，自传乃是"对生命反思最直接的表达"；"在自传中，我们遇到了对生命理解的最高和最富教益的形式"（Dilthey，2002：221）。当个体对自己生命的反思被转化成对于另一个个体的生存状态的理解，自传就会以传记的形式表现出来（狄尔泰，2011：31）。传记作者需要从两个角度理解其对象：一是从内到外，解释其内在意识；二是从外到内，解释其与其他社会和历史环境的关系。前者类似于自传，此时个体是所有意义被评估的参照标准；后者类似于历史，此时个体被视为更大系统中的一个因素。传记试图把两种不同的知识结合起来：个体的知识；影响个人和受个体影响的普遍运动的知识。可以说，传记将二者结合在一起，成为一个逻辑的综合。

> 传记本身不可能成为一件科学的艺术品。生命有新的范畴、类型和形式，我们必须转向它们，而它们在个体生命本身中是找不到的。个体只是文化系统和组织的交汇点，其存在就根植于这些文化系统和组织之中。
>
> （Dilthey，2010：248）

传记必须包含个体的生命事实，但就事实本身而言，并没有多大意义。如果人们想要讲述一个有意义的故事，就必须对事件的顺序有某种理解。使经历在时间序列上保持一致的，是记忆和对未来的预期这两个因素。每一次经历都因记忆而变得丰富多彩，它属于过往积累的经验所建立的一种模式，同时又与过往的模式不同，因为它是由过往的经验所创造的。我们对未来的期望和要求，也会作用于当下。

狄尔泰反对人们生命的意义来自神圣计划、自然设计或理性进步的观点，认为不能把一种不变的模式归因于人们的生命过程：他们不会一成不变地从盲目本能的婴儿期走向成熟和智慧，也不会自然而然地从青年时期的朝气蓬勃和思想开放走向老年期的衰弱、守旧和偏执。因此是人们自己找到自己的生命模式和意义，要把握个体的生命意义并追踪其模式，首先就要去理解该个体。传记作者的基本问题和研究人类世界的所有学者的问题是一样的：怎么才能理解他人之所是？他们的感情和思想以及他们的目标和抱负是什么？何以了解自己？

但人们怎样才能把握他人的生命意义呢？这同样涉及理解的问题。狄尔泰通常被视为一位浪漫主义者，他将对他人的理解归为一种直觉的同理心（intuitive empathy），这是一种认同他人感受或进入他人感受的过程。狄尔泰曾强调，在某些情况下，以想象的方式进入他人精神生活的能力，对传记作家和其他研究人性的学者都是有用的。但在许多情况下，理解是基于规则或条件的知识，在复杂情境或陌生情境中人们需要根据观念来进行判断。例如，理解莎士比亚的《李尔王》或康德的《纯粹理性批判》，便涉及权衡、比较和相互关联的语境，而不是以某种方式突然进入作者的头脑之中。

在解释的过程中，狄尔泰充分考虑了作者需要探索的语境类型，以达到对作者的正确理解。许多事情都是关联在一起的："那些人们想要了解其言行之人的生活和心理状态，语法、文体或美学支配某一特定表达规则和惯例，传播所指向的受众的观点和喜好，当时的文学、政治和科学以及作者的其他作品。"（Rickman，1979）狄尔泰坚持认为，对于需要多少理解或者哪些内容应该优先考虑，不可能有任何定则，因此，对理解的追求几乎是无止境的。指导解释的个人判断，必须依据人们的已知事项和欲知事项。

狄尔泰同时指出，理解不应与心理学相混淆。人们关心的不是思想的机制或态度的起源，而是个体在他的生活中找到的意义，以及意义在其行为和言语中的表达。对于传记作者来说，找到这个意义主要是通过观察和解读文本来实现的，而这些文本只能在特定语境下进行理解。虽然理解主要是弥合心灵与心灵之间鸿沟的问题，但它也涉及自我认识，因此也涉及自传。当然，人们对自己的思想和感受有一种直接的意识，但当重新回忆自己的过往时，甚至是回顾最晚近的经验时，人们要去解释的便是自己的感受与思绪。

根据其所处实际环境来解释个体，构成了狄尔泰一直拥护的另一个原则：解释必须从一开始就充分考虑其复杂的事项，而非从对人性、历史进程或社会基础的普遍假设出发。在狄尔泰的传记观中，存在一种所谓的双焦点原则（the double-focus principle）。

> 我们必须根据同时代人对个体的看法及其行为后果来评价他，也必须看到他对自己的看法，思考他认为自己在做什么，他的目标是什么，以及他如何解释他的世界。如果我们无法进入一个主体的视角和他的行为所源自的内心世界，我们就无法写出一部合适的传记。
>
> （Rickman，1979）

狄尔泰认为，传记永远不可能达到自传作者对自己生命的那种即时性，但传记也有自传所没有的那种客观性优势，即能从更广阔的角度来看待他的对象。传记作者可以看到个人从出生到死亡的整个生命。当个人的生命展开时，整个生命就会呈现出新的面貌。在某个阶段看似孤立的插曲或错误的开始，可能在他职业生涯的某个新的转折点成为一个有意义的准备。在大多数情况下，传记作者不仅可以考虑传主的一生，还可以考虑他死后继续产生的后果，这种理解可以通过后见之明来增强。例如，诗人可能很难意识到影响自己写作的因素，传记作家却可以观照到诗人所读过的书、他那个时代流行的思想、他认为理所当然的观点等（Rickman，1979）。透过比较，还可以看出个人的典型性格，甚至可以从他自己的经验和他自己时代的先驱者的角度来看待他的对象。传记作者必须把对传主富有同情心的洞察与更广阔甚至更深层次的理解结合起来，而这种理解往往只有对局外人才有可能。

三　生命之联结

个体生命的结构是可以被客观认识的，狄尔泰以此为基础对生命的历时性结构进行了考察。他认为，不论是自传还是传记，对个体生命的描写都超越了个体生命本身而成为对社会群体和制度的描写。因此，一个社会消失的历史过往、预期的未来和可见的当下之间达成了一致性，这与个体生命中的一致性相似。

可以说，自传是"历史的萌芽细胞"。事实上，站在历史学家的角度，狄尔泰认为，自传是书写历史的手段，是"所有历史理解的根源"，从自传到历史只有一步之遥（de Bichara，2013：86）。在自传中所表现出来的反思性自我分析，是人们理解他人的途径。作为史学所不可或缺的要素，传记揭示的是个体这一生命单元的内心生活，它是历史学的真正依据。历史学家从档案中得到的，只不过是"死的抽象物"（dead abstraction），而在传记中历史学家可以发现理解阶级、社会群体和整个时代思想的关键（Hodges，1952：172）。如果说历史学家的视野比较开阔，那么传记作者的分析深度和准确性则比历史学家高出许多。历史学家的工作就是追踪历史和社会的动态系统，而这是通过将其分解成特定的系统并分别研究这些系统才得以做到的。在传记中，个体便是他自己世界的中心，是他自身的一种价值，一切意义关系都是由这种价值所决定的。但是，共同体才是价值的真正载体，目的是在历史的过程中实现的，个人不是意义的中心，而是从他在历史和社会过程中所处的地位中获得自己的意义（Hodges，1952：340）。

人是历史的存在，是被历史所深深塑造出来的。狄尔泰反对人之本性在各个时代都保持不变的传统观点。古希腊人、中世纪骑士和19世纪资产阶级的宗教观、道德观及其他思想观念使他们与我们彼此不同。因此，我们只能在个体所处时代的背景下，根据塑造他的特定历史力量来理解。因此，传记也必须是历史，因为它必须包括塑造特定个体的历史因素。对"伟人"来说更是如此，因为他们受到其所处时代显著特征的特别影响。在狄尔泰看来，这使得传记与历史相互依存。任何传记都必须以历史为基础。传记作者从历史的角度看待传主，同时也对历史作出了独特的贡献。狄尔泰深信，个体之所以重要，是因为他们创造了历史。历史的模式不是由非个人的力量造成的，而是由个人的选择和行动造成的，确切地说是由共同的行动或共同的思想推动的。因此，当开始了解个人的生命（特别是一个作为政治家、军人、哲学家或诗人在人类事务中扮演了重要角色的人）时，我们就为历史学家对事件的综合描述提供了素材。

在狄尔泰看来，个体的生命，特别是一位有影响力的思想家的生命，就是一个微观世界，反映了在他周围运转的社会文化的宏观世界。个体生命形成了一个自然的单元，它是一个可识别的人从出生到死亡的经历的总和。但这并不意味着它是独立的，或者可以单独加以理解。"我们感知世界，评估我们的经历，并根据我们作为一个具有独特文化的社会成员所获得的概念、信仰和思想来制订我们的计划。我们从小学到的语言、听过的故事、学过的知识以及父母、老师和朋友对待我们的方式，都塑造了我们的精神生活。"（Rickman，1979）个体与影响他的人、机构和组织相互作用，而他又反过来影响这些人、机构和组织。这就是为什么这样的个体形成了历史的一个节点，为什么关于个体历史的传记成为历史的砖瓦。

因此，一旦狄尔泰致力于研究独特的个体的重要性，就必须从构成个体的各个部分以及个体所处的大环境来考虑他们的行为。解释必须考虑到部分和整体的相互依存关系，因为只有在一个更大的整体中才能理解部分，而整体只能通过它的部分才能被理解。这是历史与传记联系的方法论基础（Hodges，1952：34）。

> 传记清楚地、全面地、真实地反映了最为基本的历史事实。只有从这些生命单元中建构历史的历史学家，只有通过类型和表现的概念寻求解释社会阶层、机构和历史阶段的历史学家，只有通过世代的概念联系个体生命的历史学家，才能够理解一个历史整体的现实。
>
> （Dilthey，1989：85）

生命联结（Lebenszusammenhang/life-nexus）和意义（Bedeutung/meaning）是理解个体生命和历史世界之间联系的最佳概念。前文已提及，狄尔泰认为，自传作者所阐述的并不只是生命，而更多是生命的联结（性）。在自传中，"自我以这样一种方式来理解自己的生命历程：它将人类的基质和与之交织在一起的历史关系带入意识"（Dilthey，2002：225）。自传作者已经知道这种联结性（connectedness/nexus），因为他们在生活中已经考虑了生命的联结。例如，当人们考虑他们生命的价值和他们在社会中的位置时，或者当他们反思家庭往事对未来的计划时，他们就自发地产生了一种生命联结。因此，"生命本身形成了一种联结性"（Dilthey，2002：222），自传作者所要做的就是把它表达出来。

为了证明个体生命联结本身就包含着历史世界的关联，狄尔泰扩展了"意义"概念的指涉范围，即"生命中各部分与整体的特殊关系"（Dilthey，2002：253）。在理解自己的生命时，个体经由将"事件和借以理解的内在联结"（Dilthey，2002：255）联系起来，使其便于理解。"构成生命历程的特定事件在现实世界中展开时，与它们的意义有某种联系，就像句子中的单词一样。通过这种关系，每一个特定的生活经验被收集在一起，因为它的意义建立在某个整体的基础上。"（Dilthey，2002：255）此外，同样的理解过程也保证了历史意义的可能性，因为"只有意义的范畴才能克服生活各部分之间的并列或从属关系。历史是记忆，意义的范畴属于记忆，这是历史思想最鲜明的范畴"（Dilthey，2002：223）。

总之，在狄尔泰看来，把自我反思与历史反思联系起来的是意义，自传中反映的是生命联结的意义。

> 每个生命都有自己的意义。它包含在一种意义语境中，其中，每一个被记住的当下都具有一种内在的价值，并且它又经由记忆的联结（nexus）与整体的意义相联系。这种个体存在感是独特的，不能用概念认知来衡量；然而，就像莱布尼茨的单子一样，它以自己的方式呈现了历史的世界。
>
> （Dilthey，2002：221）

在这里，结构既内在于生命经验本身之中，又是反思和诠释的结果，二者看似不相容但完全可以调和。环境的其他方面也影响着人们的生命，其中一些物理特征是人们无法控制的，比如气候；其他的是由文化决定的，比如技术的进步不断改变着人们的生活条件，改变着大多数人工作的性质，并因此改变了许多社会关系。这些因素，特别是文化因素和受文化影响的因素（如语言、宗教、哲学、法典、经济组织形式、政治制度和建筑结构等），大多数都发生了变化，并成为历史的主题。通过这种方式，传记扩展到历史，并取决于历史。

需要提及的是，尽管狄尔泰确实谈到了"历史观"和"自传如何……逐渐扩展成历史图景"（Dilthey，2002：225），但狄尔泰并没有解决历史学家如何将他人的自传解释为原始资料的问题。狄尔泰认为，自我反思应该是所有历史研究的出发点："只有自我反思，我们才能给以往没有血色的阴影赋予新生。"（Dilthey，2002：222）自我反思之所以是历史反思不可或缺的一部分，是因为历史的"关联性"永远无法"用稳定的状态来描述"。历史学家只有从"生活经验本身"出发，才能以如此动态的方式"表达生活和历史的自由"（Dilthey，2002：225）。

这引发了有趣的问题，即这是谁的自我反思，历史学家的还是自传作者的？对此，存在两种不同的解读：一则，"自我反思"指的是历史学家自身的自我反思，这表明历史学家的自传性自我反思是其科学探索的基础（Lenart-Cheng，2018）。这就是历史学家兼自传作者的情况，他的自我反思"造就了伟大的历史学家"（Dilthey，2002：222）。二则，"自我反思"指的是自传作者通过反思自己生活的联结性，从本质上成了一名历史学家，除了个体视角之外，他/她还获得了历史视角，这种解读使人联想起自传作者兼历史学家的形象。可以说，作为自传作者的历史学家，和作为历史学家的自传作者在这里融为一体，创造了自传作者兼历史学家的混合形象。

狄尔泰第一部重要的作品是关于施莱尔马赫的传记。依据这部著作，"历史科学可能性的第一个条件是：我自己是一个历史的存在，个体对历史的探索和他对历史的创造是一样的"（Dilthey，2010：278）。施莱尔马赫是具有独创性和影响力的神学家，是密切参与后康德唯心主义运动的哲学家，也是与德国浪漫主义运动主要成员有友谊关系的作家，还是著名的柏拉图作品的翻译者。面对这样一个复杂的人物，狄尔泰的《施莱尔马赫传》深入探讨了其思想之来源、内容和影响，自然也包含一些常见的传记细节，如施莱尔马赫出生的时间，他的父母是谁，他住在哪里，他做什么工作，这些都与对社会背景的考察结合在一起，如德国中产阶级的状况以及19世纪末柏林的社会氛围。施莱尔马赫成为各种历史潮流交汇的焦点，这些潮流影响了他，他反过来又影响了这些潮流。狄尔泰相信，只有看到自己的思想家在完整的情况下受时间和传统形成的影响，人们才开始理解形成他的精神生活的影响、他所获得的知识、他所面临的问题，从而了解传记细节背后真实的人。

施莱尔马赫曾试图找到一种方法，去解释和调和传记方法论面临的紧迫性问题，即共时性和历时性之间关系的问题。他通过讨论圣经教义与不断变化的文化条件之间的关系来解决这个问题。对他而言，最为重要的是认识到解释学是一个不断修正的主题，主观性和客观性之间的距离主要是语言学上的。当人们用语言进行思考和交流时，理解和修辞就注定是相关联的。对施莱尔马赫而言，解释学是神学使用的一种工具，它明确宣称不能在哲学上复制上帝，而是为叙事路线提供合法性，作为加强对上帝理解的方法。

可以说，正是通过整合施莱尔马赫的诠释学，狄尔泰在他多年未完成的长篇《施莱尔马赫传》中推进了传记研究。理解上帝被理解人所取代，前者是借助耶稣基督的故事，后者则是透过对生命经验的社会性—历史性再创造。因此，狄尔泰认为，尽管自然科学能够通过把观察到的事件与其他事件关联起来而对其加以解释，但对人的理解只有通过进入他们行为的背后并进入不可观察的领域，进而通过思考、感受和欲望来进行。事实上，考察人们的行动，不仅要去关注事情本身，还要探究其动机、记忆、价值判断和目的。对狄尔泰来说，历史研究是对这些个体的综合研究，它是一种有关理解的集体传记（collective biography）。

狄尔泰还提供了对奥古斯丁、卢梭和歌德三人自传体文本的简要解读，他关注的问题是"这些作家是如何……理解他们自己生命历程各个部分之间的联系的？""奥古斯丁完全致力于他的存在与上帝的联系"

（Dilthey，2020：219），因此，他的自传体的自我反思在于将他生活的各个部分与一个绝对价值的实现联系起来。卢梭也建立了自我反思和历史反思之间的相互联系。与奥古斯丁类似，卢梭所寻求的关联"并不只是一种因果关系"，他对自己生活的解释是"由价值、目的和意义范畴的明显相互关系组成"，这些范畴反映了他自己的关注点（Dilthey，2002：220）。歌德的自传同样承认了个体生命中更大的历史联系："在《诗与真》中，他从普遍史的观点来看待自己的存在。在整个过程中，他始终把自己置身于那个时代的文学运动之中，并对自己在其中的地位表现出一种平静而自豪的感觉。"（Dilthey，2002：220）在对这三个案例的解读中，狄尔泰一直关注联结性，关注自传作者如何将"生命时刻的意义"经验为"这一时刻的内在价值"，以及这些意义是如何在创造历史愿景的过程中发挥"生产力"的作用。

因为狄尔泰感兴趣的是"生命的现象历程"，所以，他的理论更多集中在自传上，将奥古斯丁、卢梭、歌德和俾斯麦的不同生命阶段描述为"典型形式"（typical forms）。他认为，通过追踪他们的生命发展，可以找到"他们所有人共有特征的特定组合"（Dilthey，2002：94）。这些特征会引起后人的兴趣，他们可能会模仿这类人的生活方式。按照狄尔泰的理解，社会可以通过阅读一个伟人的生活来获得指导，该伟人的生活体现出伟人群体所"共有的"特征。

四　客观历史

叔本华（Arthur Schopenhaur）指出，就认识的本质而言，传记，尤其是自传，甚至比正规的历史有价值。因为，在正规的历史中，起作用的更多是民族和军队，即便有些人"登场"，但"都在老远的距离之外，在那么多亲信和大群扈从的包围之中，还要加上僵硬的礼服或使人不能动作自如的重铠；要透过这一切而看出人的活动，就真是太不容易了"（叔本华，1982：342）。而与历史相比，传记、自传资料要正确些，也可收集得更完整些，"个人在一个小圈子里的身世要是写得很忠实，则可使我们看到一些人形形色色的行为方式，看到个别人的卓越、美德甚至神圣；看到大多数人颠倒是非的错误、卑微可怜、鬼蜮伎俩；看到有些人肆无忌惮"（叔本华，1982：342）。换个说法，"历史使我们看到人类，好比高山上的远景使我们看到自然一样：我们一眼就看到了很多东西，广阔的平原，庞然的大物，但是什么也不明晰，也无法按其整个的真正本质来认识。与此相反，个别人生平的记事使我们看到人类，就好比我们遨游于大自然的树木、花草、岩石、流水之间而认识大自然一样"（叔本华，1982：343）。

解释学的观点认为，人类行动是有意义的，要理解某一特定的行动，就要把握该行动的意义，按照行动者正在使用的特定方式进行解释。狄尔泰认为，如果我们要理解人类行动的意义，就要从行动者的内部去把握其主观意识和意图。而要做到这一点，则要对行动者进行一种同情式的理解，即通过进入行动者的内心，理解其行为的动机、信仰、欲求、思想等（施瓦特，2007：208）。在狄尔泰看来，自传不仅是理解个人生活的方法论模型，而且也是理解历史或社会现实的优越方式。作为主体个人生活的综合视角，自传是最能够被他人理解的基础。

狄尔泰对客观历史知识问题的自我导向方法的思考，代表了主导19世纪和20世纪大部分时间关于人与历史的典型启蒙概念。从古典时期到19世纪，历史书写是对他人模范行为的纪念，而不是集体性的纪念行为。同样，所谓的记忆，并不是指主体记住的对于自身意义的知识，而仅仅是指记忆的知识。历史事件并不主要是过往的事件，而是需要记忆的事实，因为人们相信了解这些事实对后人有用。古典和前现代历史学家的研究对象，乃是永恒不变的人类世界。因此，历史学家了解这个世界的过往就像他了解自然一样。这种类型的历史知识，即对过往事物的记忆性知识，可以称为"外部记忆"（outer memory）。反过来，所谓的"内部记忆"（inner memory），则是指通过个体或集体的经验来了解过往的知识。实际上，内心世界（自我经历的世界）和外部世界（他人经历的世界）在18世纪还没有分化。19世纪前的历史学家可以自由地从一个世界转入另一个世界，他们所研究过往之人的行为与自己的行为并无太大的不同，因此，几乎不存在理解上的困难。

对于人文科学中所不可调和的矛盾，即特定个体的主观历史观念与普遍客观的知识追求，狄尔泰从未彻底地解决。他的理论依然建立在表征现代性的认识论偏见的基础上，尤其是在笛卡尔式的认知主体的确定性上。甚至可以说，狄尔泰在某种程度上加重了他试图解决的困境。正如个体生命的"真相"只有在它结束时才会变得清晰一样，个体必须等到历史的终结，"才能拥有建立其意义所需的完整材料"（Bulhof，1980：38）。但是，与个体的生命相比，历史的生命将永远不会结束。历史越向前发展，对过往的解释也就越全面。生命过往的历时性结构和意义总是可以被探寻的。

狄尔泰之所以不能确立客观历史认识的可能性，还有一个原因，就是生命的非理性。他认识到，即便掌握所有的细节也无法对人的生命进行全面无遗的解释，即使在其生命的最后阶段也无法做到，总有某些事件无法给出有意义的解释，甚至可以说，这些事件根本没有意义。

> 自传是对生活的一种解释，它是机遇、命运和性格的神秘结合。无论我们往哪里看，我们的意识都朝着掌控生命的方向运作。我们受命运之苦，也受天性之苦，因此，它们迫使我们适应自己。过往神秘地邀请我们去了解它的意义所形成的网络。但我们的解释仍然不能令人满意。我们从不掌握我们所谓的机遇：那些对我们的生活有意义的东西，无论是精彩的还是可怕的，似乎总是从机遇的大门进来的。
>
> （Bulhof，1980：39）

个人不仅不是自己生活的作者，而且生活本身也没有合理的结构。历史是连贯的，因为作为民族国家的历史主体是对未来的预测和计划的实现。但这种一致性不仅在狄尔泰看来是不可知的，而且有时甚至就不存在。狄尔泰时常感到存在一种霸道威胁，让人难以用理智去控制生活："他经常以一种异己的甚至是敌对的力量来经验生活。他曾经承认，自己被无法测度的宇宙的不可穿透性压倒了。"（Bulhof，1980：39）

在历史的海洋中，人们可以通过各种方式确定自己的方向，从个人生活经历中找到某些"定位方式"以此来理解生命：结构性、时间中的运动、生命各个部分的个体性、生命的持久和奋斗、生命在前进过程中的喜悦以及结构上的变化（Dilthey，2010：252-3）。这些范畴"并不是作为与生命相异的事物应用于生命"，而是"存在于生命本身的本质中"。（Dilthey，2010：232）但他最后不得不承认，尽管生命本身展示了这些特征，并因此为人们提供了适当的工具来理解它，但过往的生命或历史不可避免地可以通过不同的方式来解释。人们对过往行为的理解，并不像工业原材料的加工那样，对原材料的加工讲求的是效率与合理性。"在处理历史的原始材料时，并不存在这样的线性过程，因为对历史数据进行的认知行为源于观察者个人的生命经验。"（Dilthey，2010：160）

历史知识总是容易受到怀疑主义的攻击，这很大程度上源于过往行动者的动机永远无法客观地确定，而记忆并不会给我们提供客观信息来认识历史。"从弗洛伊德对无意识的发现，我们知道一个主体的记忆并非一种能够感知其过往的主权能力，而是他无意识需求的卑微仆人。"（Bulhof，1980：39）但是，狄尔泰依然坚持认为，记忆是一种与理性相联系的主权力量，是一种客观观察主体过往的能力。在狄尔泰看来，记忆作为主体对自身的客观观察，对应着自然科学家对自然的观察。正如自然科学家可以通过对自然的了解来掌握自然一样，人文科学家也可以通过对人们过往的了解来掌握历史。

第 五 章

生平情境及其理解：舒茨的现象学社会学

舒茨学术的"主导线索"，就是去关注日常生活世界，"关注这个每天运转不息之世界的意义结构"（Natanson，1982：XXIV）。对于由日常生活事件构成并不断发展的世界，我们每个人都是其中的组成部分。绝大多数人认为，这个世界的实质性存在是理所当然的，但是，恰恰是这个理所当然的、持续运转的世界，才是人之实在的所有其他层面最主要的预设前提。常识性实在（common-sense reality）构成了一切社会行动的基质（matrix）。日常生活中的每个人，都是以一种特定的方式定位自己，而其所依凭，便是舒茨所谓的"生平情境"（biographical situation）。个人生平，或曰自传，是意识流（stream of consciousness）形成的基本维度，同时也是了解个人意识流的一种重要路径。因此，要理解人们的生命故事，不仅要去了解其生命历程，还要去探寻个人结构性的自我意识。

一 生平情境及其独特性

在舒茨看来，生活世界，就是在人们出生以前就存在的常识世界（common-sense world）、理所当然的世界（the world as taken for granted）。人们所经验和解释的世界，是一个被组织起来的世界（organized world），它的某些成分是由外部强加给个人的，而其他成分则要么处于个人的控制范围之中，要么加以修正便可以施以控制。在常识的世界里，人们的生命过程更多是被分割成许多零碎的、看似无关紧要的决定。事实上，人们行为链条上的每一个连贯环节，都会在某种程度上受到过去行为的限制，这种限制会随着人生历程而不断增多。

人们看待世界的方式，通常是建立在个人利益、动机、欲望、意识形态甚至宗教信仰的基础之上，或者说，人们对常识世界的理解，是基于实践的旨趣而非理论的旨趣。因此，"在常识世界里，实用动机决定了人们对待事物的自然态度。人们对自身经验的特定理解与解释，是他们后续行动的基础"（Natanson，1982：XXIX）。在常识世界里，常识是以普遍有效的历史形式和文化形式呈现给所有人的，个体对常识的认识取决于其"生平情境"。舒茨认为，不仅个人在空间、时间以及社会中所处的位置属于这种由生平决定的情境，而且个人的经验也是如此。

舒茨讨论了"情境"这一概念所包含的两个要件（Schutz，1970：122）：一种源于预先给定世界所具有的本体论结构，它从外部施加给个人，是那些施加于自主性自由表现的所有可能条件；另一种源于个人实际的生平状态（biographical state），即将其知识库存纳入实际表达之中的状态，它使得通过将某些元素从本体论预先给定的世界结构中挑出来并加以界定成为可能。个体对处于被强加的本体论框架之中的情境进行的自主性界定，乃是由生平状态决定的。生平就是指个体经验积累形成的历史性，个人成长史则体现了个体在其生命历程中所形成的人格和个性特征。

个人在这个世界上的活动需要一种储备起来的生活经验，即所谓的个人经验"积淀性的"（sedimented）结构，这是人们此后解释各种新事件和新现象的前提条件。个体根据生平情境，把常识世界转变为自己的世界。"行动者所处的实际情境具有其自身的历史，这是他以前所有主观经验的积淀。行动者不是把这些主观经验作为毫无个性的东西来体验，而是把它们作为一种独特的、从主观角度呈现给他并且仅仅呈现给他的东西。"（Schutz，1982：77）

生平情境的主要特征是，在个人生命中的任何时刻，都拥有舒茨所谓的"当下的知识库存"（stock of knowledge at hand）。在日常生活中出现的许多具体问题（情境），需要以某种形式加以处理，人们正是根据自己的当下知识库存来感知的，并依据该知识库存加以表述。可以说，知识库存是常识生活中所特有的东西。由生平决定的情境因素决定了个人当下知识库存的特定结构和起源。

> 我当下实际知识库存中的很多内容，连同我对毫无疑问的世界真实性程度不同的意见和信念，都属于这种由生平决定的因素。它还包括我话题性的、解释性的和动机性的关联系统，以及我实际的旨趣和计划系统，这些计划从毫无疑问的世界中挑选出那些需要更准确锚定的因素。
>
> （Schutz，2011：190）

个人的库存知识是独一无二的，它在某种程度上包括个人所知道的方面，也包括那些个人自以为确定的、可信的、可能的以及看似合理的方面（Schutz，2011：190）。舒茨认为，个体自童年开始，就通过自身的经验以及父母、同伴、朋友、老师的言传身教，获得应对各种事件和生存所需要的知识，这类知识类似于某种"诀窍"（recipes）。

> 我们每个人，都有一个人生故事、一个内在的故事，故事的连续性和意义，便是我们的生命。可以说，我们每个人都构建并生活在一个"叙事"之中，而这个叙事针对的就是我们的身份。如果我们想了解一个人，我们会问"他的故事是什么？他最真实的故事是什么？"——因为我们每个人都是一本传记、一个故事。我们每个人都是一个独特的故事，它不断地、无意识地由我们、通过我们、在我们心中构建——通过我们的感知、感受、思想和行动；尤其是通过我们的话语、我们的口述叙事。在生物学上，在生理上，人们彼此没有区别；但在历史上，作为叙事每个人都是独一无二的。要成为自己，必须拥有自己，也必须拥有（如果需要的话）自己的生命故事。我们必须"回忆"我们自己，回忆内在的戏剧，回忆我们自己的故事。人需要这样一种叙事，需要这样一种持续的内心叙事来维持他的身份。
>
> （Plummer，2001：185）

在舒茨看来，个人的惯常性知识（habitualities）系统，包括反应、技巧、能力、天赋、行动力等，都属于生平情境的决定要素。因此，采取行动"并不只是意味着连接上外在的世界，也不只是说直接或间接透过身体的运动改变它，甚至也不只是表明执行动觉（kinesthesias）的可能性，它还表达了诸如透过一个问题进行思考、生活在一个想象的世界之中这样的精神性行为"（Schutz，2011：190）。事实上，"正是我们精神生活（mental life）的旋律，构成了身为人类的我们在这个世界的历史性—生平性/自传性存在。我们自己的历史，只不过是在我们生平确定的情境中的发现及其消失的连贯的历史而已"（Schutz，2011：6）。舒茨还进一步认为，那些无法向人表达的实际经历，以及那些内心生活的事件，如想象、幻想、梦境之类，也包含在由生平决定的情境因素之中。

由生平决定的情境包含了某些未来实践活动的可能性，舒茨称为"当下的意图"（purpose at hand）。它涉及一种"关联性"（relevance），即"一种范畴（rubric），个体所采取的各种行动形式和类型都在这种量规之下"（Schutz，1982：XL-XLI）。在生平情境所包含的诸项要素中，正是这种当下意图界定了与之相关联的那些要素。反过来，这种关联系统决定了"必须对哪些要素进行概括，以作为类型化之基础，也决定了需要选择出哪些要素，以作为独特之典型，进而彰显出其他要素的独特性"（Schutz，1982：10）。

对情境的任何定义，都必然涉及选择与行动者旨趣相关的社会世界的特定部分。"这种选择依赖于旨趣和关联系统，它们源于行动者在其实际环境中的生平情境，这种生平情境我有时倾向用生命的时间跨度（life span）来表达。"（Schutz，1996b：141）每个人生命的时间跨度决定各种特定的计划，这些特定的计划既决定了当下的各种旨趣，而当下处于主导地位的旨趣，又决定了个人究竟会在周遭的客观世界之中把哪些成分挑选出来，也进一步决定了其所处情境。正是由于这同一种旨趣，各种成分才会被当作情境界定所需要的东西，而从预先给定的知识库存中被挑选出来。

换句话说，不管个体从思考、活动和情感的角度出发界定其情境,还是对于个体在这种情境之中寻找前进的道路,抑或是对于个体与这种情境达成协议,这种旨趣既决定了这个预先给定的世界的本体论结构之中的哪些要素是相关的,又决定了实际知识库存之中的哪些成分是相关的。

(Schutz,1970:121)

舒茨称这种关联形式为"与形成动机有关的关联"(motivational relevancy),因为个体是把它当作进行情境界定的某种动机来经验的。社会学对于行动的探讨通常以行动者为出发点,舒茨对理解社会行动的一个重大贡献是对社会行动动机的研究,目的动机(in-order-to motives)涉及行动者的未来期望;起因动机(because motives)与行动者所处的环境和社会历史环境中锚定的过往经验和信念有关,或者说与行动者的生平经历相关。生平经历是追溯一切行动动机的关键要素,因为动机关联性是由先前经验的沉淀构成的。个体在何种程度上洞见到这种与形成动机有关的关联经验,取决于他实际上具有的知识库存结构。换言之,情境界定所需要的各种成分就是从这种知识库存之中被挑选出来的。

知识库存是由常识性世界的类型化(typifications)组成的。执行或重新执行"同样"的行动,乃是以一种根深蒂固于日常生活的典型为前提。胡塞尔称为理想化的"我可以再做一次"(I-can-do-it-again),舒茨则称为"假设我可能在类型化的相似情况下,以我之前所做的典型的相似方式行事,从而在类型上产生相似情境"(Natanson,1982:XXXVII)。同样,类型化也构成了个人生平情境和当下知识库存的结构基础。行动者的行动以其所处情境为前置条件,个人世界的最初构造基于用以处理自身经验材料的类型。对个人来说,这些关于日常生活事件的类型化知识不断积累,把这个世界既作为现存对象来接受,也作为具有过去和未来的对象来接受。这样的类型化知识和个体在生活过程中获得的知识共同沉淀为经验储备,这种经验储备就是个体此后理解社会现象、采取相应社会行动的基础。

很明显,对于某些问题,个人的知识库存是绰绰有余的,而在某些情境下则必须即兴发挥并进行推断,但即便如此,这也是沿着类型化的可能路线进行的,而且仅限于个人的想象可能性。反过来说,这些可能性是建立在当下知识的基础之上。人们知道自己所处的世界既包括有生命的存在,也包括没有生命的客体。这些存在和客体从一开始就是在熟悉的视域内被感知的。新的、不同的东西之所以被认为不同寻常,是因为它是在不同情境之中产生的。最后,构成知识库存的类型化是由社会结构产生的。知识植根于社会,通过社会分配,也通过社会传播,但知识的个性化表述仰赖于个人在社会世界中的独特地位。

> 我这样做还是那样做,以及我把一个给定客体或者事件具有的哪些特质或者品质当作个别的、独特的、类型的东西来考虑,都取决于我实际的旨趣和关联系统,简言之,都取决于我实际上的或者理论上的"当下的问题"(problem at hand)。这种"当下的问题"同样是从一种境况之中产生的,我在我的日常生活的任何时刻,都可以在这种境况中找到我自己,我建议把这种境况称为我的由生平决定的情境。因此,类型化取决于我当下的问题,这种类型已经为了界定和解决这个问题而被构造好了。从这里出发还可以进一步表明,那些从生平角度和情境角度决定的旨趣系统和关联系统,在日常生活的思维中至少有一个方面是被人们当作行动的动机系统,当作应当做出的选择系统,当作应当实现的设计系统,当作应当达到的目标系统。
>
> (Schutz,1982:60)

任何情境都指向过往的情境,当下的情境也是从过往情境延伸而来。对于那些超出个人控制的情境,人们总是要设法去改变,人们的主观经验决定了我们对"在情境中"持续存在的认知,人类的存在也表现在新奇体验的出现上。但是,"我的生平情境限定了我确定这种行动领域、解释其各种可能性以及控制其各种挑战的方式"(Schutz,1982:XXVIII)。可以说,在我们每个人生活的一切时刻,如果有意识地去审视,便都会发现自己置身于世界之中,置身于特定的时间、空间、自然以及人群之中。概言之,个人总是"处于一种情境之中"。这就意味着生活在这个世界之中的每个人,始终都是把自己当作处于他必须加以界定的某种情境中的存在。这种情境的形成也有其自身的历史,它的某些元素完全是个人生平之中的特定事件。

在日常经验世界里生活的人,通常不是一个无动于衷的观察者,也不是一个理论家,而是一个追求某种目标并努力去实现它的行动者。"我发现自己所处的世界并不是属于我的,至少不完全属于我,而是作为我秉持中立态度进行观察的领域,在我追求目标或实现目的的过程中,我参与到所有我关心的事情之中。"(Schutz, 1982: XIX)在这个过程中,个人参与进那些其感兴趣或能获益的活动之中,而由于这种参与,个人不仅属于整个社会,而且在社会中也占据某个位置。个人在社会中所占据的位置,是其既往人生历程的使然。个人从其社会中所处的有利位置出发,去认识其所生活的世界,去追求自己的目标。"正是由于我所处的情境,一部分是强加于我的,另一部分是我自己选择的,在我个人的历史进程中,这些情境促成了我成为今天之我。"(Schutz, 1982: XX)"我"处于一个"由生平决定的情境"之中,它是个人过往的积淀,只要其活着,这种情境就会不断改变,与其过往一起发展。因此,"我们自身的历史,不过是在我们由生平决定的情境中,我们的发现以及这些发现被遗忘这二者之间关联的历史而已"(Schutz, 2011: 169)。

生活于此世的每个人都在自己所处场合、所处位置上体认这个世界,并依据特定理由采取行动。人们现有知识库存的形成,有其自身的历史,换言之,它是自传性的,具有自身的历史,是所有以往经验的积淀,"我的'生平情境'是给予我的,而且只给予我本人;我不与任何人分享"(Gurwitsch, 1970: XX)。确切来说,个人并不与他人分享自己获得这种知识的特定时间顺序以及体验这种知识的强烈程度。

> 人类是由母亲生育而来,并非在曲颈瓶中调制而成,因此,人生的每个阶段都是以一种独特的方式实现的。而且,每个人在他的生命中都始终会坚持不断地根据由自己特殊利益、动机、欲望、抱负、宗教以及意识形态承诺构成的视角,来解释在这个世界上的遭遇。
>
> (Schutz, 1982: XXVI – XXVII)

> 我将我实际接触到的世界作为我独特的生平情境的一个元素或一个阶段加以体验,这涉及对它所属的此时此地的超越。至于我独特的生平情境,除了其他许多方面外,还包括我对过去可以触及但如今不再触及世界的回忆,因为我已经从过去抵达现在,也包括我对即将触及的一个世界的预期,但对此我必须从现在抵达未来,才能够触及到它。
>
> (Schutz,1982:308)

舒茨认为,尽管常识实在是以普遍有效性的历史形式和文化形式呈现给我们所有人的,但个人在其生活中解释这些历史形式和文化形式的方式,却取决于他在具体存在过程中积累起来的经验总和。因此,如果我们认定两个人在某个时间有着完全相同的现有知识库存,这不仅会涉及这两个人相同的经历(都持续了相同的时间量,被感知的强度也相同),而且单个人的经验顺序也是完全相同的。正如伯格森所言,"所有这些假设都必须得到满足,才能证明彼得和保罗的意识有相同的内容,但即便如此,认为彼得和保罗的意识的内容具有同一性,这样的问题是无意义的,因为所有这些先决条件都得到满足,这两种意识将是同一的,因此彼得和保罗也将是同一个人"(Schutz,1982:92)。因此,这样的假设是不可能成立的。

总之,在日常生活的任何一个时刻,每个人都会发现自己处在一种由生平决定的情境之中,即处在一种同样由其本人限定的自然环境和社会文化环境之中,并在此情境中确定自己的立场:"根据物理空间和外在时间确定的立场,根据他在社会系统中所处的地位和所扮演的角色确定的立场,还包括他的道德立场和意识形态立场。"(Schut,1982:9)那么问题便来了:如果说个体成员的意义世界是独一无二的,个体之间的沟通是如何达成的呢?正如鲍曼所言,"到目前为止,我们对主体间性的文化世界的所有了解都明确地指向了个体认知世界的一元分离(the monadic separateness),因此,我们需要明白的是,在这种一元状态下,成员如何仍然能够形成并维系一个意义共同体"(Bauman,2009:55)。

二 生平牵连与意义共同体

的确,每个人都有自己独一无二的"由生平决定的情境"。事实上,当"我"从此处也就是从"我"当下所处的地方看一件事的时候,他人则是从彼处、从他自己的立场去看。某些事项当下"在我的能力范围之内"(例如,可以听见、可以看到、可以理解),或者在"我"的操控范围之内,但这些事项却是在他人的操控范围之外。反之亦然。此外,人们的目标和系统也是不同的,因为它们产生的"由生平决定的情境"必然因不同的人而不同。但我们所有人都生活在同一个世界,共享一个"活生生的当下",只不过人们是从不同角度看待这个世界。"我理所当然地认为,我的同胞们和我一样,在他们的场合和位置上感知这个世界,并在其中采取行动。"(Gurwitsch,1970:XXII)

在胡塞尔看来,他人的存在是所有问题中最复杂、最神秘的问题,而在舒茨看来,这样一个复杂世界的存在却是被简单而直接地给定的。与胡塞尔关注先验的主体性(transcendental subjectivity)不同,舒茨理论的中心范畴则是成员(member)。这意味着,在一个具有相同解释关联性的共同体中,成员关系(membership)被赋予了一种预述形态(pre-predicative modality),这种成员关系被置于主体生命过程的初始条件之中。同样,这种成员关系以及它所表示的"手头"知识库存,都被宣称为非指涉性的(Bauman,2009:51)。

对于超越或者避免人际关系中异化的可能性,萨特(Jean-Paul Sartre)是相当悲观的,对他来说,他人的存在不可避免地损害了自我的真实独特性:"被人注视这种意识本身就会带来不安和不适,并且限制自身的自由,自我体验到自己被他人对象化,自己也会同样对待他人,因此只有主客体关系是可能的。"(Bauman,2009:55-56)与之形成鲜明对比的是,舒茨则持乐观态度,他从成员之间的许多类型的关系中,选择了联盟方之间的我—你关系(Wir-Einstellung/I-thou),在这种关系中,成员可以将彼此视为独特的主体。这种可能性是由于相互的生平牵连(mutual biographical involvement):"我—你关系是在成员间的长时间、持续性对话过程中发展起来的,在积极交流的过程中,双方通过探索对方独特的主体性及其灵活性和最终限度,逐步认识到对方独特的主体性。"(Bauman,2009:56)

因此,不同主体之间的关系和单纯的类型化关系在性质上是有区别的。前者是成员在世界上存在的整体要素,它们实际上与成员存在本身是一致的。然而,后者只具有一种假设性特征。诚然,当下的知识来自社会,但这只是一种假设,因为体验生活时,唯有社会给予我们所掌握的知识,我们才成为一个可以探索和反思的对象。从一开始,我们的世界就是一个主体间性的文化世界(intersubjective world of culture),而不是像胡塞尔所说的那样,是为了被人所知而辛苦构建出来的东西。"从方法上说,舒茨所允许的这种社会化必须从成员已经占有和合并的文化世界开始,正如它必须从已经取得对个人支配地位的社会开始一样。"(Bauman,2009:51)

> 我们在这个世界中存在的最为重要的基础,存在主观的时间和空间之中,个人世界的定义,就像个人的生平经历和当下知识库存一样,源于他独特的沉淀性和结构化的主观性。但这只是故事的一半。尽管个体从自己的角度来定义自己的世界,但他仍然是一个根植于主体间性现实的社会存在。我们出生的日常生活世界从一开始就是一个主体间性的世界。
>
> (Natanson,1982:XXX)

"主体间性的文化世界"从一开始就是共享的,它是一个意义的世界。主体间性的文化世界的主要作用在于提供生成原则(generative principles),以区分成员主观设想的世界,进而将其个性化。舒茨所讨论的文化模式大多是以认知结构规则的形式出现的,这不可避免地会导致不同的结果。根据熟悉程度和能否接触来划分,其他人便身处不同的世界:周遭世界(Umwelt/the world within actual reach)、共同世界(Mitwelt/social world of contemporaries)、前人世界(Vorwelt/world of predecessor)和后人世界(Folgewelt/world of successor),这是一种普遍的规则。根据这两种因素，人们对这些人会有着不同的态度。因此，这种认知结构的形式原则在任何情况下都是相同的。但是，正如人们可能预期的那样，新出现的认知结构将是截然不同的，这取决于结构化成员的生平情境。正如舒茨所言，用另一个"空点"（null-point）（即他人的生平情境）替换，意义参照就会被改变。这同样适用于舒茨所谓的"触手可及的世界"（world whithin each）：对于每一个成员，就其所能触及的世界而言，"我们"关系是可以想象的唯一领域，也是唯一可以合理运用"目的"动机（in-order-to motives）的领域，它构成了每一个成员现实的核心（Bauman，2009：58）。但是，它的边界肯定既会因每个成员而有所不同，也会为了每个成员而有所不同，而且由不同的生平情境所界定世界的领域肯定也不会重叠。

舒茨认为，从时间维度看，在个人的生平中时刻存在着与之有关的"同时代人"，个人可以和这些人形成一种由行动和反行动构成的相互作用；也存在"前辈"，个人无法影响这些前辈，但是他们过去的行动及其结果却对其解释开放，可以影响个人的各种行动；还存在着"后来人"，个人不可能经验他们的世界，但却可以通过某种预期（尽管有时是徒劳的）调整自己的各种行动（Schutz，1982：15 - 16）。

事实上，每个人都会发现，我们从一开始就处在别人已经为他"规划"完成的环境中。因此，个人在日常生活中的生平情境总是历史性的，因为情境总是由社会文化过程构成的，而社会文化过程决定了这个情境的实际形态。以语言为例，对每个人来说，语言已经以一种特定的结构呈现出来，作为其生平情境的社会预先给予（social pregivenness）。换句话说，人类出生在一个历史性的生活世界，在这个世界里，语言有一个具体的、预先确定的结构（Schutz，1989：153）。舒茨认为，我们出生在这样一个已经存在的世界和一个特定的情境中，而这一事实是强加于我们的基本关联之一，它在许多方面决定了我们的整个生活。我们的任何一个由生平决定的情境都指向以前的情境，它可以被解释为我们以前所有经历的积淀。从出生开始，我们的生平便拉开了大幕，因此，我们出生时所处的环境，作为一个整体进入了以后的所有阶段。它是我们现在开始建立的主题、解释和动机关联系统的起源。

在某种意义上，我们可以说这一强加给我们人类条件的相关性（relevance）——我们出生在一个世界，出生在一个不是由我们制造的情境之中，我们不可避免地一起长大变老，我们未来在本质上不确定的事实之中存在一个简单的确定性，那就是我们必须得死，不确定的不过是何时以及如何死——我们可以称这些强加的关联是我们意识的对位结构（the counterpointal structure）的基础。

（Schutz，2011：198）

简言之，我们对生活的所有旨趣，我们对计划的建立，我们对世界的理解以及我们在所处环境中的所作所为，我们对话题、解释和动机的关联的整个系统，都可以被认为是这些强加的关联的固有部分。

尽管个人的生平情境不与任何人共享，但是个人库存知识的结构元素却是有可能与他人共享的。人们实际上具有的知识库存，只不过是由其以往各种情境界定的全部经验的积淀而已，这些经验可能涉及我们自己的世界，我们过去实际上能够达到的范围，也有可能涉及同伴、同时代人或前辈人的世界。需要加以界定的情境是有可能显现出与曾经界定的情境在类型上的相似性，这种情况要么表现为对后者的某种修正，要么表现为后者的某种变体，再或者就是表现为全新的情境，而所有这一切都是通过各种不同的认知综合而表现出来。

我的计划对我未来的合作伙伴的意义不可能与对我的意义相同，因为即使在没有利益冲突的情况下，他的"传记情境"也与我的不同。要设想我的计划对我的合作伙伴可能有什么意义，我必须把典型的目标、旨趣、动机、态度等传达给他。我必须塑造一个特定类型的人的形象，这个人拥有特定类型的职位，并追求典型的利益——那些被讨论的职位要求他追求的利益，或者至少那些与他的职位相一致的利益。

（Schutz，1996b：XXVI）

我们认为理所当然之事，就会"认为"自己的同胞也会理所当然如此"认为",因此不同的关联系统便可以被整合,人们由此到达了一个共同的世界。通过语言交流,通过对手势和其他面部表情的即时观察,虽然只是部分地、零散地,但人们能够相互理解对方的思想、计划、希望和恐惧。尤其是在面对面的关系之中,社会成员会参与到彼此的生活之中,或者说他们的生平是交织在一起的。

因此,个人日常生活世界绝不只是其个人的世界,而是从一开始就是一个主体间性的世界,又是一个"我与我的同伴"共享的世界,也是一个由他人经验和解释的世界。简言之,它对于我们所有人来说是一个共同的世界。个人在其存在的任何时刻都发现自己处于这个世界之中所依据的独特生平情境,只有在极小的程度上才是由他自己创造的。

> 我发现我自己总是处在一个从历史的角度给定的世界之中,它既是一个自然世界,也是一个社会文化世界,它不仅在我出生以前便一直存在着,而且在我死后仍然会继续存在。这意味着,这个世界不仅是我的世界,而且也是我的同伴的情境。不仅如此,这些同伴也是我自己的情境的成分,正如我是他们的情境的成分一样。通过影响他人并且接受他们的影响,个人认识了这种相互关系,而这种认识也意味着,人们以与其相同的方式经历这个共同的世界。
>
> (Schutz,1982:312)

应该再次强调的是,正如自我的存在超越他人的存在那样,他人的存在也超越自我的存在,彼此之间的生平只有一小部分是共同的。不仅如此,任何一方都只会以他人格的一部分介入这种关系。最后,由于他人的关联系统植根于其独特的生平情境之中,因此无法与"我"的关联系统完全一致。"虽然我能理解它,但我无法把它纳入我的能力范围之内。"(Schutz,1982:317)

此外,人们在对比的过程中去认识由明确对象组成的世界,把世界看成是外在的和真实的。个人可以从过去的经验中学习,合理地期望将来发生的事情符合已知的模式。当然,人们希望自己的认知视角能得到其他成员的回应,对话伙伴的观点至少在原则上是可以互换的。换言之,相互理解对方的意思是与他人相处的先决条件。理解不是个人必须努力学习掌握的复杂技术的最终产物，人们从一开始的每一个交流行为中都隐含着理解。这种理解的理想化可能性不断地体现在成员们的假设中，他们在交流的过程中可能持相反的态度，并期望他们的伙伴也有类似的行为。

我们每个成员都生活在多重现实之中。通过一致性推动某些特定元素进入一个"理所当然"的背景，通过将"悬置"（epoche）运用于不同的生活领域，以及通过一种特定的时间视角，这些特征再次结合成一个普遍的类型，在每个成员的"有限意义域"（finite provinces of meaning）集合中都是可识别的相似性。当某个成员将共享的世界划分为多个领域，将注意力从一个领域转移到另一个领域时，并不必然采取协调的方式。相反，各成员的这些活动虽然按照同样的结构原则进行，但将不可避免地导致截然不同的结果。舒茨认为"共现参照"（appresentational reference）是意义赋予的主要工具。面对一系列的经历，任何成员都会通过把它们组合配对进而赋予它们意义。这种配对发生的背景，以及因此而产生的配对选择和配对内角色的划分，都将依据给定成员的生平情境而有所不同。

因此，舒茨的主体间性的文化世界倾向于生产、延续以及强化每个成员作为认知实体的自主性和独特性。在鲍曼看来，舒茨令人信服地展示了成员的独特性既是如何被创造出来的，又是如何被持续再造出来的。因此，两种似乎不相干的经验在认知层面上得到了调和："被抛入一个共同的文化世界，无法选择它作为一种意愿性行为，面对其文化世界作为不可逃避的现实，成员仍然注定要成为一个独特的个体并继续保持下去。正是世界知觉的相同结构规则的共享，确保了每种体验和每个意义世界的独特性。"（Bauman，2009：54）

三　科学情境与理解问题

邓津区分过三种认知世界的方式（Denzin，1989a：133）：主观性认知（subjective konowing），它涉及利用个人经验以形成对某一特定现象的理解和解释；客观性认知（objective knowing），它认定人们可以站在一种经验之外去理解这种经验，而不依赖有这种经验的个人；主体间性认知（intersubjective knowing），它取决于共享的经验，并从与他人的共同经验中获得知识。因此，传记式的路径，就意味着基于某种主观性认知和主体间性认知，获得对于人生经验的知识和理解，其中自然包括研究者本人的生平介入。在传记研究中，研究者对被研究对象的理解是一种主体间性的、情感性的过程，双方参与一个共同的经验而获得一种共享的经验和知识，也由此达成一种主体间共同的情感体验与认知理解。

如果说常识世界从一开始就是一个被预先解释过的世界，如果这个世界的所有成分都具有其类型视角，如果对于解释社会实在来说，那些由生平决定的情境、当下知识库存的观念以及有关情境的界定都是可靠的指导线索，那么，就必然存在某种隐含的选择原则，可以用来解释说明个人所定制的、所表现出来的那些具体的选择、态度、决定以及承诺。舒茨接受了奥地利学派米塞斯（Ludwig Von Mises）的一般价值自由立场，认为人们不应该通过探究偏好背后的动机来评估动机，"对于人类行为的科学来说，人类所追求的最终秩序的价值和目标构成了无法进一步解释的东西"（Schutz，1996a：92）。他也赞同米塞斯和哈耶克关于理性的工具主义观点：价值本身就是非理性的，它永远不可能成为科学研究的对象。舒茨所接受的这种价值自由的立场，影响到他后来的吁求，即社会科学家应该用科学情境的价值取代他们个人生平情境的价值。

不可否认的是，在生活世界与科学世界之间，尤其是与社会科学世界之间存在着一些关键的区别（Schutz，1982：421）："如果说在沟通者的生平情境和解释者的生平情境之间不存在其他区别，那么，至少其中一方的'此在'对于另一方来说是'彼在'，这一点就为理想意义上完全成功的沟通设置了难以逾越的障碍。"瑞泽尔（George Ritzer）归纳了三个方面的重要区别（瑞泽尔，2014：426-427）：其一，生活世界中具有常识的行动者趋向于实用性地处理日常生活的世俗问题，相反，社会科学家则是无动于衷的、不偏不倚的观察者，并不以实用主义的方式介入被研究的行动者的生活世界及其世俗问题。其二，具有常识的行动者的库存知识来自日常世界，而科学家著作的库存知识则属于科学系统。社会科学家存在于一个由其他社会科学家陈述问题、提出解决方案、制定解决办法以及获得结果的世界中。其三，社会科学家在他们的理论建构中，必须将他们与他们自身的生平情境分开并在一个标明"科学世界"的意义领域行事，反之，具有常识的行动者陷入他们的生平情境中，并在生活世界中行事。

> 与社会科学家首先应当关心行动者赋予自己行动意义不同，行动者不仅要负责界定自己活动的意义，而且还要对情境负责，因为意义只是情境的一个组成部分。行动者确定和解释一个既定情境的方式是他的主体性所具有的一种功能，这种功能与他的生平情境的各种成分相对应。社会世界是由大量行动者构成的，其中每个行动者都以相互联系又独具特色的方式界定这个世界，不同的行动者在界定同一个情境的过程中不仅会有不同，而且会完全相反，甚至同一个行动者在不同时间中这样做也会如此，这是日常生活基本结构的组成部分。理解社会世界意味着理解人们界定其情境的方式。
>
> （Schutz，1982：XXXVI）

那么，人们（社会科学家）怎样才能从科学角度去领会主观意义呢？怎样才能根据一个客观知识系统领会主观的意义结构呢？瑞泽尔所指出的上述三个区别不仅有助于我们界定科学世界，还有助于我们界定履行这些标准的社会科学家研究生活世界所需要的科学态度。为了具有恰当的科学态度，社会科学家必须与他们所研究的那些生活世界相分离，投入科学世界中，而且必须将他们在生活世界中的生平情境悬置起来。

又该如何做到"悬置"呢？舒茨指出，在日常生活中，人们把自己看作社会世界的中心，根据各种各样的亲密程度和匿名程度，把这个社会世界在他周围组织起来。通过采取一个科学观察者所具有的公正无私态度，或者说通过为科学工作建立生活计划（life-plan），社会科学家就使自己脱离了他在社会世界中所具有的生平情境。对于社会科学家来说，要能将生平情境中那些理所当然的事情进行问题化。当考察行动者"赋予"自身行动时，或者说，当考察行动者把自己的行动与主观意义进行关联时，社会科学家们所看到的正是行动者关于自己行动的动机和目标，后者取决于行动者对于由生平角度决定的情境的理解。"严格说来，这意味着行动者，而且也只有行动者，才知道他正在做什么，他为什么要这样做，他的行动在什么时候、从什么地方开始和结束。"（Schutz，1982：60）

前文提到，日常生活世界从一开始就是一个社会文化的世界。如果个人理解了他人产生于由其生平决定的情境的各种动机、目标、选择和计划，就可以在某种程度上理解他人的行为。但是，只有在特定的情境中，个人才能够经验到他人的动机、目标，才能够经历他人特定行动的主观意义。当然，个人可以借助类型模式来经验它们。同样，这些类型化了的关于他人行为的模式变成了个人自己行动的动机，进而引出了社会科学家们依据各种各样的名称所熟知的自我类型化（self-typification）现象。

所以，行动者的知识储备不同于观察者的知识储备。社会科学家对于情境的关心，主要出于认知旨趣而非实践旨趣。在日常生活中，支配常识解释的关联系统是从观察者的生平情境之中产生出来的。任何科学问题都是由相关学科的实际状况决定的，人们必须根据支配这门科学的程序规则，得出有关这种问题的解决办法。除此之外，这些程序规则还可以保证控制和证明它所提供的解决问题的办法。科学问题一旦确立，它本身不仅可以决定哪些东西与科学家有关，而且还可以决定科学家所应当使用的概念参照框架。

第 六 章

传记之我：斯丹莉的女性主义视角

作为一位女性主义社会学家，斯丹莉下决心从女性的角度重新构建社会学学科。斯丹莉反对精英白人男性高度性别化的理论和观点被当作不分性别的、普遍适用的，坚持认为性别是由社会构建的。在她看来，女性主义传记挑战了传统传记形式的边界，比如讲述真相的"自传契约"，不过是从出生（开始）到成熟再到衰老最后至死亡的一种单向叙事，或者说，不过是对单一自我的一种坚持（Stanley，1992：247）。传记作为一种特定分析工具，有助于将对认识论问题的女性主义思考和对"生活/生命"（life）的兴趣结合起来，使个人和社会结构之间的关系成为焦点。为此，斯丹莉从女性主义视角追溯社会科学（尤其是社会学）领域中自传的作用，讨论女性自传作品中的方法论问题，强调女性主义实践与自传实践之间的关系。

一 现实主义的谬误

很大程度上讲，女性主义是在反现实主义、反本质主义的基础上发展起来的。在1985年召开的一次有关"现代传记"（Modern Biography）的学术会议上，参会者普遍认为，尽管关于生命整体性的"真相"完全取决于考察它的视角，但传记作家的基本任务依然没有改变，那便是尽可能地收集关于研究对象 X 或 Y 的真相，通过考察这类事件、那种关系、此项活动和相关成就，在纸上重建至关重要的人物。因此，在斯丹莉看来，现代传记作家的任务本质上是社会心理学的任务：传记作者遵循他们的对象发展的线性轨迹，尽可能详细地通过重构他们从摇篮到坟墓的一生，通过在这些大量的细节中探讨他们的特殊工作、成就和性格。现代主义观念认为，人们可以按照某种方式恢复、理解过往（past），就像它被那些真正经历过它的人所经历和理解一样。斯丹莉对此提出了反对意见：

> 传记主体的"重建"（reconstruction）观念，在知识上是不可能的。相反，在女性主义和文化政治的路向中，应当问的问题是："从谁的观点去看过往？""为什么是这个观点而不是另一个？""从相反的观点看会怎么样？"过往，就像现在一样，是相互竞争的协商版本的结果：发生了什么、为何发生、结果是什么。传记不过是发生了什么以及意味着什么的另一个看似可信的版本。
>
> （Stanley，1992：7）

斯丹莉由此指出，现代传记是建立在现实主义谬误基础之上，传统的职业传记作家认为自己是有文学天赋的科学家，他们关注的是客观性、准确性和细节。与现代小说一样，现代传记也发端于维多利亚的鼎盛时期，具有坚定的现实主义立场。对于传记中重建（reconstruction）和专业知识（expertise）这样的现实主义事业，其依赖的不仅是对于传记研究的一种基础主义视角（a foundationalist view），也包括传记研究书面作品与其所探究的生命之间关系的一种对应理论，即文本是人的参照，"它同样认为存在一个连贯的、本质上不变的和一致的自我，这个自我可以由它的方法去参照性地理解"（Stanley，1992：8）。

在斯丹莉看来，"伟大"（greatness）或"重要"（importance）之类的概念，实际上是历史性的、时间性的政治产物，与特定的人有关。"这不是偶然或巧合，现代传记中那些伟大或者重要的人物，几乎都是处于基于性别、阶级、种族和宗教的分层系统顶层的人。"（Stanley，1992：8）现代传记迷恋"伟人"和"名人"，某些现代传记作家试图夸大或暗示传记主体成就的重要性，尤其是宣称其独特的贡献。这就增加了这样一个假设，即只有传统意义上重要的人才会对社会生活产生影响，而其他人则不会，他们是伟大的思想（mind）的产物。然而，思想是在特定的社会中产生的，"观念"是社会共享性理解的产物，在特定的文化背景下以不同的方式被重新加工。"思想并不是专有的而是社会性的，甚至可以说是由特定的社会、文化和政治背景的成员个人表达出来的。"（Stanley，1992：7）这就需要仔细检查传记主体在其活动和工作中所处的社会网络，而不是将其与他们所生活的社会背景分开。传记作者处于特定的社会位置，必然受到性别、种族、等级、年龄的限制，其观点也受到社会的影响，因此也必然具有某种片面性。人们常常忽视构建传记的关键要素，即作者的视角。在重写传记主人公（主体）的过程中，就好像传记作者本人不在其中一样，这实际上是对生活的扭曲。

以线性和时间顺序的方式追踪传记主体形成一个焦点，瞄向的是传记主体。由此而来的结果是，主体所认识的其他所有人都因此成了影子般的存在。他们被塑造成"侏儒中的巨人"。"从女性主义和文化政治的角度来看，当人们通过参与一系列重叠的社会群体而被定位时，他们的生活和行为就会有相当大的意义，而不是被描绘成有所不同。"（Stanley，1992：9）

某些人的人生经历被认为有趣且重要，值得为其作传，这种选择显然就是政治性的过程。就传记作者而言，他有权决定谁是"合适的对象"，也有权选择呈现传主哪些方面的生活和工作，包括哪些来源被认为是权威的，哪些来源被认为比其他来源更为可取。此外，在传记过程中，传记作者是一位积极的行动者，他构建了某位传记主人公（主体），并不只是追求呈现"他们的真实面貌"。因此，斯丹莉认为，正确的态度是认为任何一本传记只不过是其中的一个竞争性的版本，其是否可信、可信程度多高应交由读者评判。传记作者所要做的，应是尽可能多地提供证据，并说明他们所倾向的事实、观点和解释中哪些更为可取，将"伟大""独特"这类概念作为社会构建来对待，需要认识到这些人就像其他人一样，在平等的人群中平等地生活着。同样重要的是，要远离那些伟大且知名的人士，去寻找那些具有社会相关性（social interest）的人。

　　　　　　了解皇室成员、政治家、将军或明星的生活细节，可以很好地

第六章 传记之我：斯丹莉的女性主义视角

向我们讲述特定精英群体的成员，但在我看来，了解维多利亚时代仆人汉娜·卡尔威克（Hannah Cullwick）的辛劳生活，可以让我们了解普罗大众的辛劳生活：他们可能既不是国王，也不是政治家，也不是传统意义上的"重要"人物，但是这些人恰恰构成了人口的绝大多数，因此他们比只是"重要的人物"具有更大的历史意义。

（Stanley，1992：10）

斯丹莉所倾向的，是一种社会的而非个体的路径。传记并不是在传记作者生活的一个封闭的单元中发生的。所有人都是社会性存在，思想都来自特定的社会政治环境。把传记主体看成社会交往中的人，表明了他们一生中与众多其他人的联系，没有哪个人是一个完整的孤岛，而且社会交往网络是让我们能够理解他人生平的重要手段。女性主义传记的定义性原则之一："无论传记主人翁（主体）是男是女，应该关注社会位置与场景（contextualisation），尤其要关注主体在社会网络中的位置。"（Stanley，1992：250）

生活是以复杂的"自我"观向我们呈现。斯丹莉指出，大多数传记作者都扮演上帝或伟大的平衡者，简化复杂性。而事实上，所有那些相互矛盾的事实和自我可能都是真实的，传记作者所做的只是从读者的视野中选取一些对他们来说最有趣或最重要的材料，依据某种观点去理解、重建主体的"内在真相"（inner truth）。对于读者来说，认识到任何传记解读的偶然性，就可以自由地在相互竞争的生活版本中选择甚至构建自己的生活版本。斯丹莉用万花筒的形象来说明她对于自我的理解：传记解读的过程并不产生固定的形象，而是一系列不断变化的设计，这取决于可获得的信息和个人当时的视角。

我们所创造的关于过去的口头和书面的叙述，构成我们生活的主要组成部分，当然它们都是基于相关的假设和主张而形成的。就自传而言，斯丹莉认为自传是想象力、艺术和技巧的作品，它虽然基于曾经发生过的（或被认为发生过的）事情，却是以一种创造性的方式进行，经常由这些故事的过往参与者和现在的共同作者分享或辩论（Stanley，1993b）。因此，自传所构成的叙事过程是一种重要的方式，它使得记忆和过往变成真实和当下。

斯丹莉认为有必要区分现代主义（modernism）和现代传记（modern biography）。她认为，现代传记强调现实主义和指称性（referentiality），现代主义则突出实验性和反基础主义（anti-foundationalist），二者之间实际上存在着一条鸿沟（Stanley，1992：15）。现代传记是现实主义的强烈冲动，包含后现代主义批判的所有问题。尽管后现代主义理论建立在对现代主义的批判之上，但后现代主义的特征实际上也是现代主义的特征，后现代主义理论殖民的特征实际上是现代主义写作的特征，尤其是女性写作的特征。斯丹莉对后现代主义造成的碎片化差异和作者自我的模糊性不感兴趣，尤其是后现代主义坚持"文本的首要地位"，忽略了"文本所在的社会性的物质世界"（bio）（Stanley，1992：93）。

> 无论是书面的，还是口头的，传记都是互文性的，但重要的是日常生活及其具体的物质事件、人物、对话。在对"自我"（auto）和"书写"（graph）进行理论论证和理解上，"生命"（bio），即关于日常生活的物质事件的叙述，是至关重要的元素，尽管对于书面的（而非口头的）传记，读者与之相关的唯一方式就是通过"书写"（graph）。当然，在某种程度上，我们必须接受物质现实确实存在，它无时无刻不在影响着我们，文本并不是唯一的东西。
>
> （Stanley，1992：246）

尽管斯丹莉认为，如果不考虑"真实的自我"的本质主义或还原主义的观点，就不可能去关注一个传记性的自我，但传记的定义性特征在某种程度上是对生活的记录，作为一种文学创作行为，传记涉及书面文本的生产和作者对"适当"语言的传统和工具的依赖，这种语言是一种正式的语言，并为其他从事不同体裁的作者所共享。斯丹莉的分析结合了对主体性辩论的复杂理论意识，以及对特定历史背景下具体案例的密切和特别关注。她对于卡尔·威克（Karl Weick）的考察就表明了这一点。当她重新讲述这个故事和其他故事时，我们越来越意识到斯丹莉是如何突出她自己的"传记"，作为她叙述和分析的生活的结构元素：对她来说，传记的主体从来不只是被书写的那个人，也包括书写的"我"，被构思成一个具体化的、定位的主体。

二　女性主义传记

在斯丹莉看来，当然存在女性主义者写的传记，但问题是，"女性主义者所撰写的传记，或者关于女性主义者的传记，这样的事实足以将其定义为女性主义的传记吗？"（Stanley，1992：246）换言之，是书写的形式和结构，还是作品的主人公（即传主），才使得其与其他传记相区别？这并不是容易回答的问题："因为对这个概念并无明确的定义，而且在传记中关于自我的全部问题是相当复杂的，'女性主义'这个词的意涵也更是如此。"（Fisiak，2011）

斯丹莉对这个难题的破解，是从"差异"（difference）这一西方女性主义核心议题着手的。她认为，大致存在两种立场不同的认识：一种认为女性之间存在差异，它源于黑人女性主义对于"普适性"女性主义理论中的白人中心主义和沙文主义的反对，坚持女性主义的多样化，针对女性的受压迫和处境的特殊性，将女性主义转向一种碎片化的声音、一种去中心化的理论权威、一种多样化的表达与状况。与之相反的另一种立场，则拒绝男女之间存在差异的任何物质理由，从而将女性主义推向理论的确定性和中心地位，认为男性可以像女性一样完全参与文本性策略的构成。为了克服这两种观点之间的相互排斥，斯丹莉提出了另一种"差异"，即女性主义本身的差异："女性主义者与其他女性的差异，女性的女性主义者与男性的女性主义者的差异，女性主义思想与女性主义分析的差异。"（Stanley，1992：243）斯丹莉认为，女性主义建立在反对性别的建构主义甚至是解构主义之上，它们先验地拒绝本质主义（essentialism）：自女性主义出现以来，便一直致力于解构本质主义的性（sex）观念，坚持性别（gender）的社会建构。女性主义的经验是对世界不同的解释，它往往取决于社会地位不同的女性群体极为不同的经验立场。"女性主义实际上是复数（feminisms）的，无论是经验用语还是学术话语都存在很大差异，虽有一致但更多是分歧。"（Stanley，1992：243）

斯丹莉据此认为，书写传记的独特女性主义方式确实存在。而其之所以可能，取决于四个基本要素，或者说四种阅读和写作策略（Stanley, 1992: 249-253）。（1）非聚光灯甚至反聚光灯的立场（non-or even anti-spotlight approaches）：拒绝"注意力集中于独特主体之上的还原主义聚焦"，认为应该关注社会位置和情境，特别是主体在其社交网络内部的位置。传记作品都是根据特定的观点产生的，每个人的思想源自特定的社会政治环境。（2）包括传记作者和研究传记过程在内的元传记（meta-biographies that include the biographer and the process of researching biography）：提供了在传记中拒绝本质主义原则的理由，关注社会性的、偶然性的、富有争议的表达。（3）颠覆或蔑视基础主义原则和实践的反现实主义传记（anti-realist biographies that subvert or flout foundationalist principles and practices）：从多种角度破坏"现实"，扰乱读者的确定性。（4）一种先验的主张（a priori insistence）：传记应被视为由文本定位的意识形态实践所创作，并以分析的方式参与其中。

在斯丹莉看来，这四个方面的要素是女性主义传记创作"方法"和"形式"的主要特征，并受到女性主义认识论和社会科学的影响。这些因素当然不是女性主义者所独有的。女性主义并不只是关于世界的一种"视角"，也不只是一种认识世界的理论，它还构成了一种本体论，一种不同的存在于世的方式。

> 白人，无论其本意多么好，政治上多么正确，都不能分享黑人的本体论和由此产生的认识论，我也由此认为男性也不能分享女性主义者的本体论和由此产生的认识论。因此，男性不能写我所理解的女性主义传记，因为男性生活中发生的事件与女性主义者生活中发生的事件并不相同。
>
> （Stanley, 1992: 253）

当然，斯丹莉也意识到，传记是关于个体自我的，如果女性主义传记偏离这一点就不再是传记，而成了另一种不同的体裁。为此，她也在注释中表明："当女性压迫和黑人压迫不再存在时，那么男性和女性、白人和黑人可能会共享一个共同的本体论和认识论。"（Stanley，1992：256）言下之意，只要遵循相关的标准，男性也是可以书写女性主义传记的。

斯丹莉为自己的女性主义传记研究确立了两种思想来源：默顿针对"社会学自传"（sociological autobiography）的讨论以及女性主义对社会学研究过程中反思性的关注。默顿在有关"局内人与局外人"的讨论中指出，人们生产的知识虽有所不同，却是以不同的方式发挥着作用。即便是"单一的"（single）社会事实，人们所见也各异，并没有什么社会学方案能系统地裁断这些产生于不同方面的知识，而所谓的"外行"社会行动者却通常有自己的权宜之计。默顿关注的正是后者。在反思一系列"社会学生命"（sociological lives）时，他越过基本的问题，即不同人所实践的自传"艺术与技艺"，转而关注特定的"社会学自传"观念。默顿把关注点转向作为文本的自传，意味着把自传本身视为研究的主题，而不是将其作为一种研究资料来源。他尤其关注这种文本被建构、被书写、被理解的过程，认为"真正的社会学自传"（Merton，1988：19）综合了自传与传记的优势，同时又最小化了彼此的劣势。这一概念与斯丹莉提出的复合性传记（auto/biography）在内涵上是一致的。

> 在有关科学知识的社会学中，社会学自传是一种个人经验，一种自我例证的经验。活跃的行动者与社会结构之间，作为个人地位设置与角色设置序列的一方与作为个人智力发展的另一方之间，双方相互影响而建构的个人文本，也同样存在着理论的承诺、科学关注的焦点、计划或偶然发现的对于问题的选择以及为了他们的调查对于战略研究点的选择……成熟的社会学自传作者，把他们自己的智识发展既与不断变化的周遭微观环境联系起来，也与更大社会与文化提供的包容性的宏观环境联系起来。
>
> （Merton，1988：19－20）

按照默顿的观点来看，一种好的社会学自传要分析性地关注其作品与产生它的知识论条件之间的关系。

女性主义将思想视为社会的产物和时代的产物，而不是特定理论家的发明。"个人生活"和"思想"都是社会化的，对待它们的传统个人主义方式被彻底地拒绝，取而代之的是将它们概念化为社会构建或社会再造。女性主义也鼓励对个人实践与社会结构之间关系进行反思性地理解，自我在建构社会结构中发挥着作用，同时又经由社会结构的调节，"反思性"就在于把个人的自我视作思维探究（intellectual inquiry）的对象，自我是社会化的，不是一成不变而是不断变化的。斯丹莉指出传记方法包含的两条原则（Stanley，1992：5）：一是拒绝心理还原论对"个人"（individual）的解释，而是坚称个人完全是社会和文化的产物；二是如果结构分析不在特定生活的层面上进行，那么它们就根本不起作用。对于女性主义的方法论和知识论基础而言，反思性是根本的。斯丹莉认为，女性主义可从反思性中发展出"思想自传"的观念，借此把女性主义研究的相关规则置于分析性实践之中，尤其是聚焦评价、诠释以及推断的过程（Stanley，1993）。

> 更少去关注叙述形式（我就是这种人，我先做这个，然后再做那个，结果是什么），更多去关注研究过程是如何被理解的，以便生产出任何特定的产品。对我来说，这是打破研究者/作者和消费者/读者之间权力差异的主要方式。毕竟，如果读者知道我是如何理解我所理解的东西的，你就有一个现实的机会能够自己做决定，而不是因为我只是让你了解"发现"而不得不信任别人。
>
> （Stanley，2013：120－121）

在斯丹莉看来，默顿提出的"社会学自传"与"思想自传"具有相似性，尽管它们是在不同的知识背景中提出的。它们都承认由于社会立场的不同，知识具有系统性的差异，它们认为"差异"在认识论上同样有效。不过，在默顿的方案中，社会学自传提供了社会学的社会学或者说知识的社会学的方法或程序，并在学科内部支撑了向文本性的转变。但作为一种社会运动的女性主义，关注的是生命（再）塑造，关注将它们按性别划分，同时也关注通过提供比较性的范例为女性生命赋予更广泛的可能性。学术上的女性主义特别关注女性的自传，因为女性文本性的生活与典型的男性生活是对立的，后者是普遍主义的因而也是要予以排斥的。因此，在斯丹莉看来，女性主义对生活的文本性和互文性的关注，必须包括传记和自传的互文性，以及二者与实际生活的互文性，这正是她使用复合词"自／传记"（auto/biography）的目的所在。尽管体裁不同，但不同写作形式之间存在着密切的关系，这个复合词承认了所有形式的传记和自传的"共生关系（symbiosis）"，也强调了作者在文本创作过程中的作用。

三　传记之我

好在，中文的"传记"概念包括了自传和他传，为了叙述不致太过拖沓，我们便以"传记"对译斯丹莉所使用的"auto/biography"这个复合词，读者对此应当留意。在斯丹莉看来，这个复合词指涉各种各样的生命书写：自传、传记、日记等，也包括这些书写之间的联系。斯丹莉此举，一方面，是为了涵盖所有书写人生方式及其之间的本体论和认识论联系，以彰显生命的呈现形式或体裁是重叠在一起的；另一方面，则是要反对以往研究者进行的区分，以表明相同的解析工具可以用来进行各种形式的生命书写。在斯丹莉看来，这个复合词能够超越自传与传记表面上的相互排斥，而把二者结合起来既要认识和分析生命的特殊性，也要认识和分析它们是如何被呈现的，如何将自传与传记合二为一："经由女性主义思想和分析的改变，这个复合词可以包含这样的复杂性，去处理过程与产品、虚构与事实、自我与他人、意识形态呈现及其解构。"（Stanley，1992：244）换言之，斯丹莉是要把这个概念当作一套工具，让目的不同的作者和读者能够以不同的方式加以使用，不是要去"否认不同形式的生活写作之间存在差异，而是要证明这些差异并不具有普遍性"（Stanley，1992：3）。换言之，"对自我本体论复杂性的认识并不是分析者的专利，当读者认真地从理论和分析的角度看待传记中的'生命'（bio）时，也同样可以在明显有参考价值的自传中找到"（Stanley，1993）。这样一来，斯丹莉就从根本上否弃了自传与传记在形式上的区分。

在佐伊·帕克（Zoë Parker）看来，两个元素之间的斜杠是一个有用的提醒，即人们单独使用两个词是成问题的。作为研究者，我们对自己和他人行为的描述在语气和结构上是不同的，"斜杆阻止了词的流动，可能会具有让读者停下来思考作者身份和表达（voice）问题的效果"（Parker，1998：117）。

> "自/传记"，在我看来是一个非常有用的术语，它在形式上描述了传记和自传之间的相互关系，但也描述了一个发展过程，自我借此思索和生产有关自身的材料，建立有关自身的理论。因此，传记研究涉及对自传和传记的制作、内容和接受的详细审查，而且总的来说，要求这样的作品要有效，就必须承认对经历的叙述，在涉及一个独特的个人时，也必须承认更广泛的社会背景。
>
> （Erben，1994）

人们并非孤立的个体，而是以许多方式与世界相连。斯丹莉主张传记应该摆脱对个人的孤立关注，相反应当将其置于朋友、亲戚和邻居之间，即一种"关系网"之中。

所有的写作都源于生活，是生活的产物，也构建了生活，即使是那些最抽象的写作，也同样如此。与其他作品一样，传记作品都是源于一种特定的视角、一种属于作者的视角。作为一种体裁，传记并非与生产传记之人的自传分开。自传的原型是成长小说，后者往往讲述一个不断前行或持续进步的人生故事：首先是从烦恼或压抑开始，其次是克服障碍、显露真实的自我，最后是故事结束。这种主流模式遵循一种叙事惯例、一种意识形态，为读者提供了一种堪称楷模的人生。它也记录了"人生"是什么样子。这样的人生是线性的、按时间顺序的、进步的、累积性的、个人主义的。但大量关于"平凡人生活"（ordinary lives/common lives）的自传，则强调传主的社会关系，即使是那些以特定个人为中心的研究，也强调了其生活与家人、朋友、敌人、雇主和其他人生活的密切关联。它还嵌入了其他同样具有颠覆性的观点：以牺牲多数人为代价来颂扬精英,这是一种被性别歧视和种族主义所证实的严重的阶级优越论。

在女性主义自传中,将"真相"视为单一且无疑的现实主义版本遭到抛弃:"视角就是全部(perspective is all),它是高度复杂的,随着时间的推移,它时而细微时而粗犷。"(Stanley,1992:14)自我在某种意义上是独一无二的,但在书写中赋予自己生平以意义时,不可避免地涉及他人生平,从而实现自我与他人的生命联系。也因此,书写的生命具有本质上的互文特性。自传作者的"人生"是有参考意义的,但我们对"人生"以及它们如何变成"书面生平"(written lives)的理解来自书面形式的自传,而不只是真实生活。更为复杂的是,"经历过的人生"(lives as they are lived)与书面呈现的人生(the written representation of lives)是共在的:"我们期望自己和他人的生活有低谷和高峰,有'意义',有主要的人物和次要的人物,有英雄和恶棍,以线性和递进的方式经历,而年代学则是理解它们最重要的手段。"(Stanley,1992:14)

更重要的是,斯丹莉使用这个复合概念也是为了突出研究者本人的生平经历。研究者的思想观念并不是自发产生的,而是有着特定的来源,同时,他们也反思性地参与到同样具有反思性观念的对象之中。或者说,这个复合词,在容纳所有形式的传记和自传的同时,也集中了研究者在文本产生过程中的作用,同时强调了它的流动性(fluidity)和不确定性(indeterminacy)。斯丹莉一直主张在女性主义作品(feminist work)中融入"思想自传",它被视为女性主义基本原则之一。特别是在传记实践中,传记作者本人对传记解释和构建的涉入通常是隐蔽的。

在斯丹莉看来,"传记之我"(the auto/biographical I)是一种探究分析社会学的能动者,它关注建构而不是"发现"社会事实与社会学知识。"我"(I)的使用明确地识别了这种知识是文本性的、情境性的、特定的,根据特定知识生产者的社会定位,它呈现系统性的差异。因此,社会学家的"自传"在认识论上变得重要了,无论我们参与的特定研究行为是什么。事实上,研究可以对研究人员产生影响,改变他们的自我意识。研究可能会成为她们私人生活的一部分，比如他们所采取的立场或者对于材料的阅读。

斯丹莉对维多利亚时代的工人阶级妇女汉娜·卡尔威克与上流社会的亚瑟·芒比（Arthur Munby）长期交往的研究，不仅考察了这段历史随着时间的推移而发生的变化，也彰显出了斯丹莉对权力动态观（power dynamics）的持续改变。在重述这个故事时，斯丹莉不断突出她自己的"生命"（bio）作为她讲述和分析的生命建构元素：对她来说，传记的主体（主人公）不仅仅是被书写的，也是书写的"我"，是一个具体化的、占据特定位置的主体。

传记的传统模式是线性的"拼图"式的：你收集的关于某个方面的信息越多，你就越接近关于这个方面的"真相"——"整个画面"（Stanley，1992）。换言之，传记的传统线性"拼图"模型是一种显微镜，它可以聚焦个人生活的每一个细节，从而以传记主体的"完整视角"将这些细节的整体聚集在纸上。但在斯丹莉关于卡尔威克的传记实践中，这种模式是完全不合适的，而且会导致传记中遗漏很多明显的因素，这些因素有助于我们理解这位复杂的女性以及她与阿瑟·芒比同样复杂的关系。这个模型也否认了一个有趣的事实，即"传记"和"自传"是基本相同经历的不可分割的维度。"我"可能是卡尔威克的"传记作家"，但这本传记必然会成为"我"自传的一部分。为了"书写传记"，斯丹莉使用了"思想自传"这个概念。

> 要描述我写传记的做法，一个更恰当的比喻是把传记看作万花筒：你每一次观看，你都会发现完全不一样的事物，它们肯定是由相同的元素组成的，却呈现出一种新的构造。我用"思想自传"的概念来描述这个仍在发生的过程，即重新审视，以不同的方式去看待。然后，我有效地描述了我们之间存在和生活的关系。汉娜和芒比：我是我所关心的过程的一部分，它的关系包含并吸引着我，就像其他两个参与者一样。

（Stanley，1992：161）

卡尔威克似乎是"真正"存在的，从她自己书写的日记、留存的照片和死亡报道都可以证明这一点，甚至在剑桥大学也能找到相关档案，芒比的传记作家也认可这样的事实。但斯丹莉认为，也许根本没有这样一个人，人们对她的认识主要是基于芒比故事集的编纂者来予以证明。但破绽之处越来越多。

> 因为作为汉娜·卡尔威克的传记作者，也是她手稿日记的编辑，从另一种意义上说，我也是亚瑟·芒比手稿日记的编辑，是芒比日记的翻译者，在我对他们的陈述中创造了这两个人物。而在每一次陈述中，与其说是对他们的忠实反映，不如说是对我自己的认知和洞察力状况（或者缺乏这种认知或洞察力）、我对那个时期和所讨论的目的的"思想自传"的粗略指南。
>
> （Stanley，1992：161）

因此，在不同的写作形式之间，在事实和虚构之间，在传记和自传之间，并没有明确和简单的区分，因为它们每一种都依赖于作家与其意识状态的转换创造媒介。

四　研究者的自我

我们在第一章检讨过甘斯的立场。在有些研究者看来，甘斯所抱持的不过是一种恩主自居的态度（patronizing approach），即认为只有（或几乎只有）社会学家才能够理解社会，其他人必须在他人（如社会学家）的帮助下才能获得有效的理解。但事实恰恰相反，边缘化群体中的成员对"他们所处的社会"（their society）有着极好的见识，而且社会学家本人同样也是需要加以理解的对象（Shantz, 2009）。就认识论问题而言，传记社会学"关注于我们如何理解'自我'以及'生活'，我们如何'描绘'自我、他人以及事件，我们如何证实我们以学科名义作出的知识宣称，尤其是通过文本生产的过程"（Stanley, 1993）。至于甘斯所谓的社会学家的科学超然性，也有研究者进行了反驳：

客观性与中立性的观念对于无家可归者并没有太多的意义。不是当你听到像社会工作者或心理学家这样"客观性的"观察者如何谈论你,也不是当一位店主控告你引起了一场混乱或街头滞留时,审视警察这样的"中立"行动者如何做出反应。在资本主义、种族主义、家长制与异性恋规范(heteronormative)的背景下,"客观性的"背景以及中立实践总是表面性的。

(BRE,2007)

受价值中立的影响或者说误解,有不少研究寻求弱化研究者个人因素及其影响,在写作时也会避免呈现研究者本人在研究过程中介入的细节,以留给读者客观、中立的印象(Edwards and Ribbens, 1998)。但很明显,研究者并不能在研究中将自己的经历、阅历隔离在外,研究者所关注的议题、所提出的问题、所选择的方法、所得出的结果以及所给出的进一步解释,都必然受其个人生平经历(传记)之影响(Miller, 2007)。莱塞比(Gayle Letherby)认为,研究者的身份与地位,会影响到问题的选择和研究发现,因此,所有社会学的研究在本质上都是自传性的(Letherby, 2003)。在很大程度上,传记研究方法就是承认研究人员个人智识上的传记对整个研究阶段都存在着某种影响,这从斯丹莉所秉持的立场和研究进路就能够看得出。关于性别、社会阶层、种族、精神等如何影响研究以及如何受研究影响的情绪,在女性主义研究中尤为明显。"当我们研究他人人生或生命之时,我们的人生和他人的人生就会交织在一起。"(Hugill, 2012)这种交叉缠绕正是斯丹莉"自/传记"一词所要表达的理念。

就整体趋势看,女性主义研究从早期注重被研究对象的"发声/表达""能动性"及"权利",转向晚近更加重视研究者在知识生产过程中的主观性。有研究者注意到,使用"auto/biography"这个概念存在着研究者作者的本体论和认识论立场之间的重叠关系:"作者的人生与被书写对象的人生不可避免地交织在一起……书写人生本身的经历成为作者人生的一部分,因此成为其既具解释性也具分析性的'自传'的一部分。"(Aldridge, 1993)传记方法强调对背景(如性别、时间和地点)保持敏感，强调研究者是数据的一个组成部分，甚至认为研究者的主体性或者主观性是研究的核心，因此应该以一种开放的、诚实的方式加以看待，而不是回避之。

对传记研究方法的批评往往源自一种错误的观点，即研究者的传记（生活）与其研究工作之间没有关系（Mykhalovskiy，1996）。也有研究者认为，从研究者个人传记中获得信息的研究主要是关于研究者本人的，因此会造成某种程度的"自以为是"（Okely，1992）。但越是发展到后来，这些指责越是站不住脚。毕竟，作为研究者的"我们不是从外部进行冷静的观察，而是反思性地从内部进行思考。我们个人的认识论和本体论世界观影响并决定了我们选择研究什么，以及我们如何寻求回答研究问题"（Hugill，2012）。

因此，反思性是传记方法的核心，它敦促研究者对研究中可能隐藏的因素敏感起来，寻求将产生知识的过程与其环境联系起来，关注研究者本人的故事和身份，关注被研究对象对研究本身所带来的影响（Hertz，1997）。换言之，反思性将研究者及其在研究中的作用和影响暴露在批判性审视之下。当然，全面展示个人的传记，会让人注意到作者在文本中的位置，进而可能会让人深感不安（Marcus，1992）。不仅如此，这还会挑战研究和知识生产是绝对客观的、普遍的和中立的观点（Stanley and Wise，1993）。主张知识生产过程中的客观性，虽然要求研究者认识到自身对研究的参与，但反思性"代表了一种远离客观和保持距离的意识形态，它涉及一种批判性的自我反思的过程，明确地考虑研究者、研究过程、研究参与者以及发现"（Hugill，2012）。事实上，研究者拥有"作为作者的权力"，可以决定呈现哪些内容，并赋予它意义。就这一点看，研究对象并不具有和研究者一样对等的权力（Stanley，1992）。当然，传记研究方法的支持者认为，将传记研究方法与其他研究方法区别开来，并不是因为它使用了反思性才如此，而是事实本就如此。

可以看到，越来越多的研究者明确承认他们的个人和知识经历以及这些对研究的影响。在鲁斯（J. P. Roos）看来，一本"好"自传的主要品质，就是它能诚实地讲述某个人的一生，而且它的成功之处应在于它能与读者交流，并且能被感兴趣的读者所理解。"这意味着男性读者应该能够理解女同性恋者的自传，白人读者应该能够理解黑人的自传，或者，比如说，波斯尼亚女性读者应该能够理解（但不一定接受）塞尔维亚士兵的自传。"（Roos，1995）

第 七 章

真诚与契约:卢梭自传中的坦白术

"自传书写是能最终说出自我个性的尝试。"(毕尔格,2004:96)或许正是抓住了这一点,卢梭写下了名扬至今的《忏悔录》。很多人钦佩卢梭敢于说真话,尤其是那些发生在他身上的不堪往事,坦率地"讲关于自己的真话",也一度被视为《忏悔录》的真正文学价值所在。然而,时过境迁,卢梭所坦白的"真话",不断受到后人的检讨,他本人的"真诚"形象也随之一变再变,尤其是在后现代主义和解构主义那里发生了更大的颠覆。本章以卢梭《忏悔录》为中心,结合法国学者勒热纳关于"自传契约"的观点,试图澄清自传书写中实在与建构、真实与虚构等方面的问题。

一 卢梭本真

关于卢梭的不少研究都关注到"本真性"(authenticity)议题,福柯一篇早期论文尤其切中要点。1962 年,福柯为卢梭晚期著作《卢梭评判让—雅克:对话录》(*Dialogues*:*Rousseau Judge of Jean-Jacques*)的新版撰写导读,所探讨的便是卢梭自传中的坦白(或者忏悔)问题。福柯从卢梭作品中梳理出坦白的表达规则,主要是直接性(immediacy)与本真性。坦白真相的产生与完成意味着自我的揭露,它强调一种完全的透明性(perfect transparency),即自我的一切都不再私密、模糊或两可。卢梭在《忏悔录》中多处表明这种心愿,兹引用两段表述。

> 我的行文处处都着重阐述起始的原因，以便使读者能看出产生那些后果的由来。我要用这样或那样的方式向读者敞开我的心扉，使他们能从各个角度观察她；我要用事实的真相来说明它，使我心里的任何一个活动都无法逃脱读者的视线，最后让读者自己去评判发生那些事实的原因。
>
> （卢梭，2012a：235）

福柯认为，坦白是一种与权力内在交织的真相呈现（truth-speaking/truth utterance），是一种针对真相和权力进行个体化的体制、技术和实践，也是一种感受方式和情感力量。在有关坦白的话语中，坦白者本人就是叙事所针对之目标，主体和客体二者一致。换言之，坦白是由对这一独特之我直接且忠实的揭露所决定，"这一任务所需要的表达方式，无掩饰，无托词，无虚假表象，也无解释的不确定性与暧昧"（Siisiäinen，2012；Foucault，1988：47）。

所以，卢梭在《忏悔录》一开篇，便理直气壮地宣称："这是当今世界上唯一一幅严格按照一个人的本来面目如实描绘的画像；这样的画像，过去未曾有过，很可能将来也不会再有。"（卢梭，2012a：13）他承诺要写出自己的"好人"形象，也展示自己卑鄙龌龊的一面："不论好事坏事，我都同样坦率地陈述；既不隐瞒坏事，也不添加善行。"（卢梭，2012a：15）他甚至以自己的道德操守和人格作为保证："我是怎样一个人，我就把我描写成怎样一个人。如果我当初行事卑劣，我就自我揭露我卑劣的行径；如果我行端品正，为人正直和道德高尚，我就坦诚记述我端方的人品和高尚的节操。"（卢梭，2012a：16）

卢梭字里行间的这些宣言，促使泰勒（Charles Taylor）将卢梭视为现代关于本真性的讨论的开启者之一（泰勒，2012）。在特里林（Lionel Trilling）看来，"在卢梭思想中心，有一个理想的真实的人"（特里林，2006：92）。威廉斯（Ramond Williams）则认为，"本真"概念是18世纪一个暧昧的发明，它与卢梭和狄德罗（Denis Diderot）对如何做一个真实的人存在不同理解有关，二者各自的理解包含着对于诚实及其与社会关系的不同思想（威廉斯，2013：221）：在狄德罗那里，人类有一种变化无常的精神结构,在特定时刻关于自我的声明都可能是诚实的;而卢梭则持不同立场,他心怀的自我中心理想,促使他反对一切形式的伪善(hypocrisy),这种自我中心就是诚实地向对方表明自己所关心的就是自身而已。"我要把一个人的本来面目(nature)真真实实地展示在我的同胞面前;我要展示的这个人就是我。"(卢梭,2012a:15)对于这个"本来面目",卢梭自诩袒露无遗,很难有人能像他一样做到这一点。而伪善是一种特别严重的恶习,它"在公共关系或人际关系中是一种冒犯,是对诚实的一种违背"(威廉斯,2013:236)。特里林就曾指出,卢梭虽然崇拜莫里哀,但对后者作品《愤世嫉俗》(*The Misanthrope*)所展现出的"虚假的善"大为不满,认为它比实际的恶还要危险(特里林,2006:18)。卢梭还嘲笑蒙田的那种伪真诚,并把他排在那帮采用轻描淡写手法骗人的假老实人之首:"佯装承认自己的缺点,却小心翼翼地只给自己派上一些可爱的缺点。"(特里林,2006:60;参见卢梭,2012b:304;2012c:247)

在福柯后来的作品中,可以看到现代人对于坦白的治疗性需求,进而发展成为一种永久性的监控形式,由外在监控内化成一种自我的监控(self-surveillance)。与全景敞视结构中的犯人一样,卢梭也想象自己在受到他人持续性的监控,因此,他"必须永远在他人的目光注视之下",并且正因为如此,他时时刻刻都将自己的存在置于读者公众(the reading public)的审视之下(Taylor,2009:71)。卢梭相信,如果不就每一件事作出澄清而是选择保持沉默,都会使得自己受到他人的谴责。因此,卢梭以一种内化的方式,将自己时刻置于他人目光之下,置于一种被审判的状态,进而采用自传方式尽可能提供他自己生活中的全部记录。他自愿提供自以为人们想要寻求的信息,他同时也意识到,这种自我暴露将提供判断人类"恶意"(malice)的大好机会。

既然决定要在书中将我原原本本地展现在公众面前,我就不能对公众有丝毫的隐瞒或表述不清楚的地方,我就应当继续不断地将自己置于公众的监视之下,让他们追查我心灵中的一切谬误和我生活中的一切见不得人的事情;就不能让我有片刻的隐藏,以免在我的叙述中有一星半点漏洞或空白,使读者心生疑问:"他那时干什么去了?"或者指摘我不愿意把事情的经过和盘托出,全都讲出来。所以我要在书中如实揭露人心的邪恶,绝不避而不谈,让恶人以为他们干了坏事无人知晓。

（卢梭，2012a：87）

卢梭以为,坦白行为之本身发挥着对其行为和思想的赎罪功能,它同时抵御不真实的谴责,因为他尽力讲述自己生活的每个细节,提供一个洞视"他生活每个最小角落"的窗口,就好像他的每个脆弱点都会证明他的忠实。这正符合福柯在边沁基础上进一步阐发的圆形监狱的意象:自我披露让主体公开受到监控,它转而带来偏执狂式的和警惕性的自我监督（self-policing）,并因此引起更多的自我暴露。事实上,坦白常常被体验为一种可获得快感的羞耻形式,人们在自我贬抑性的罪行快意中获得满足,以此期望得到惩罚与暴露。而恰恰是"卢梭对于坦白过程中受虐狂式快感的展示,以隐蔽的方式破坏了坦白讲述真相的功能"（Taylor, 2009：86）。

卢梭想要把关于自己的真相说出来,首先是对他自己说出来,然后是为了让自己得到理解而对他人说出来。自以为理解自己是一回事,能否得到别人的理解则是另外一回事。为了避免可能受到误解,卢梭还特意就可能出错之处事先做出声明。比如,在《忏悔录》上部,卢梭曾如此交代:

我在青年时期的记忆,最为模糊,因为在那个时期,既没有任何一件事情的印象是深刻到足以使我的心能够清清楚楚地回忆起来,何况那时候我东奔西走,接连不断地变换居住和生活的地方,因此,在时间和地点方面难免不弄错。我完全是凭记忆写的,没有任何可以帮助我回忆的档案和材料可资查阅。在我一生经历的事情中,有一些事情回忆起来好像是刚才发生似的,然而也有许多缺漏和空白的地方,我只要用跟我残缺不全的记忆同样模糊的文字加以填补。我有时候可能弄错,特别是一些鸡毛蒜皮的小事方面,在没有找到可资佐证的材料以前，便更容易记述错了……

（卢梭，2012a：178）

这表明卢梭很清楚地意识到，他不能向读者保证书中关于自己过去所言的每句话都正确。卢梭在《忏悔录》下册的开篇也做了铺垫："本书的上册，完全是凭记忆写的，因此必然有许多错误，而下册也要凭记忆来写，其中的错误说不定比上册还多"（卢梭，2012b：3—4）；"我很可能遗漏一些事情，把这里发生的事说成那里发生的事，也可能把时间弄错了"（卢梭，2012b：4）。在《一个孤独的漫步者的遐想》（Reveries of the Solitary Walker）中，卢梭提到德尔菲神庙的格言"认识你自己"并不像在《忏悔录》所说的那么容易，并再次对其中的错误作了说明：

一深入地严格检查我自己，我发现，正是当我自夸热爱真理，并自以为在人类当中再也找不到另外一个人像我这样为了真理宁愿牺牲自己的安全、利益和生命的时候，竟凭空编造，把不是真实的事说成是真实的，而且，编造的事情之多，就我能回想起来的件数来说，就够我大吃一惊了。

（卢梭，2012c：63—64）

尽管有如上申明，卢梭还是逃脱不了后来者的质疑与批评，而且不少事情也并不像卢梭说的是"小事"。接下来，我们将会看到，越来越多的研究者挖掘出卢梭在《忏悔录》中的错讹之处。例如，卢梭宣称他的父母与他姑父姑母在同一天结婚，实际上相隔了好几年；他书中交代被姑母教训的时候是8岁，而实际上是11岁。尤其是书中提到"偷丝带"插曲，引起了后来很多学者的关注，德·曼（Paul de Man）和德里达（Jacques Derrida）这两位知名的解构主义者，更是欲图通过解读这个插曲，来澄清始于主体话语的批判过程。

二 辩解与虚饰

德·曼对于自传的立场和观点体现在"失去原貌的自传"（Autobiography as De-facement）一文中。"失去原貌"，字面上指的是丧失面容，与"消除"（erasure）、"抹消"（effacement）含义接近，属于一种文本策略。随着人物在视域中的进进出出，人们所描述的梦境一样的经历将他们的特征模糊化。德·曼所理解的自传并不（只）是一种体裁或模式，而是一项阅读或理解的修辞，它某种程度上出现在所有文本之中。当一个文本涉及两个人通过相互阅读对方而建构他们自己的身份时，自传就产生了。作者在自传中阅读自己，让自己成为自己认知的主体，书写的"我"也被替换为被书写的"我"，两个"我"既相同又不同。这种二人互视的"镜像结构"（specular structure）内在于一个文本（de Man，1979：921）。自传的镜像结构是"语言结构的一种彰显"（de Man，1979：922）。德·曼以一种看上去自相矛盾的表述声称："我们可以认为所有文本都是自传性的，同样我们也可以说没有任何文本是或者可以是自传性的。"（de Man，1979：922）从本质上来说，一切自传性文本都不是稳固的，它会消解其自身试图建立的自传模式。

自传是一种自我修复的行为。在修复过程中，作者将自己生活的碎片修复成一个连贯的叙事。对德·曼而言，自传就是一种拟人法（prosopopia），其希腊语原意所表达的是给予人一个面具或面孔，它再现了虚幻的人物、缺席者或者已经故去的人物。在德·曼的论述中，暗含着所有语言都以一种拟人化的方式运作，人们可以借助语言在世界中建构自己的自我身份。作为修辞，语言总是带有某种否定性的，也总是针对自身的，它在树立形象的同时也摧毁形象。人们并不能制造一个永远不会被毁形的面孔。一个人死之后，其过往人生被悼念他们的人重新（不断地）塑造成一个连贯的叙事。对于连贯性的渴望和对于任何稳定性的即刻消解，是语言的必然条件。

"偷丝带"这段插曲所叙说的是，卢梭偷了主人的一条丝带，他却诬陷是与自己地位一样的善良女仆玛丽蓉所为，而这位女仆一直视卢梭为至交好友，结果两人同遭开除。说到自己的动机时，卢梭强调自己此举并非出于某种恶意，而是害怕事情暴露让自己感到羞愧和难堪，并且他偷丝带之目的还是想要送给玛丽蓉，所以当面对质询时，他脱口而出是玛丽蓉所偷，这被他视为一种自然的行为。在很多后来的研究者看来，正是这个插曲促使卢梭去写《忏悔录》，或者至少可以说这是其中一个极为重要的动机。卢梭本人也提到，"这个心灵上的重负直到今天还依然压在我的良心上，而没有一丝一毫的减轻。我可以说：正是由于我有解脱这个重负的愿望，所以才下定决心把我的忏悔之心在书中向各位读者详细陈述"（卢梭，2012a：121）。在德·曼看来，这段插曲是卢梭所叙述的童年和少年时期各类羞耻和尴尬场景中具有特殊感情意义的，这是一个"撒谎与欺骗的真实原初场景，而这场景又是经过精心策划置于叙事之中以炫耀口吻讲述的"（德·曼，1998：263）。

德·曼认为，所谓坦白是以真理名义克服罪孽和羞耻，是对语言的认识论运用，凭借申明事物的本来面目，伦理平衡机制才能够得到恢复。在卢梭的作品中，善与恶的伦理价值为真理和谬误的价值所替代，卢梭通过臆想他的行为可能给受害者造成的那种可怕后果："忏悔，是以一个据说是'自为'存在的绝对真理的名义而生发出来的，而特定的真理则仅仅是这一绝对真理派生的次要方面。"（德·曼，1998：264）因此，卢梭并不只是陈述"真正"发生的事情，他进行了很多的"辩解"，是以"真理"名义作出的"辩解"："如果我不同时暴露我当时内心的想法，或者怕因为替自己辩解而不说出当时的真情，那就不能达到我写这本书的目的。"（卢梭，2012a：121）卢梭为自己做的辩解包括："不可克服的羞耻心战胜了一切"；场面"群情激昂"；"那时候，我刚刚结束我的童年，我依然是个孩子"（卢梭，2012a：121—122）。

尽管在坦白和辩解之间不应该存在任何冲突，然而语言却揭示了害怕为自己辩解这一说法的张力。在德·曼看来，这种辩解，开脱了坦白者的罪责，从而使坦白变得多余了。

> 谁会指责为自己辩解的人，这听起来足以令人信服而又方便得很，不过就绝对真理而言，却毁坏了忏悔话语的严肃性，使之成为

自我毁灭的话语。既然忏悔不是实际公正领域的一种补偿，而仅是一种言语上的言说，既然从对罪孽的承认意味着，以承认罪孽必然性真理的那同一个超验主义原理的名义，对其加以赦免，那么我们怎样知道自己确实是在处理一则真实的忏悔？

(德·曼：1998：265)

陈述的辩解真理与坦白的真理原则是不同的，前者的证据是指涉性的（丝带），而后者的证据仅仅是言语上的。卢梭坚持其"内心情感"的时候所说的意思指坦白性言语，"其作用既可以是可以证明的一种指涉性认知，也可以是其可靠性无法以经验主义手段予以证明的一种陈述"（德·曼：1998：266）。两种模式的汇聚并非先验给定的，正是由于两者之间存在差异的可能性，才产生了进行辩解的可能性。辩解清晰地阐明了这种差异，而在此过程中，实际上也把辩解断言为事实。

这种辩解认为或者佯装认为，偷窃丝带这一行动，既是一种物理事实，又是一种不知怎样与其相连的"内心情感"。此外，它还认为，事实与情感并不相同……言语的辩解和指涉性犯罪之间的区别，并不是行动和关于行动的言说之间的一种单纯对立。偷窃即是去行动，并不必然包括言语的因素。忏悔是推演性的，而这种话语却受到一种含有超语言因素的指涉性证明原则的制约。即使我们承认自己说过什么，这一言语事件的证明，对于其发生的真理或谬误的裁决，就不是言语性的，而是事实性的了，即认识到的确做出过这种言说。就辩解而言，任何证明的可能性都是不存在的，而辩解就其言说、影响及其权威性来说，又都是言语性的，其目的不在于陈述，而是使人相信，只有词语才能证明它本身是一种"内在的"过程。

(德·曼，1998：266—267)

因此，辩解是述行性的（performative）言说。尽管卢梭提出了托词："关于这件事，我要说的话就这些，请允许我从此以后不再谈它了"（卢梭，2012a：122），但这并没有使辩解行为到此结束。我们可以看到，在大约十年之后的《第四次散步》(*The Fourth Walk*)里,卢梭在有关谎言可能具有"可原谅性"冥思的语境中,重述了整个事件的过程。显然,辩护并没有成功地使他自己的罪孽感平静到忘却的地步。或许正如卢梭本人所言,"在命运享达时,悔恨之心是睡着的,而一旦身处逆境时,它就活跃起来了"(卢梭,2012a:121);"我们对一件丑事的后悔心情,并不产生在刚做这件事情的时候,而是产生在很久以后我们想起它时,这时候,它才使我们心里十分难过,因为丑事的痕迹是永远也抹不掉的"(卢梭,2012a:181)。

> 罪孽真正与这个特定行动相联系与否,抑或,行动是否仅仅用来替代另外一个更严重的罪行或耻辱,以我们的目的而言,则无关宏旨。它可能代表一系列罪行,或普遍的罪孽心理,然而这种复现本身确实意味深长的,即无论这种犯罪行动的内容可能是什么,《忏悔录》中所出现的辩解,却无法使作为让—雅克法官的卢梭感到满意。这种失败已经部分地铭刻于辩解自身之中,并且制约着其进一步的扩展和复现。
>
> (德·曼,1998:268)

卢梭与其说是凭借对受害者所抱的什么敌意,倒不如说是凭借将自己的内心情感视同为羞耻来进行辩解,使自己免除无缘无故的邪恶。

> 由于当时在场的人那么多,所以我就打消了我的后悔之心。我不怕惩罚,但我害怕丢脸;我怕丢人现眼,甚于怕死亡,甚于怕犯罪,甚于怕世上的一切。当时,我真想找个地缝钻进去闷死在地里。不可克服的羞耻心战胜了一切;它是使我厚着脸皮撒谎的唯一原因。我愈是有罪,便愈怕认罪,因而只好睁着眼睛说瞎话。
>
> (卢梭,2012a:121)

德·曼认为,这种避免"羞耻"的欲望,产生了偷窃的想法,而这种偷窃与占有相关:"欲望……被理解成作为一种占有欲望而发挥作用。"

卢梭把这种欲望认同为自己对玛丽蓉的占有欲望。事实上，卢梭想真正得到的，既不是丝带，也不是玛丽蓉，而是他事实上已经得到的关于暴露的公众场景。这可以通过他没有试图去隐瞒证据得到证实。"罪行愈多，每项罪行中的偷窃、撒谎、诽谤和固执愈多，情形便会愈好。暴露得越多，感到羞耻的东西就会愈多；愈是抵抗暴露，场景愈令人满意，而且在叙事的后半部分，那对于揭示无能为力的延迟的揭示，也愈令人满意、令人信服。"（德·曼，1998：269）"犯罪既然是暴露，那么，辩解就在于以隐瞒的伪装重述这种暴露，辩解是一种诡计，允许以隐瞒的名义进行暴露。"（德·曼，1998：272）

在《第四次散步》中，作为辩解的谎言的述行性力量，其标志更为明显，而且同指涉性意指过程的缺席具体地联系在一起。"而对自己和他人都无害亦无益的撒谎，那不算撒谎，那只是虚构而不是撒谎。"卢梭甚至认为：

> 真理如果失去了它的可用之处，就不再成为有价值的东西了；无论是闭口不谈它或是渲染它，都不算撒谎。
>
> （卢梭，2012c：66）

> 凡是与真实的情况相反的话，都将以某种方式损害公正，因此，应当视为谎言。这是一条准确的界线。不过，一切与真实的情况相反的话，只要不以某种方式涉及公正问题，就只能被看作是瞎编的故事。现在我宣布：无论何人，只要把他纯粹是瞎编的故事斥责为谎言，我就承认他的良心比我好。
>
> （卢梭，2012c：71）

德·曼认为，虚构同表述毫无关系。在虚构中，设想出来的有关隐喻的"必要联系"，已超出矛盾误用的范围，转而成为一种转喻，虚构也变成叙事之指涉幻觉的分裂。因此，卢梭便有通过画蛇添足式的、虚构的细节而使之面目全非之嫌。"我唯一担心的，不是怕说得太多或者撒了谎，而是怕没有把事实说全和隐瞒了真相"（卢梭，2021a：235）；"我该说的话，不但没有少说，而且有时候还多说"（卢梭，2012c：77）。但卢梭也承认在叙事中略去了某些回忆，原因仅仅在于这些回忆过于增色。但这样的叙事并不能让人心悦诚服。"对于那架诱使他与之密切接触的机器，卢梭则自鸣得意而又浓墨重彩地予以描绘。"（德·曼，1998：285）

德里达认为，"偷丝带"这件事情从未发生过，甚至玛丽蓉这个人都不曾存在过。卢梭似乎在模仿奥古斯丁，偷盗行为是无用的目标，后者是偷一个梨子，而卢梭则是偷一条丝带。偷丝带事件导致的内疚和羞愧，成为卢梭撰写《忏悔录》的动机。卢梭坦承自己的偷窃行为被认为发生在16岁时，而实际上并没有史实（档案资料）能证明发生过这样的事情，人们寻不到一点玛丽蓉的踪迹，也不见有关这一事件的证人描述。据此，德里达问道："会有人获得这一历史的真相吗？我相信，如果卢梭是这一事件唯一的证据来源和唯一的档案记录者，那么每一种假设都是可能的，尽管我会避免做出任何假设，认为虚构纯粹的和简单的偷盗情节，不过是出于一种创作的要求。"（Derrida，2002）德里达怀疑，卢梭创造偷丝带情节这样的核心故事，只是为了把自己归到奥古斯丁的传统中。他交代关于他"偷丝带"以及其他类似的故事，这一错误的坦白不仅会给卢梭带来耻辱，而且也把他自己纳入奥古斯丁《忏悔录》传统之中。

德·曼和德里达的分析在某种程度上都是有道理的，但他们是以一种外在的立场来审查卢梭的坦白行为，他们所追求的是一种外在之真、客观事实。接下来我们将看到，在卢梭自己的心里，他之所以书写《忏悔录》，恰恰是要追求一种他所谓的真、一种内在之真，或者说是他自己的心灵史。在这方面，卢梭的法国同胞勒热纳所提出的"自传契约"（autobiographical pact）能够为我们提供有用的启示。

三　自传契约

界定自传之好坏，自然离不开自传书写所遵循的表达规则，但也离不开来自读者方面的肯认，且很大程度上自传之好坏是通过人们对自传的阅读来决定的。在勒热纳看来，自传在作者和读者之间建立起一种特定的关系。"显见的是，自传契约或许是一种'真诚性'的道义契约，但是它经常表现为作者和读者之间的一种潜在契约,即承诺不太偏离'似真'叙事。"(勒热纳,2013:42)在叙述者与自己的关系方面,叙事者会与其自身拉开距离,"观照自己的叙述行为,预感读者的挑剔的目光"(勒热纳,2013:69)。

> 我唯一能依靠的忠实向导,是我有线索可循的一系列感情;它们给我的人生打上了不可磨灭的印记。通过我的感情,便可以推知我这一生遭遇的事情的原因和后果。我很容易忘记我的痛苦,但我不能忘记我的过错,更不能忘记我美好的感情。对我的过失和美好的感情的回忆真是刻骨铭心,是永远不会从我心中消失的。……但是对我深有感触的事,对于我的感情驱使我去做的事情,我是绝不会弄错的。……我这本《忏悔录》的目的,是要人们准确了解我这一生在种种不同境遇中的内心感情。我向读者许诺的,是我的心灵的历史。为了忠实地记述这部历史,我不需要其他的材料,只需像我迄今所做的这样反躬自问、吐露心声就行了。
>
> (卢梭,2012b:4—5)

这便是卢梭与他心目中的读者立下的契约,也是他的自我技术。可以说,卢梭在写作过程中,脑海中始终想象着未来读者公众的评判,写作也成了面向读者的行为。书中多处出现他对于读者在阅读时的吁求和提醒,如,"我将永远这样做,请各位读者相信我在这里所做的承诺"(卢梭,2012a:178);"如果我能名留后世……"(卢梭,2012a:360);"我深深知道,万一我写的这部回忆录将来有朝一日得以发表……"(卢梭,2012b:155);"读者只要稍许注意一下我前面的叙述,就可以猜出来"(卢梭,2012b:190)。

写自己的自传,实际上就是试图从整体上、在一种对自我进行总结的概括活动中把握自己。因此,在勒热纳看来,自传必然是建立在一系列选择基础之上,包括记忆能力本身的筛选机制(能够记住什么,不能够记住什么),对于所记事情的选择(呈现什么,不呈现什么)。选择就是为了达成某种统一性。

它首先应体现一种生活的深层的统一性,它应表达一种意义,遵守忠实性和连贯性这两个经常是背道而驰的要求。把整个一生都讲述出来是不可能的。自传需要做出一些取舍……最好的自传是那些把关联性要求和丰富多彩的亲身经历统一起来的自传,尽管这种关联性要求可能导致简单化和图解化倾向。

(勒热纳,2013:11)

勒热纳认为,在每个人的历史上,自传是一种二次经历,即它是一种写作过程中的复原现象。自传是一种用个人化的语言,以重新表达某种原来用更一般化、更为客观的语言以往试图表达的东西。换言之,"人们可能认为自传是生活的直接的、原生态的表达,而其实自传所述总是一项事业、一种世界观、一段已经结束和得到表达的生活的缘起,自传就是对缘起缘灭的综述"(勒热纳,2013:43)。卢梭撰写《忏悔录》之目的,是要人们准确了解他一生中种种不同境遇中的内心情感,换言之,是"以便世人至少能有一次从一个人的内心活动看出他是怎样一个人"(卢梭,2012b:304)。

对于自传中叙事的"虚假",即美化过去,"成年人在回首往事时强加给童年一些与童年不符的框框架架"。勒热纳的回应颇为有力,"然而那些重要的理论著作的论述本身不正是来自建立在个人经历基础之上的思考吗?"(勒热纳,2013:12)因此,在他看来,自传是一种建立在信任基础上的体裁、一种"信用"体裁。自传作者在文本开头,便努力以辩白、解释、提出先决条件、表明意图声明来建立一种"自传契约",摆出这套惯例的目的就是与读者建立一种直接的交流机制(勒热纳,2013:14)。卢梭不仅在《忏悔录》开篇,也在正文中多处做出这些声明。

就自传作者而言,他们确信自己是在讲述自己的生平,相信他们的生活本来就是这个样子,"这是我写的关于我的传记"。"我已经敞开我的心扉,让你亲眼看它是什么样子。"(卢梭,2012a:16)因此,勒热纳提出,自传契约"就是作者有言在先的一个声明,作者在声明中确定他的写作构想,与读者订立某些承诺"(勒热纳,2013:330)。这种声明很重要,如果作者本人都不作声明,人们便可能不或没必要把它当自传来读。

这方面，勒热纳指出存在着"伪称的自传"（非由当事人而由他人所写）、"撒谎的自传"（当事人所做的叙事离"真实"相距太远）的可能性（勒热纳，2013：17-18）。因此，探讨其行为的含义、方式和意义，是自传作者本人的首要行为：文本往往不是以作者的生辰八字开始，而是以某种话语行为，即"自传契约"而开始。卢梭的行文便是如此。"写自传契约，首先就是定立调门，选择说话的语气和基调，确定读者，以及希望与之保持的关系。"（勒热纳，2013：65）

自传的写作对于文学素养也有着特定的要求，勒热纳指出，"一个人如果没有文学创作的经历，而且他的生活也从未化为任何创作的素材，那么他不太可能写出一部我们所定义的自传"（勒热纳，2013：64）。显然，卢梭既有文学上的素养，也有相关文学创作的经历。在写作行为被"推至前台"时，叙事者建立了两种距离关系：他或者面对自己的过去，或者面对自己的写作行为。就叙事者和人物的关系（特别是成人和儿童的关系）而言，可能包括两种情形，即认同感和距离感。认同感可以归结为两种基本"形态"，即"当时即以"和"今日依旧"。前者"属于思想方面的行为，即识别人格的各种来源，对缘由和决定性时刻加以清点"；后者则属于情感方面的行为，"对往事的感受如此强烈以至今天仍历历在目，为之动情"（勒热纳，2013：67）。在认同感与距离感之间是各种形式的幽默感，它具有保护功能，认同感可体现在心智方面：如对过去的自己感到难以理解，难以相信过去自己竟是那个样子；在情感方面，它可能具有两种对立的形式，即怀旧和厌旧。"怀旧，就是对不得不面对的距离感到遗憾。"与痛苦的"永不再来"相对的是厌旧感，在必要时叙述者诅咒过去，以与过去拉开距离（勒热纳，2013：68）。

自传首先具有一种非常经验化的记忆现象学。叙事者重新发现过去，但这是在记忆力难以把握的状态下发现的，叙事者乐于把记忆力的种种活动记录下来："不仅有挥之不去的往事的深刻记忆，亦有多年遗忘之后往事重新浮出记忆的神秘和重新把握过去的困难，尤其是记忆的断片和空白。"（勒热纳，2001：69）遗忘或者被认为是一种生活意义的遮掩，或者相反，被说成是这一意义的揭示。

如果我能再见到并仔细观察 8 岁时孩童的我，我就能更好地理解我现在是个什么样的人，但是在我们和我们的过去之间所织成的纱幕也许有其存在的理由。如果我们一切都能回想起来，那么某些特殊时刻就淹没在了所有时刻之中而失去了其本身的意义。遗忘是一种选择，它只把本质的东西留存下来。

（勒热纳，2013：69-70）

自传写作，就是一种自我建构的努力，这一意义要远远大于认识自我。自传不是要揭示一种历史的真相，而是要呈现一种内在的真相，它所追求的是意义和统一性，而不是资料和详尽。……自传的关键不在于有真相，而在于是真相。

（勒热纳，2013：77）

在勒热纳看来，自传作品有一条路线、一个结构，这个结构不是编年结构，而是逻辑结构。自传所追求的乃是生活的意义。换而言之，"自传写作不是为了表达某种已知的意义，而是为了探求意义"（勒热纳，2013：71）。

自传作者是为了某类读者写作，所以他不仅要和过去进行沟通，而且还要在别人面前暴露自己。自传的修辞在此朝两个方向发展，即难以启齿之事和难以表达之事。对于难以启齿之事，自传作者应当把一切都说出来，特别是那些不能说给别人听的东西，如性欲。卢梭出于真实的考虑而把自己赤裸裸地暴露出来，这需要作者战胜他的羞耻感。坦白的难点在于迟疑，这种迟疑应当被表现出来。坦白有一系列修辞方式，表达方式也各不相同，但是它们具有一种共同的本质。吞吞吐吐的开场白一方面是在吊起读者的胃口，另一方面也是为了给叙述者开脱，以免有暴露癖之嫌。而在难以言传之事上，作者可以信任读者，任他想象用隐晦的语言所暗示的性方面的故事，相反，他却因为无法让读者理解那些诗意或启示的时刻而感到绝望。这些神秘和特殊时刻无法言传，作者只能感受到它们在内心引起的震荡。

因此，"自传完全真实地展现了一切人格的自我塑造过程以及作者重温历史、将其化为神话的方式"（勒热纳，2013：77）。勒热纳认为，一切自传问题都包含在一种颠倒之中：从历史性和坦诚性的幼稚的神话到具有神话色彩的真实刻画。这是一种"历史化"愿望（精确性和坦诚性）和"结构化"愿望（寻求统一性和意义，塑造个人神话）之间的张力。自传契约经常清楚地把这一问题摆出来："当我们在日常生活中想到自己时，不由自主地会自吹自擂，自传家则不然，他们试图意识到他们正在构建个人神话，使这一神话具有最大的实在性。"（勒热纳，2013：82）

> 自传家们主张真诚性，但无意追求无所不知，他们知道人们的内心是多么复杂。他们至少将其掌握的所有材料都老老实实地交了出去，让读者认识、去看清他们是什么样的人吧。……自传家主张的不是一种绝对客观，而是一种"主观的客观"。
>
> （勒热纳，2013：82）

社会学对于自传的态度，主要并不是它所包含的史实，而更多是它揭露的个人内心生活的自白（confessions），而这并不需要"记录如此多的外在事件才能揭示情感与态度"（Symonolewicz，1944）。卢梭自以为，"一个人的传记，除他本人以外，其他任何人都写不好。他的内心，他真正的为人，只有他自己知道"（卢梭，2012c：247）。

四 叙述之真

哈特尔（Ann Hartle）认为，卢梭的《忏悔录》是对奥古斯丁的自觉回应，使之成为哲学计划而非成为自传式著作，因此，忠实地对待卢梭自己的生活就没有什么必要（Hartle，1983）。作为西方自传文学的先驱，奥古斯丁（2015）在自己的《忏悔录》中视个人经历为虚妄，他忏悔的目的是泯灭个性以俯就上帝。在奥古斯丁忏悔的整个过程中，他不寻求去认识或暴露自己，而是去认识神并加以赞美。而在卢梭的时代，追忆自己的往日意念或隐私，已变成表证清白的人格，袒露内心的自觉行为甚或自豪行动。这在某种程度上与启蒙运动后欧洲人自我理解和自我崇拜意识的高涨存在莫大关系。卢梭敢于写《忏悔录》公布于世，是因为他确信，这样做可以向世人展露个人的人格力量，表明他对自己的言行大胆负责的勇气。与奥古斯丁不同，卢梭坦白的目的是世俗的，而非宗教性的：并不是为了荣耀上帝，为其献身。正是在这个意义上，我们更倾向于将卢梭所使用的"confession"表述成"坦白"而非"忏悔"。

卢梭撰写《忏悔录》，一方面是为了摆脱自己的羞耻并揭露自己的虚弱，另一方面是在面对敌意的社会秩序时创造一个能够用来界定自身的"自我"。在奥古斯丁那里，作为榜样的自我是话语的辅助。对卢梭来说，自我是话语的主体，他不是为了荣耀上帝，而是为了向读者展示他自己的全部完整性，从而提供他自以为的"真实的自我"。

"德尔斐神庙上'认识你自己'的准则并非像他所设想的那样容易遵循，他行动上的真实的和基本的动机并不像他所认为的那么清楚。"（威廉斯，2013：225）卢梭在《忏悔录》中交代的事实性错误是毋庸置疑的，但布鲁克斯认为，站在自传作者本人的立场来看，自传作品中的这类错误对其自传计划的真实性往往并不是那么重要，因为自传作者的目标很少是为了讲述一个命题真理，而是讲述有关内在自我的真理。至于卢梭性格的真实性，有关年龄与日期的精确性并不重要。例如，坦白偷过一个苹果这种"罪行"，表明坦白者真的偷了一个苹果可能不是需要的"真相"（truth），表明坦白者自认为是某种罪过才是需要的"真相"。这种罪，需要以某种方式来发泄，需要通过某种叙述来倾诉。有研究者认为，在坦白时拿"偷苹果"（卢梭）来说事或多或少有点随意，换一个事例也是完全可以的，如"偷梨"（奥古斯丁）。"就对坦白的需要而言，坦白中存在的虚假或许是次要的。"（Brooks，2000：21）因此，至于《忏悔录》中提到其姑母的管教行为是否真的在卢梭11岁时发生并不重要。"相较于为坦白者具有快感的羞耻与罪过提供一个出口，言说事项在命题上的真与假并不重要。"（Taylor，2009：87-88）或许正像卢梭本人所言，《忏悔录》的目的，主要不是告诉人们所发生历史事实的真相，而更多展示卢梭自以为关于自我的真理，关于其心灵的历史。

在卢梭身上，一种真正新的自我观念形塑了他对于自己生活的描述，这种观念把（内心）情感方面的生活视为个体性的基础。因此，自传（推广到一般传记）中必要的加工和再塑造，必定是无可避免的。但也需要呈现出人生经历中某些基本的事实，否则"我"便不再是"我"。显然，《忏悔录》很大部分内容都是真实的，也正是这一点，读者把书中的主人翁与卢梭对应了起来。正如莫洛亚所言，人们有一切理由这样想："卢梭在人类思想存在的缺点所许可的限度里说出了真话——他的真话。"（莫洛亚，2009）

"契约"一词的本义也正在于此，就是要就主人公的身份与形象进行某种协商，最终在作者与读者之间调和成较为一致的认同。因此，外人（包括德·曼和德里达在内的读者）眼中的"真实"与卢梭自以为的"真实"是存在差距的，前者是从外在的史实出发，而后者则是追求一种内心以为的真实。换个角度看，也存在完全真实与部分/片面真实之间的差异，前者强调全知全能，属于一种乌托邦式的意象，实际上无法做到；后者较为客观，也意味着容许某些修饰甚至虚构。

"决定我们自身的不是过去的经历，而是我们自己赋予经历的意义。"（岸见一郎、古贺史健，2020：9）对于作者的传记（叙事），我们究竟需要什么？是从旁观者角度所看到的客观事实，还是站在主体角度审视对其自身而言所具有的意义？在奥尔尼（James Olney）看来，自传的本体论涉及具有核心性的个人生命（bio），在人们生活历程中，"'是'（is）被改编成'曾经是'（was）……（但）'曾经是什么'不再成为现在即如今存在或存有的总体的一部分……我们现在的东西毫无疑问是过去留下的，但已经完全与它分隔开来"（Olney，1980）。这表明，人们不可能完全回到过去，而记忆具有一种通过现在的棱镜去改变过往经验的方式。因此需要明白的是，传记中往往存在一种假想的艺术创造、自我创造，甚至是捏造，不论出于特定目的还是不抱持任何目的，是有意识还是无意识。当然，若只是为了审美的理由而写，即便故事再怎么真实，如果它不能帮助人们更好地理解社会世界，那么它就是没有用的。

第八章

传记幻觉:从布迪厄的生平看其意义及其限度

在布迪厄看来,那种认为人们的经验具有连续性的观点,无论是在理论上还是在方法论上,都内含着一种危险,因为人有能力对自己的经验进行重组并赋予其意义,传记叙事的主体在很大程度上是人为建构的。该论一出,便成为传记社会学提倡者难以回避的议题,不少研究者经由论辩指出其合理或不合理之处,但布迪厄本人的立场、立论动机及其在相关著述中对此观点的持守与权变,并没有得到充分的观照。从总体上看,布迪厄所秉持的这种客观主义立场,反映了能否在传记叙事中找到客观性或传记叙事是否真实的问题(Karadağ, 2011)。这自有其合理性,但某种程度上却忽视了传记作为一种内在需要的合理性,也未虑及传记本身所具有的事实性特征和后果。本章旨在透过考察布迪厄生平境遇及其自我分析策略,尤其是其作品中隐晦的自传性反思,检讨布迪厄此论的意义及其限度,进而期待厘清传记社会学发展的重要前提性问题。

一 生活史与传记幻觉

布迪厄把传记视为生活史(life history)的书写。作为一个常识性的概念,生活史是被悄悄带入学术界之中的。他强调了生活史背后所暗含的一个重要的假设:人生(life)本身便是一种历史。正如莫泊桑(Guy de Maupassant)的《一生》(*A Life*)所显示的,人的一生不可分割地成为个人存在事件的总和,此即历史或历史叙事:"它包括开始(开启人生),不同的阶段,以及结束(意味着人生的终结和目的)。"(Bourdieu,2004)这种看待人生的方式默认了历史哲学是一系列历史事件,是一种历史性叙事或叙事理论。因此,人们难以分辨历史学家的叙事与小说家的叙事,尤其是以传记或自传叙事的形式出现时,便更是如此。布迪厄是要努力揭示该理论背后的预设:人生被看成了一个连贯的整体。

布迪厄批评了萨特对于福楼拜的传记研究。在他看来,萨特式分析依赖于无休止的、令人绝望的企图,把一个条件、一段历史和一件个人作品的全部客观真相整合到人为统一的"原初计划"之中。所谓"原初计划"(original project),是一种自由、自觉的自我创造行为,创造者借此"可以自己承担起设计自己人生的使命"(Bourdieu,1993:161)。萨特"在作为个体的古斯塔夫那里,在他的幼年时期,在他的第一次家庭经历中,寻找福楼特作品的起源准则(the genetic principle)"(Bourdieu,2004)。这种生活被组织成为一种历史,它依据编年体的顺序(chronological order)、合乎逻辑的顺序(logical order)展开。在布迪厄看来,没有人是服从原初计划的,也没有哪个人的人生是符合必须以目的论方式实现的隐含计划。"在某种遗传的心理—社会学中,一位作家如何成为现在的他,这并不重要,重要的是他在某一特定类型作家中所处的地位或职位是如何形成的。"(Bourdieu,1993:162)

事实上,无论是传记性叙事还是自传性叙事,叙事者提供的事件并非总是以严格的编年体演替的方式展开,偏离主题线索的情形时常发生,他们不过出于可以理解的需要,试图按照相互联系的序列加以编排。在某种意义上,主体与客体(访谈者与被访谈者、叙事者与聆听者)在接受叙事性存在所具有的意义方面具有相同的旨趣。"自传性叙事是受到为过去及未来赋予意义、进行合理化、展示其内在的逻辑所激发,经由创造合理的关联使之连贯一致,而连续性状态之间的原因与结果也因此成为其中必要的发展步骤。"(Bourdieu,2004)因此,在布迪厄看来,挑选若干重要事件来说明全部之目的,进而建立因果联系或最终联系,以便彰显一种前后有序的人生,乃是一种将自己变成自己生活意识形态专家(making oneself the ideologist of one's own life)的倾向。而那些天生倾向于

第八章　传记幻觉：从布迪厄的生平看其意义及其限度

接受此种人为意义创造的传记作者强化了这一点，为了使传记主体的存在具有解释上的连贯性，传记作者往往成为传记主体生活的理论家和同谋。

于是，当人们把生活视为一种展开的旅程受到质疑时，作为一种线性叙事的小说结构就会被放弃。福克纳（William Faulkner）的小说《喧哗与骚动》（*The Sound and the Fury*）便体现了这种"双重断裂"：生活被界定为一种对历史的抵制（anti-history）。莎士比亚在《麦克白》（*Macbeth*）一剧末尾之处也表明："这是白痴所讲的故事，大吵大闹，了无意义。"（Bourdieu，2004）布迪厄据此认为："为了生产一种生活史，或者把生活视为一种历史，也就是说作为一种对重要的与有方向的事件序列的连贯叙事，或许符合了一种修辞学幻觉（rhetorical illusion），或者符合有关存在的一般表征，这是整个文学传统一直存在并且持续加强的。"（Bourdieu，2004）而要避免这种修辞幻觉，最好的办法是到打破这些传统的人那里寻找启发。布迪厄引格里耶（Alain Robbe-Grillet）有关现代小说的评论指出，这种新文学表达模式的产生，是由于认识到小说话语的传统表征的武断性（内隐了连贯且统一的历史）以及事实的非连续性。

布迪厄接着提出了一个不可回避的问题，即赞成或容许把日常生活经历视为统一体或整体的社会机制（social mechanisms）是什么？社会世界有各种各样对于自我进行整合和统一的制度，它倾向于以一种精心构建历史的方式，将常态与身份认同等同起来，而身份认同被理解为负责任的存在对自身一如既往的坚持。在这些制度中，最为明显的便是"专用名"（the proper name），它是"严格指称词"（rigid designator），"指的是所有可能世界中的同一对象"，"不断变化的世界上的某个固定点"，专用名的使用类似于"洗礼仪式"（baptismal rites）对于恒久不变的身份的指定。不同领域对于某个人表现所做的评价，并不能改变他在人类社会中的定位。作为一种制度，专用名不受时空影响，超越所有生物或社会的变化，为被指定的个人提供社会秩序所要求的名义上的连贯性，即自我认同意义上的身份认同。专用名"是对承受该名之人（its bearer）跨越时间和社会空间之身份看得见的证明，是个人历次声明之一致性的依据，它也把官方记录、简历、任职履历、警方档案、讣告以及传记之中的各类声明进行整合，以便社会能够接受。它通过暂时的或最终的权衡后给出裁决，从而把生活建构成一个有限的总和"（Bourdieu，2004）。专用名只能证明人格的同一性，是在社会层面构成的个体性，它以巨大的抽象为代价。这就是为什么专用名不能描述它所命名的属性，也不能传递有关它的信息。

由此讨论，布迪厄认为生活史较接近官方模式，也接近于它所支撑的身份认同哲学。社会过程的批判分析在研究者无意或有意中发挥作用，建构了社会上无可指摘的"生活史"这种人工制品，尤其是对特权人物而言，其被授予了与其社会地位相一致的构成生命事件的历史序列。因此，"试图把人生/生活理解为一系列独特的事件序列，不去了解'主体'本身……所得到的连续性便有可能只是所谓的专名而已，这正如有人要理解地下铁而不考虑其网络结构一样荒谬"（Bourdieu，2004）。因此，所谓的传记事件就是社会空间中的诸多投资与移动，或更确切地说，是"在审慎考察的场域中使用的不同类型资本的分配结构的不同连续状态"（Bourdieu，2004）。我们对某人轨迹的理解，常是由于其轨迹在特定领域已预先连续性地建构起来。在该文的最后部分，布迪厄强调要重视个体所在的具体环境所带来的影响，重视个体在不同场域中的角色，重视个体与历史事件发生之关系，以破除所谓的社会表象（social surface），破除传记幻觉所建构的个体，回归实在的存在体（ens realissimum/the most real being），这样也有助于摆脱对于直觉的迷恋。

综上，布迪厄站在认识论的角度，认为传记存在着一个危险的主观主义问题，使传记作家陷入了一系列无法摆脱的幻觉之中。在回顾《学术人》时，他再次强调了自传的幻觉性，甚至认为写作自传，"经常既是一种为自己树碑立传的方式，也是一种自掘坟墓的方式"，缺少真正的社会学洞见（布迪厄、华康德，1998：178）。那么，落实到布迪厄本人，他如何对待自己的生平？其（反思性）学术实践又将其置身何地呢？

二 布迪厄的生平境遇及其自我分析

华康德（Loïc Wacquant）曾就布迪厄入职法兰西学院演讲中提到的

"（社会科学）提出的每个命题都可以而且应该运用到社会学家身上"，问了一些尖锐的问题："我们能否用布迪厄的社会学对布迪厄本人进行分析呢？您能自我解释吗？如果能，你为什么对谈论布迪厄的个人事务不置一词呢？"（布迪厄、华康德，1998：278）

布迪厄的回应是，这一方面出于"职业上的警惕"，免于陷入学术体制尤其是法国学术界所推崇的极端唯我主义立场。对于知识分子卖弄逸闻趣事的做作行为，布迪厄不予苟同，甚至感到悲哀，直斥为"对怀旧情绪的自我放纵"（self-indulgence of nostalgic evocations）（Bourdieu, 2000：234）。更重要的是另一方面，他这样做，是要保证其学术话语和所发现事实的"自主性"，不为他人提供攻击自己的由头，因为对个人生活方式和喜好之类私人信息的披露，难免会落人口实，即人们会以简化的方式，用研究者的出身、品位之类的说辞来攻击其本人的观点，或者认为其研究对象不具有代表性。他甚至认为，提出个人问题的人是受到康德所谓的"病态动机"（pathological motives）力量所驱使："人们想要了解他的背景或者品位，只不过是为了寻求反对他关于阶层与品位论述的武器。"（布迪厄、华康德，1998：266-267）布迪厄认为，其所从事的社会学实践区分了他的社会学话语和个人经验，而其社会学实践在某种程度上又是以其社会经验为对象的社会学产物。布迪厄提到将其自身作为研究对象来分析，并不是出于自恋，而是作为某群人的代表："我在谈论自己时道出了他人的真相，这常常让他人愤怒。"（布迪厄、华康德，1998：267）

里德—达纳海（Deborah Reed-Danahay）指出了另一种隐含倾向，即包括布迪厄在内的男性人种志学者一直对自传体写作深感不安，在人类学作品中他多次批评这种"自恋"（自传体书写），并将自己的反思性形式与之划清界限。罗杰斯（Susan Carol Rogers）也观察到，自传体反思一直受到法国人类学家的抵制，他们将其与"英美'后现代'人类学"联系在一起（Rogers, 2001）。奥克利（Judith Okely）则指出，反思性自传之所以遭到强烈抵制，乃是因为它建立在非常西方的、以民族为中心的传统之上（Okely, 1992）。

当然，布迪厄此举，与其个人出身和生平境遇有着更大的关系。他时常提及童年生活的比阿恩村庄和在巴黎高师接受教育经历对他的影响：它们"使我能够探索我作为客观主义观察者的主体性中那些最模糊的领域"（Bourdieu，2000：4）。在与华康德的公开对话中，布迪厄称自己为"阶级叛逃者"（class defector），展示了出身所带给他的耻辱："我大部分青春时光都是在法国西南部一个偏僻的小村庄里度过。我唯有放弃许多重要经验和所得，而不仅仅是某种口音，才能满足上学的要求。"（Bourdieu and Wacquant，1992：205）求学经历很大程度上反映了他本人的社会地位：作为一名农村寄宿生，他只能穿一件灰色的罩衫，而走读生则穿着最新式的服装，他的加斯康口音也常常受到取笑（Bourdieu and Wacquant，1992：212）。当然，这些在学校里成为"他者"的经历，也使布迪厄意识到自己的不同，意识到自己独特的思维、穿着和说话方式。他明确承认，寄宿学校的经历和上层阶级的流动使他对社会生活有了独特的看法，能够"跨越"不同的社会环境（Bourdieu and Wacquant，1992：205）。

由于农村出身，他将自己定位为阿尔及利亚的"准原住民"和在法国乡村田野工作的"客观的知己"，以维护自己的民族志权威。尼斯（Richard Nice）曾如此评价："我认为布迪厄本人的过去有两个版本。一个是神话般的故事，他在其中是一位面对城市文明的农村男孩，另一个是他更加认真地思考过的，是成为一个小资产阶级并获得成功的故事。"（Reed-Danahay，2005：34）不过，布迪厄的反思性立场有时显得复杂或自相矛盾。其作品表明，教育制度再现了社会阶级，法国资产阶级的孩子（继承人）最容易获得精英高等教育机构的教育证书，因其惯习和性格，出身工人阶级家庭的孩子在法国的教育制度中取得成功的可能性较低。布迪厄本人却是个例外：来自外省，出身一般，却在法国教育体系中大获成功。他并没有透露更多取得成功的信息，也没有透露何种因素导致他最终成为法兰西学院社会学教授。

应当注意到，在20世纪50年代和60年代的法国人文科学领域，有两种强有力却相互对立的观点：强调全部现实背后正式结构的结构主义和强调人作为个体存在经验尤其是自主行动中固有意义的存在主义。这两种立场的各自缺点是未能认识到对方的解释优势。当然，布迪厄多少还是偏向结构主义的，他"吸收了结构主义的很多真知灼见和有用方法，摒弃了结构主义用一种过于经验化和过于静态的方法把社会生活描述成一种遵循规则而不涉及策略行为的叙事"（卡尔霍恩，2009：706）。

在进行民族志研究的过程中，布迪厄形成了自己关于客观结构和主观理解及行动之间的相互作用的观点，这种经历也帮助他形成了自己的思想定位。作为研究者，其任务既不是把自己的看法强加给研究对象，也不是简单地再现研究对象的概念，而是要像哲学家巴什拉（Gaston Bachelard）那样，在研究中"赢得"事实。在《社会学的技艺》（*The Craft of Sociology*）中，社会学研究就被视为一种赢得社会事实的持续努力。布迪厄逐渐认识到，这种研究最基本的困难之一，就是怎样去看待当地人对于自己行为所进行的漫无边际的解释。对布迪厄来说，人们的生活并不是按照自由的选择或策略进行的，而是受到惯习和社会领域客观条件的制约。他在《再生产》（*La Reproduction*）中写道，"在教育或思想传记的每一个时刻"，惯习"倾向于复制客观条件系统，而这正是它的产物"（Bourdieu and Passeron，1990：161）。

之后，布迪厄把这种田野研究方法用来研究比阿恩地区的村庄，把实践活动中的个人知识与客观模式的抽象知识结合起来，运用两者之间的辩证关系，摒弃人们理解自己日常行动的常用方法。因为这些日常的叙事往往包含着歪曲和失察，许多思想观念行为便根源于此。"布迪厄的研究计划就是理解人们所采用的实际策略，这些策略与自己解释之间的关系，以及人们在追求自己目标的过程中，尽管自己不是有意识地选择甚或没有意识到，然而却再生产出客观模式的过程。"（卡尔霍恩，2009：706）

布迪厄去世后出版的《自我分析纲要》（*Esquisse pour une auto-analyse*）（以下简称《纲要》）是其自我分析的一个极为重要的文本。布迪厄特意在扉页强调："此非自传。"（This is not autobiography）按照他自己的界定，该书既非文学亦非自传，但他又确确实实地为自己的社会学设定了一个文学或传记的限制。他想象自己是在给受过高等教育的读者做最后的交代。布迪厄向自己的受众呈现了潜在自己方法背后的基本经验，他讲自己的人生故事不是出于其他的原因，而是为了展示有关自己研究工作的故事。他在《纲要》中试图运用惯习理论来探究自己的人生轨迹，但这毕竟是他最个性化的作品，他交代了自己更多的过往（如他的童年，他在寄宿学校的早期教育经历，以及他在阿尔及利亚服兵役的经历等），他的写作风格，他个人内心的自我，同时也为他的公众形象及其矛盾表现进行辩护。

该书标题与精神分析具有某种程度上的共鸣。在弗洛伊德那里，自我分析是精神分析训练的必要补充。"我只能借助客观获得的知识来分析自己（就像个局外人一样）。"（Laplanche and Pontalis，1974）布迪厄最初把该书描述为"自我分析"（self-analysis），但很快就重新给其贴上了"自我社会分析"（self-socioanalysis）的标签（Bourdieu，2007：11）。他试图将文本呈现为一种非自我的精神分析、一种非自传：我将最客观的分析用来服务最主观的东西。

布迪厄如何根据他的社会阶级再生产理论解释自己的轨迹、自己的成功故事呢？他没有设定一个连贯的生活史叙事，也不是按照确切的时间顺序呈现，这呼应了他有关传记幻觉的观点。布迪厄的叙事没有从他的童年出发，而是直接从其在巴黎高师的学习时期开始。对布迪厄而言，教育场优先于家庭："理解首先要理解你所形成的场和所反对的场。这就是为什么我的论述方式可能让读者惊诧，因为读者可能希望我从头开始，即作为一种方法要点，通过唤起我早年的岁月和童年时期的社会世界，我必须首先考察的是我在1950年代进入这个场域时的状态。"（Bourdieu，2007：4）布迪厄将他职业生涯中的大多数"选择"描述为机遇和惯习的混合体，他从人格特征和生命轨迹两方面来审视惯习。布迪厄就是其自身惯习的产物，在自己的人生道路上抓住某些机会，充分利用他继承的性格，以便在学术生活中取得成功。然而，在他的自传体作品中，布迪厄并没有提供太多关于他是如何抓住机遇的（如他只是提到在开启职业生涯时，阿隆给了他建立自己研究中心的机会）。

在《纲要》中，布迪厄的写作一反线性生活叙事的传统，尽管他也揭示了自己生活经历的诸多方面。对于精神分析叙事来说，从头开始并非必要，布迪厄自我分析中情节和故事的错位在这方面与精神分析是完全相一致的。布迪厄在回答一个有关他的知识分子自传的问题时，对其社会角色进行了自我呈现："我不必告诉你，在我的'思想之路'中起决定性作用的许多事情都是偶然发生的。我自己的贡献，无疑与我的惯习有关，主要在于充分利用它们，发挥我的最大能力（举个例子，我认为我抓住了很多很多人都会错过的机会）。"（Bourdieu，1990：26）布迪厄的家庭故事（特别是他与父亲的关系）在《纲要》快结束时才被提及。随着该书的展开，一个新人物从阴影中走了出来，这就是社会学家本人（布迪厄），他在向读者倾诉自己"所做、所思、所是"。

三 布迪厄隐晦的自传体反思

如要在布迪厄一生所写的40多部作品中挑选，那么对他自己生平着墨较多的，当推《学术人》（*Homo Academicus*）《帕斯卡式沉思》（*Pascalian Meditation*）以及他最后的遗作《纲要》。当然，在后期各类学术性采访中，也可窥见布迪厄对于自己人生历程的某些细节或多或少隐晦的交代。事实上，尽管布迪厄只是在最后著作署名"一次自我分析的尝试"（An Attempt at Self-Analysis），但实际上，他之前所写的每一部作品都应以之为副标题（Durantaye，2004）。

早期著作《阿尔及利亚人》（*the Algerians*）"解体与痛苦"（Disintegration and Distress）一章临近结尾的描述，可视作布迪厄的生平写照之一，至少说是掺入了他个人的背景。此处内容所描述的是在阿尔及利亚迅速变化过程中，年轻知识分子们"持续面对表现不同行为方式的新价值观的浸染，因此不得不有意识地去审查自己传统的隐性前提或无意识模式，这类人被抛在两个世界之间，被两个世界所排斥，过着一种双重的内心生活，成为挫折和内心冲突的牺牲品，其结果是不断地受到诱惑，要么采取一种不安于认同的态度，要么采取一种叛逆的消极态度"（Bourdieu，1962）。

布迪厄也是介于两个世界之间的人：对他来说，这两个世界是他成长的法国农村的传统世界和他成长的知识分子、社会科学家的城市世界（Reed-Danahay，2005：29）。这后来成为布迪厄作品中涉及反思性方法的一部分。在晚期著作中，布迪厄承认有"我的两个部分"（Bourdieu，

2003），并试图通过继续在他的家乡比阿恩做研究来调和二者。在阿尔及利亚，他看到了传统社会与现代世界的对立，以及这种对立对相关个人所造成的影响。尽管文化背景不同，但在比阿恩也存在着类似的现象。对布迪厄来说，人生轨迹反映的是集体的历史，而不是单个人的历史，他一直试图淡化自己经历的独特之处，因为在他看来这些经历对于任何来自类似背景的人来说都是相同的。布迪厄认为个人生活发生在与文化和象征资本相连的社会和物理空间中，他就是在此框架下诠释个人故事。布迪厄在比阿恩和阿尔及利亚进行的研究，便开始使用访谈方法，包括扩展的个人叙事和生活史叙事。布迪厄将这些文本视为"自我民族志"（autoethnography）——知情者对其自身社会文化环境的评论和分析。

《学术人》被华康德认为是"抵制自恋式的反思性或自我理解的典范"之作。这项关于教授的社会阶层和教育轨迹的研究，展示了学者的社会阶级出身或惯习，是如何影响到他们所接受的教育类型和之后在学术等级体系中的最终位置。可以说，该书某种程度上包含了布迪厄整个生平轨迹的缩影。在英文版序言行将结束时，布迪厄提到"借助对他人的分析包含了篇幅可观的自我分析"（Bourdieu，1988）。这表明他探索教育轨迹这一主题的动机，很大程度是出于他自身的经历。但这也是一本最让布迪厄焦虑的著作，那就是可能带来对于文本深层意义和作者本人的误读，甚至以一种背道而驰的方式被人加以解读："作品发表以后，一种对所写东西失去控制的极大危险。"（布迪厄、华康德，1998：93）事实上，整个第一章他都在试图避免这一点。

在后来的访谈中，布迪厄称该书为反传记（anti-biography）："这本书实际上既是检验社会科学中反思性之适用范围的尝试，也是一项寻求自我思想的事业。"（布迪厄、华康德，1998：278）"对于我们是什么而言，最密切的事实，最不可想象的未被思考的事实，都铭刻在我们过去和现在所处的社会地位的客观性和历史之中。"（Rahkonen，2011）布迪厄自认为《学术人》代表了他自己"认识论试验"（epistemological experiment）的高潮。这项试验开始于20世纪60年代早期，他将之前用来揭示陌生领域（阿尔及利亚农民和亚无产阶级）中亲属关系逻辑的研究方法，运用到了熟悉的领域。这项研究的"方法论"意图，"是要推翻观察者与他的研究领域之间的自然关系，让平凡变得特殊，让特殊变得平凡，为了清楚地说明在这两种情况下什么是理所当然的，提供一个非常具体且实用的证据来表明对客体进行全面社会学客观化的可能性以及主体与客体的关系，我称之为参与者的客观化（participant objectivation）"（Wacquant，1989）。如果把布迪厄的社会学研究生涯分成三个阶段，那么中间阶段的研究便更多地体现了他对于客观性的寻求，尤其是有关法国大学的教育和法国中产阶级品位的"社会分析"（social analysis），基本上都是依据先进的定量方法进行的。但这些研究也具有隐晦的自传性质。以《国家精英》（*The State Nobility*）为例，布迪厄视其为"他自己学徒生涯的集体经历"。该书研究的是他母校巴黎高师的仪式性和象征性"制度仪式"。布迪厄虽然没有插入他自己对国家精英教育的个人叙事，但为了传达自己的经历，他转向了其他人的叙述。他利用普通人的集体历史，阐述了共同经历和群体的共同精神："那些来自社会和地理空间主要区域的作家们，其自传体叙事构成了无与伦比的社会学文献，作为与这些社会轨迹相关的主观经验的第一手记录，这些社会轨迹实际上要比我们所以为的那样更加可靠。"（Bourdieu，1996：408）

几年后，在《帕斯卡式沉思》"非个人的自白"这篇附文中，布迪厄提供了一个更显个人化也更具有主观性的视角。之所以将自己作为知识分子的自传如此命名，其意在以此种方式既将自己与卢梭所体现的法国自传体告解传统拉开距离，又通过唤起这种比喻将自己置身于该谱系之中。他并未以自传式的风格把自己塑造成"英雄般的学者"，而是展现了一位战胜逆境并设计自己人生的人。布迪厄写道，他"不打算提供那种所谓的'个人'记忆，那种为学术自传提供阴郁背景的记忆——对杰出大师的敬畏之情、与职业选择交织在一起的知识选择"（Bourdieu，2000：33）。布迪厄有时是以一种不经意的方式，讲述自己的职业生涯："我从哲学中逐渐走出来的距离，无疑在很大程度上归功于所谓的存在之偶然事件，对此人们可以径直说，这是我身兼人种学者社会学者的'职业'的起源。"（Bourdieu，2000：42）。

布迪厄晚期的作品又重新回到他早期的访谈和叙事研究方法。在《世界的苦难》（*The Weight of the World*）中，受访者的证词被作为论证社会苦难模式的依据。布迪厄不再认为定性研究访谈缺乏客观性，相反，他提到了采访的重要性及其在社会学研究中的方法论品质。这种社会学方法是兼具"挑衅性和伴随性的自我分析"（the provoked and accompanied self-analysis），因为它是在社会学家提出要求或"挑衅性"时进行的，而且访谈者必须跟随着受访者的叙述，参与者的对象化也正是经此过程才成为可能（Hamel，1997：109）。事实上，访谈者很容易就能识别出自己与受访者共有的特征（Bourdieu，2002：4）。该书每章都包含一个访谈，描述苦难的某一特定维度，详细交代访谈的背景和访谈进行时的若干细节，并且同时从方法上和理论上对受访者的证词进行分析（Bourdieu，2002：1-2）。

虽然在此前的研究中，布迪厄所秉持的客观立场，并不把访谈内容作为其研究的依据，但在《世界的苦难》中，这种立场发生了很大的改变，作为被访谈对象的普通男女的谈话成了重要的例证。社会行动者的实践意识不再被视为虚假意识，布迪厄认为这是一种知识惯例，它倾向于将社会行为转化为个人（或群体）的行为，而不是将其置于构成社会学理论目标的客观关系层面（Hamel，1997：109）。哈梅尔认为布迪厄此时对常识的批判并不是因为它是一种虚假的意识，而是因为它建立在社会行动者自发意识基础之上。自发意识不能表达受访者的痛苦，因为它与受访者的行为直接相关。因此，人们不能从社会学的角度来解释他们痛苦的原因，但是他们可以从实践的角度来加以解释（Hamel，1997：111）。事实上，《世界的苦难》中受访的被压迫者以实用的语言表达了自身的处境：

> 某些访谈者，特别是处境最不利的人，认为这提供给他们一个特殊机会，使他们能够作证，使他们的意见得到听取，使他们的经验能从私人领域传播到公共领域。（他们）也能有机会充分解释自己所说的话，也就是说，能建构他们关于自己和这个世界的观点，并把他们在这个世界中看到的自己和对这个世界的观点公开化，变得可以理解，并被证明是正确的。
>
> （Bourdieu，2002：614-5）

布迪厄对常识的评论表明了反思社会学家和不具有反思性的普通人（外行人）之间的对立。普通人无法根据自身所处环境的认知来改变自己的生活。日常生活是不受质疑的，它是理所当然的，这一功能使人们能持续过自己的生活（Mesny，2009：677-678）。然而，普通人有时也会以社会学家的身份思考和评价他人的行为。反思性并非学术界的专利，尤其是在当代社会，随着外行人在日常生活中不断发展反思性知识，外行人的知识能力越来越多地反映出与社会科学家接近的特征（Mesny，2009：678）。事实上，人们经常试图解释为什么会以特定的方式行事，即便有时觉得这种行为令其反感（Sayer，2005）。

可以说，布迪厄将自己客观发现的全部武器装备（他所塑造的社会学工具）用来服务于对他而言最为主观的东西：他自己。"我对自己所做的工作与我对社会世界所做的工作是分不开的。"增加对一个方向（即"社会世界"）的理解，以增加对另一个方向（我自己）的理解为条件。对布迪厄来说，这两项活动是同一项活动。"我不是在讲述我的生活史：我是在试图为科学社会学做出贡献。"（Bourdieu，1990：8）尤其是到职业生涯的最后阶段，布迪厄似乎对自己的生活经历如何塑造他的作品的问题变得更加开放。在法兰西学院的最后一场演讲中，布迪厄谈到自己的工作是一种"自我社会分析"，是一种理解塑造他人生轨迹的社会力量的方式。《纲要》一书所提供的自我分析在很大程度上也是基于他在学术领域的社会历史定位。从他自己的理论出发，布迪厄是不能写一本自传的，但为了给自己和自己的作品增添权威，又需要把自己的经历和背景介绍给他人，这种张力几乎遍及布迪厄的所有作品。

四　客观性问题

由于布迪厄秉持科学的客观性，加之他所采用的实证研究法，人们很容易认为其理论具有严格的科学性和客观性。但这其实忽略了布迪厄作品中颇富个人化的哲学维度，即通过自我批判来持续追求自我知识（self-knowledge），以达到自我完善和解放之目的。在布迪厄看来，以自我意识为中心的传统哲学所进行的自我审查形式（如内省沉思、忏悔、现象学叙事、自传体记忆等），并没有真正理解更深层的、无意识的、社会结构性的自我层面，而后者恰恰塑造了个人的自我意识。客观的社会学分析在此可有所助益，因为它绕过了个人回思过往的选择性记忆和防御机制，也避开了肯定自我的保护性叙事虚构。他认为，只有超越自我反省、自我意识、自我分析的极限，才能意识到自己思想的极限，然后去努力超越，即便这种努力不会完全成功。这是布迪厄对自己的社会世界进行批判性分析背后的动机逻辑，而这又可能会反思性地导向对其作品和其自身的分析。

可以说，布迪厄并未全然将传记斥为幻觉。当然，为了摆脱传记可能的陷阱，必须研究制约传记主体思想和行为的社会结构，即必须重建客观的社会关系网络："这是为了打破传记作家与传主的合谋，当他们试图通过创造一种人造的存在感来赋予生活连贯性时，这种存在感除了出生证明上的名字之外，没有任何永久性的东西。"（Pereira，2018）布迪厄坚称，关系系统定义了场域状态以及由于个体在社会结构中的地位而拥有的不同惯习。"场域"是围绕科学、艺术、政治、文化和其他事件的评价而形成的社会空间。在这些建立客观社会关系的权力场中，个体凭靠竞争获得一席之地。在相互交织的社会关系网络中，个体所处的位置使他们能够在某些可能性的范围内采取行动，具备某种情感思维方式。后者便是所谓的"惯习"：品位、技能、语言以及表达意见和做决定的方式。"惯习，是所有生平经历的产物。"（Bourdieu，1993b：46）总的来说，惯习的作用是无意识的，因为它是历史的结果，是个体自身综合社会的方式。在布迪厄看来，"传记事件的意义和社会价值"并非基于主体而构成，而是基于行动者在社会空间中的"位置"（placements）与"位移"（displacements）而构成，后者首先赋予传记事件以意义。

其实早在布迪厄之前，瓦莱里就指出自传的虚幻特点："在认识方面是一种幻想，在交流方面是一种卖淫现象：叙事的真实性追求过去的鲜活再现。从他们所展示的东西看，认识各不相同的；从他们所隐瞒的东西看，认识大同小异的；一个人的真正秘密对他自己来说比对别人更是秘密。"（转引自勒热讷，2001：87）。的确，展现在我们面前的所有故事其实都是不完整的、不明晰的，并且由于过去的意义和重要性与我们目前的生活境遇息息相关，而我们是站在现在来书写过去的故事，因此关于过去的故事也是可以改变的。讲故事的目的并不在于真实"复制"个人生活，它并不试图再现已经被建构起来的意义。"只有在那些需要精确复制记忆的政治性回忆录那里，这种批评才有用武之地。"（艾利丝、博克纳，2007）古斯多夫（Georges Gusdorf）也认为，传记提供的只是针对鲜活人生幽灵般的、不完整的和被歪曲的图像，而一种好的生活史应当"为个人提供一种系统辩护（apologies）或道义支持（theodicies）"（Gusdorf，1980：9）。鲜活人生从来就不是摘要式的，而只能基于由现在赋予的结构来认定。正是叙事者本人赋予事件以意义："我们常常基于对我们的现在和未来具有决定性意义的过去来行事，而忘记了现在所具有的决定性力量。"（Mandel，1980：65）现在经由回忆过程形成了过去，回忆过程给过去注入了内容、意义和方向。在生活史中，过去的罪恶以参照更好的现在为借口，而现在的罪恶则以寻找过去的困难为借口。生活史就像一个飞去来器（boomerang）：从现在抛向过去，又借势返回并进入未来，但方向与力量乃由现在决定（Järvinen，2000）。回顾过去是一个目的论的进程，它指向一个特定的目标，即当下。叙事者站在目标的位置，只有借助在当下才能看到的线索，展开其人生发展轨迹。

惯习的不同造成个体生平经历上的差异，后者反过来也影响前者。在成功者的叙事中，人类生活的各个阶段被联系在一起，形成令人信服的整体。叙事者当前的生活状况就像一个棱镜，早期的生活经历由其得以过滤。当受访者报告他们的经历时，他们从不同的社会立场出发，或多或少地认同公认的文化脚本。例如，精神病人所能够接受的生活故事，"开始于患者生命中的某个特定时刻，并将有关他的特定信息汇集成一个线性的视角，使他目前的痛苦合乎逻辑，甚至于是过去不可避免的结果"（Slavney and Mchugh，1984）。

"过去—转折点—现在的模型"（a past-turning point-present model），被认为是西方自传的原型之一："我们永远在讲述我们是如何经由抛弃过去而成为现在的自己。"（Freccero，1986）我们有权讲述自己的生活，我们必须证明我们已经获得了对自己的控制。既然现在赋予过去以意义，既然叙事的自我是主体，而过去的自我是叙事的对象，那么今天的自我必须控制昨天的自我。昨天的自我不负责任，今天的自我却必须负责任地行事。过去的自我可以摆脱不愉快，而现在的自我必须面对它。伯陶提出了一个类似的观念，即"传记的意识形态"（biographical ideology），它旨在突出生活之线的"片段化"特征，主体试图重觅与拼凑（bricoler）一种隐秘的连贯性。但与布迪厄不同的是，伯陶认为这种意识形态拼凑，并不是一种（心理的）幻觉，它在其后果上具有真实性。"传记的意识形态"是一种集体现象，并非一种心理上的幻觉（Bertaux，2005）。

在鲁斯（J. P. Roos）看来，布迪厄这个概念需要澄清，因为组织生活故事或生活史的逻辑有两种：社会领域内的逻辑与个人私下的生活逻辑（Roos，1987）。在社会领域的逻辑中，是将一系列意义赋予占据某个职位的个人，如一位失业女性或一位离婚的妇女。在私人生活逻辑中，个人自己书写其自身的生活故事。当这两种逻辑相互交叉时，布迪厄所谓的传记幻觉就存在了。如一位离婚又失业的妇女，或许觉得自己受到了侮辱，感觉自己无用，她的生活故事就会表达自我的情感。但这两种逻辑不重叠时，布迪厄的观点则难以成立。鲁斯指出：从谁那里看，这是一种看得见的幻觉呢？如果主体看到了一贯性，而研究者却不能，谁是正确的呢？幻觉是在何时产生的？

因此，传记叙事在讲述个人自己（或他人）的生平时掺入其他成分，对叙事者本人而言有时是"顺理成章"的事情。作为研究者，关键事项之一并非要去弄明白这种连贯性是幻觉还是现实，而是要清楚个人在谈论或书写自己的生平时，如何给予这种连贯性。换言之，研究者应当去揭示的，乃是这种连贯性的根源，隐藏在其背后的动机与需要，以及建构它们的更大的意识形态。事实上，传记叙事也并非以清白的方式去讲述个人自己或对于他人的生活，生活史巩固、增强我们某些方面的认同，同时忽略其他的维度（Denzin，2005）。正如保罗·德·曼（Paul de Man，1979）在谈论自传时所言："我们认为生活创造了自传，就像一种行为产生了后果一样，但我们能够以同样的方式说，自传计划本身会创造与决定着生活吗？"

再回到布迪厄的"反思社会学"，它要求的是知识生产者必须对自己生产知识的社会场域进行反思，弄清自己在该场域中的真实位置，破除

第八章 传记幻觉:从布迪厄的生平看其意义及其限度

理性主义的偏见,反对"生成性的遗忘"。社会学要不断对自身的实践进行批判性地、创造性地反思,这种实践是一种职业伦理。按照布迪厄的理念,社会学家应该把研究对象从社会世界部分地转向自己的实践,而反思的对象也并不只是研究的对象,研究的具体背景,理所当然也应包括研究者与被研究者之间的关系,研究者所置身于其中的场域以及研究者自身的行为策略。从这个意义讲,以强调反思性社会学之重要性的布迪厄内在地是赞同自传的。

或许,正如默顿所提倡的,人们(社会学家)应当训练出细心的"社会学之眼"(an attentive sociological eye),看懂字里行间说了什么才是问题关键所在,并且要在理解过程中,设身处地将自己的理解增补进叙事者因考虑到社会限制而忽略或删除的空间(Merton,1988)。一位细心的读者,从作者的事件、叙事和生活过程的其他信息中,甚至能看到作者所没有看到的意义。自传为读者提供了一种不同的视角,使他们能够从作者的话中进行推断和解释。它含蓄地邀请读者这样做。须知,即便是最坦率的自传作者也会歪曲形象,通常只提供选择性的信息,诱使读者做出他或她希望他们给出的推论和解释,而这确实是一项冒险的事业(Berger,1990)。

至于布迪厄谈到选择性叙事,这可以说是迫不得已而为之,我们必须选择并呈现那些我们自以为重要的事件。追求生活的全知性,就会走向一种不可知论。即便是对布迪厄"传记幻觉"保持自觉的勒高夫(Jacques le Gauff),在其皇皇巨著《圣路易》(Saint Louis)一书中,努力表现圣路易从王室儿童以后的生涯中有过的种种偶然、犹豫与关键时刻,但也不得不"只选取了某几个重要的事件,这些重要事件要求他作出的抉择,对日后事态的发展产生了重大的影响"(勒高夫,2002:16)。当然,我们要以正确的态度对待布迪厄所谓的传记幻觉,记得在一种叙事之外的另一种甚至多重可能性,对具有社会学相关性的过去体验,尽可能清楚、精确、谨慎以及明智地去重构与理解。

第九章

个体化进程中生平模式的转变：
从传统到现代

身份或认同已成为当代人经验的中心焦点，成为个人必须去处理的重大问题。"对身份的寻求成为一场持续进行的斗争。"（Bauman，2000：83）为因应生活中不断出现的张力与冲突，从社会结构中剥离出来的个体，时常需要反观自己的生平，并在必要时加以修改甚至重建。"今天的自我身份成了一种反身性成就"，而"自我身份是个人通过自己的生平（biography）对自己的反身性理解"（Giddens，1991：216）。因此，对身份的重构和追寻，必然要考虑生平的意义，否则"便不可能在个体化论题中考察自我身份认同的作用"（Howard，2007：29）。

个体化作为一种命运，已经发生了很长一段时间，甚至在现代性到来之前便已存在，它"并不是20世纪下半叶的发明"。在不同的语境下，个体化的内涵并不一样，相应的个人生平也呈现为不同的模式。在普遍的意义上，个体化指的是"文明进程中主观性—生平性这样的特定层面"（Beck，1992：127）。该问题已吸引很多学者的参与，而用力较多者，当归吉登斯、贝克、鲍曼这三位当代重要的社会学家，他们探讨了社会结构变迁所带来的个体化及生平模式的转变。当然，在对生平的背景即现代性的理解上，吉登斯、贝克、鲍曼之间也是存在差异的，如"固态"与"流动"、"沉重"与"轻盈"、"早期"与"晚期"、"第一"与"第二"等相互对应的描述（Bauman，2000，2004；Beck and Beck-Gernsheim，2002；Beck，Giddens and Lash，1994；Giddens，1991，1994b）。

这些术语并不指涉具体的历史分期，而是旨在概括西方社会（某种程度上也是非西方社会）所发生的广泛历史转变。对自我身份和生平叙事，吉登斯强调个人需要保持连贯的生平轨迹（biographical trajectory），以应对现代性晚期的不确定性；鲍曼则反对这种线性的个体化概念，认为个体是为了摆脱陈旧的自我叙述，放弃了生平连续性；贝克则在二者之间提出了一种折中方案，认为现代性晚期的个人进行生平"试验"，是为了发展新的个人策略，以改善当代生活的紧张和矛盾（Howard，2007）。虽侧重点不一，但他们都同意现代性晚期个体稳定而连贯的角色和地位的瓦解，个体被迫参与到去定义"我是谁"的事项之中，同时去重塑与他人的关系。在第一现代性中，身份相对稳定，人们基于历史上既有的行为形式和解释模式来理解自己的经历，因此生平遵循一种可预测的标准模式。在第二现代性中，个人从既定的和集体的身份中解放出来，所有人都必须亲自制作、演示、拼凑自己的传记/生平，这涉及个人的决策，同时也意味着风险和责任。个体化所带来的是有限的自由，生平仍然受结构性力量的制约。在当代，现代化已经并将进一步把个体化与"个人"推到前台，结果就是，连同社会以及社会科学中的历史运动（historical movement）或许会导向一种传记式研究进路（Fischer-Rosenthal，2000）。此外，尽管他们对反身性个体化（reflexive individualization）究竟何时出现也并无明确的交代，但都倾向于将其与 20 世纪下半叶联系起来，是发生在第二现代性之中（从 18 世纪启蒙运动时期到 20 世纪中期当可认为是第一现代性）。

本章旨在透过对这三位理论家作品的系统检视，考察现代性不同阶段与个体化进程相应的生平模式的转变，分析生平规划的可能性及其依然受到的制度力量的约束。

一 标准生平

个人身份和个体化生平的日益重要是现代化的结果。身份问题并没有出现在前现代时期，当时人们的生活方式既受制于出身，也嵌入社会，因此无须选择与众不同，人们行为的内容和意义更多受到教会之类机构的严格规定。进入第一现代性，人们开始以特定的方式行事，并基于既有的行为形式和解释模式理解自己的经历，此时的个人身份更多有赖于社会阶层、种族群体、地方的或民族的共同体。

某些社会结构的出现与个体的历史崛起之间存在着直接的关系（Beck and Beck-Gernsheim，2002：12），经典社会学家很早就注意到这种情形。涂尔干（2013）早就意识到，由于不断增长的分工，个人越来越依赖于他人，同时也越来越个体化，因为劳动分工社会是一个需要高度专业化的领域，劳动分工的过程迫使个人集中精力，把所有可用的时间用来提升个人技能，这最终成为个人主义崛起背后的主要力量。在韦伯笔下，从农业社会进入工业社会，从传统型权威向理性合法性权威的转型，一定程度上就是一种个体化的进程："现代的个人意识、自我责任感和个人成就是通过新教改革促进人与上帝关系的个体化而产生的。"（转引自 Giddens，1991）个人从传统社会中解放出来的趋势，也曾激发了齐美尔（Georg Simmel）将当时的社会描述为一个"高度个体化的社会（strongly individualized society）"（Simmel，2004：383），它剥夺了个人的传统定位和参照点，从根本上使他们处于一种痛苦的选择之中。之后的埃利亚斯，认为在20世纪的现代社会，个体化的程度前所未有且日甚一日，个人越来越脱离原有的共同体，也有了更多的行动自由和选择。而再往后的帕森斯则认为，现代人自由的上升意味着个人不再简单地在社会和生活中被分配一个位置，而是被要求自己去寻找，进行"自我定位"（self-localization）（转引自 Sørensen and Christiansen，2013）。

但此时社会结构对个人（自由）仍然具有优先性，预先决定了人类的行为，只给个人生活方式的选择或变化留下很小的空间。即便面对变动的时局，经典社会学者们也依然假定存在稳定的社会秩序，此种秩序以明确的"角色设定"规定了个人将如何行为（Beck and Willms，2004）以及不同人生阶段之间可预测的过渡仪式（rites of passage）（Giddens，1991：205）。即使结构对于个人没有施以明确的约束或强迫，它们对个人的潜在价值、信仰和偏好也有着强大的影响（Howard，2007：7）。虽然有相当多的社会学研究试图从经验上确定能动与结构之间的平衡，但仍然有一种强烈的倾向，即强调社会结构对个体能动的普遍支配，个体的能动性被视为个体意识所犯的错误或夸大。

因此,经典时期或者说第一现代性时期,仍然是社会相对稳定、生平可预测的时代,它们"与相互联系的、完整统一的社会惯例密不可分"(Wagner,1994:170)。在涂尔干那里,个体化不过是现代社会日益分化自然而然的副作用,是高度发达、分工组织的社会功能性需要。劳动分工属于一种道德现象,因为它鼓励一种有机的团结,就像黏合剂一样把现代社会的各个部分系在一起。因此,个体化并不会造成社会结构或社会整体的瓦解或削弱,而是意味着传统的、机械式的集体主义的社会的解体。齐美尔也认为,个体化并不等于完全的社会独立,因为每个受影响的人都将保持在自己的边界之内。埃利亚斯否定个人完全自由的观念,个体化只能理解为一个决定性的社会过程,并且还存在一种标准化,因为个人被迫修正自己的生平以符合现代资本主义社会的结构,个体化意味着某种形式的重新嵌入。帕森斯回应了这种观点,认为不断上升的个体化根本不是危机的征兆,而是分化的功能过程的结果,这一过程提高了个体的自由和自主性,促进了个体之间的相互依赖,并要求个体履行自己的社会义务。制度化的个体化(institutionalized individualization)是一种功能性的、目标导向的个体化,它源于功能系统,为社区和社会秩序提供基础;而制度化的个人主义是社会系统再生产的基础,因为正是它确保了个体适应分化社会的结构和期望(Parsons,1964)。虽然对传统生活方式的"去魅"和"去神秘化"趋势确实站稳了脚跟,但韦伯仍然认为,个体化受到以地位为基础的共同体组织的控制,并由其来进行缓冲,这些组织本身与市场维系的社会阶层地位有关(转引自Beck,1992:96)。

早期的现代性将人们从地域和习俗中解脱出来,又将其再度嵌入新的规定性的身份设置和社会状态之中(Bauman,2004)。标准生平的基础是标准的劳动关系,因此社会保护体系就与参与工资劳动相适合,人们默认那些所谓的"必须安排的保险"能够预测工业生产中不能预测的结果。当然,这种标准生平模式也与自我反身性的特征有关。传统的确定性至少部分被阶级、政党和国家的集体确定性所取代,这种结构在某种程度上能够提供非传统的、外在的自我调节和身份形成机制。前现代身份的给定性、反身性仅限于解释和应用传统价值观,但第一现代性的社会骤变把身份作为个人必须承担的任务,身份选择的范围是在对社会角色进行规定的职能分工中确定的。也就是说,身份是相对稳定的,它较为清楚地反映了职业、家庭地位等因素:"无论你是德国白领还是英国工人,你的身份都不是出自个人的选择。包罗万象、泾渭分明的秩序和对秩序的切实执行,完全消除了身份模糊的可能性。"(Wagner, 1994:159)采用某个特定的身份,意味着从有限且较为固定的选择列表中选择并坚持一组特定的行为、态度和方向。鲍曼认为,在第一现代性中,"我是谁"这个问题很少出现,即使出现,对大多数人来说,答案也相对简单(Bauman, 2004)。因此,单一的或有组织的现代性只是"部分的现代化",因为身份在很大程度上仍然是先赋性的,虽然个人的地位比在前现代社会环境中更加不固定,但是依据自己在家庭、工作甚至国家中的地位,个人仍然能够明了自己的身份。换言之,反身性仅限于解释和应用传统价值观(Lash, 1993:5)。

按照吉登斯有关解放政治(emancipatory politics)与生活政治(life politics)的区分,第一现代性对应于解放政治。它一方面是要把人们从传统中解放出来,让人们更多地控制自己的生活。解放政治主要与摆脱传统和宗教的束缚而获得自由有关。某种程度上,正是由于宗教改革,人们从教会的庇护和神圣的封建等级制度中解放出来,进入了一个世俗的、资产阶级的和工业化的世界。另一方面它要克服资源和权力的社会不平等,吉登斯将解放政治与自治原则联系起来,认为通过正义、平等和必要的参与,解放政治集中于对剥削、不平等和压迫的限制(Bagguley, 1998:68)。在这一阶段,个人认为自己的主要任务是生产有价值的东西。个人的行动必须通过强制执行纪律和例行公事来恢复,而个人的进步则依赖于随时间推移对专业技能的获得、掌握和增强。

二 选择生平

当代社会理论家试图在一个高度不确定的时期理解个体性(individuality)的本质。此时,个体化首先意味着工业社会生活方式的脱嵌(disembedding），其次是新生活方式的再嵌入（re-embedding），在此过程中个人必须自己创作、编排和拼凑自己的生平（Beck，1997：95）。或者说，它将个人从先前的、既定的和集体的身份中解放出来，并在更大程度上迫使个人选择自己的人生轨道。个体化最为显著的影响之一，便是生平变成自我决定的（Beck，1992；Beck and Beck-Gernsheim，2002）："标准生平"成为"选择性生平"（choice/elective biography）、"自己动手的生平"（self-help biography/do-it-yourself biography）、"自己组装的生平"（self-assembly biography）、"反身性生平"（reflexive biography）（Beck，1992；Beck and Beck-Gernsheim，1995，2002；贝克，2004a；Giddens，1991）。自我身份，也成为"一种自反性的、有组织的谋求"（Giddens，1991：5）。

> 我们发现自己被迫建立自己的生平，规划短期的和长期的战略，从我们想要什么样的学校，我们接受什么样的培训，到我们选择住在哪里，和谁一起生活。
>
> （Beck and Beck-Gernsheim：1995：5，111）

> 今天，个人比以往任何时候都面临着前所未有的"空白空间"（empty space）的局面，这种"空白空间"要么需要由毫无意义的强迫行为来填补，要么通过个人的反身性，通过积极选择目标/手段和建设自己的自我计划来填补。
>
> （Giddens，1994：143）

作为"选择人"（homo optionis/choice man），其所面临的是所有制度领域的选择呈几何级数增长（Mouzelis，1998：83）。每个人都必须学会"把自己想象成生活的中心枢纽，一个为自己的能力、喜好、人际关系等做规划的办公室"（Beck，1992：135；Beck and Beck-Gernsheim：1995：39-40）。因此，伴随着对"个体性解决方案"（individual solutions）的兴趣，以标准化的方式行事将面临相当大的压力。个体化描述了谈判和选择行动路线的永恒要求：从根本上说，与决策无关的生活机会所占比例正在下降，而公开的、必须由个人构建的人生所占的比例正在上升

(Beck，1992)。贝克尤其强调个人选择在生平建构中的重要性，个体化的全面传播意味着个人决策成为当代生活中一个无可回避的要素。

在吉登斯看来，后传统社会、生活世界的多元化、知识的偶然性、媒介体验和社会关系的瓦解，这五个特征表明了"晚期现代性"的出现，它们迫使人们去反观自身，并做出选择（Giddens，1990），包括对"自我叙事"（self-narratives）进行不断修正。"我是谁"这个故事可以从摆在面前的无穷无尽的选择中选出（Bagguley，1998：70）。在今天，全球化的影响深深地侵入自我的反思计划："在当地和全球范围内，必须根据迅速变化的社会生活环境，塑造、改变和反身性地维持自我身份的叙事。个人必须将来自不同中介经验的信息与本地参与相结合，以一种合理连贯的方式将未来的项目与过去的经验联系起来。"（Giddens，1991：215）

此种状况之发生，乃是此时关于阶级、地位和性别身份的传统观念不再把人们引向既定的道路（Beck and Beck-Gernsheim，1995：111）。在很多情况下，阶级变得个体化，并经由个体的"生平"表现出来，作为集体命运的经历越来越少（Giddens，1994：143）。传统的安全网络和集体主义网络的崩溃，个人被迫承担起绘制自己人生道路的责任。由于个人的流动性和社交网络的扩张，社交过程的凝聚力受到了威胁。"以前安全的团结场所逐渐消失，支持网络瓦解，鼓励个人向内转向个人决策和自有资源。"（Beck，1992：92）当个人从集体结构的确定性中解脱出来时，日常生活就取决于一种无穷尽的决策过程。由于社会结构和文化适应模式的转变，日常互动成了去传统化的方式："生平摆脱了传统的戒律和确定性，摆脱了外部控制和一般道德法则，变得开放并依赖于决策，这些同时也被指定为每个人的任务。"（Beck and Beck-Gernsheim，1995：5）从而，生活境况和进程的个体化意味着生平成为反身性的，社会规定的生平被转化为不断进行的自我生产的生平。随着"传统纽带的衰落"（Warde，1994：881）以及个性化消费模式的兴起，"去传统化"反映出"传统惯例的他者监督"已被晚期现代性"必然出现的自我监督或自反性"所取代（Lash，1993：5）。

与齐美尔认为是金钱和大都市创造了一种个人生活方式的标准化不同，在贝克看来，个体化的主要引擎是现代制度，涉及劳动力市场、教育体系和福利体系。随着风险制度的扩展，雇主和国家失去了结构性的自主权和控制权。个人获得了新的经济地位，个人从主要作为某个具体企业的雇员转变为劳动力市场的参与者。个人的生平围绕劳动力市场展开，就需要个人拥有某种资格，具有竞争性和雄心，而且能够流动。劳动力市场的自由，意味着每个人都可以自由地顺应一定的压力和适应就业市场的要求。因此，劳动力市场上的压力被逐渐内化，融入个人的日常生活和对未来的规划之中（Beck and Beck-Gernsheim，1995：7）。"对大多数人来说，即使是表面上富裕的中产阶级，他们的基本生存和生活世界也将充满地方性的不安全感。"（Beck，2000：3）在物质生活水平比较高、社会保障制度比较完善的背景下，人们已经从阶级承诺中被剥离出来，在规划个人的劳动力市场生平时不得不依靠自己（Beck，1992：87）。而且为了在竞争中立于不败之地，人们必须展现出健康的体魄。在今天，每个人都必须百分百健康。"健康不再是上帝的恩赐，而是负责任的公民的使命和责任。"（Beck-Gernsneim，2000）

> 谋生的关键在于劳动市场，而进入劳动市场的条件需要教育提供。任何无法进入这些领域的人面临的将是社会上和物质上的湮没。没有良好训练的境况和有训练但没有相应的工作一样糟糕。唯有在这些条件下，那些被职业培训体系排除在外的人，才会落入社会深渊。……是否具有培训的机会，成为年轻人能否进入社会的问题。
>
> （贝克，2004a：163—164；Beck，1992：132）

受过教育的人成为自己的劳动状况的生产者，也就是其社会生平的生产者。当受过高等教育的人，找不到合适的工作时，便要为自己的失业承担责任，应该去考虑自己所选的专业是否对口。贝克认为，社会问题会转化为直接的心理倾向，转化为个人的不足、内疚、焦虑、心理冲突和神经症（Beck，1992：93）。我们看到，反身性的现代个体比以往任何时候都受过更好的教育、更有知识。20世纪六七十年代发生的最大变革是教育的扩张，它最重要的方面之一是对男女平等的影响，越来越多的女性有了过自己选择的生活的机会（Beck and Willms，2004）。伴随着个体化动力向家庭的扩展,家庭和个体生平(individual biography)的联系松解了,个体生平与家庭间的优先地位发生了颠倒(Beck,1992:108)。这在以离婚、再婚以及婚前和婚外同居形式的数据为代表的生平概要中得到最好体现(Beck and Beck-Gernsheim,1995:34)。在拥有家庭或没有家庭的两极之间,越来越多的人开始基于第三条道路来做决定:一个矛盾的、多元化的总体生平在转型。

在第二次世界大战后福利国家的现代化中,对以市场为导向的标准化生平的要求延伸到了女性的生活背景。女性越来越摆脱和家庭的直接联系,个体化为女性开启了行动和做决定的新领域,从先赋角色向获得性角色转变。由于预期寿命延长,女性的生平模式也发生了变化(Beck and Beck-Gernsheim,1995:29):"从历史上讲,现在有一个相当新的阶段,即'空巢'年代,女性不再被束缚在母亲的角色中,也不再被需要扮演母亲的角色。"(Beck and Beck-Gernsheim,1995:60)甚至是市场的普遍主义,也在某种程度上削弱了女性与其工业生产的"地位命运"的联系,即家务劳动和丈夫的支持。于是,生育和生产的生平协调以及家庭内部的劳动分工就变得脆弱,绝大多数女性都远离了经济独立、职业安全的生平(Beck,1992:104)。持续性的大规模失业,加之劳动力市场提供就业数量的限制和进一步萎缩的可能,也重新确立了男女的传统作用和责任。

在现代进程中,改变爱情和婚姻的新因素,不是某个人(即男人)变得更自我、更独立。新出现的是女性个人的生平,将女性从家庭责任中解放出来,并以一种自20世纪60年代以来不断增长的动力将她推向世界:"我们正目睹女性历史上的一个新时期,因此也是男性和女性历史上的一个新时期。现在,两个人第一次坠入爱河,发现自己既受制于自己设计的生平的机遇,也受制于生平的阻碍。"(Beck and Beck-Gernsheim,1995:62)甚至随着标准生平的改变,生活在一起对两性来说都变得更加困难。

随着个体化动态地扩展到家庭,共同生活的形式开始发生根本性的变化,将一男一女的生平结合在一起又能过完一生的核心家庭也正在成为一种例外。当人们从一个阶段进入下一个阶段时,其生平背后的家庭根源正逐渐被切断和失去影响。

在某种意义上，参与构建自己人生和生平身份的个体，是无法诉诸预先存在的模型的，而且"传统越是失去控制，日常生活越是按照本地和全球的辩证相互作用进行重建，就有越多人被迫在多种选择中去选择合意的生活方式"（Giddens，1991：5）。他们被迫学习如何创造自己的生平叙事，不断修正自己的错误，并要创造抽象的原则来证明自己的决定是正确的。由于个人主义和全球化进程，个人注定要把自己改造成具有独创性的修补匠和自己动手的创造者，在自己的身份越来越难以维持的情况下，人们便不得不经常匆忙地做决定。"风险是以决策为前提的"（贝克，2004b：100），尽管身份建构的开放性给个体提供了更大的创造空间，但它也产生了令人不安的困境：所有那些选择性的、反身性的或自己动手的生平，都可能很快成为"风险生平"（risk biography）（需要指出的是，这里只是为了叙述的清晰性，与"选择生平"分成两个部分来探讨，事实上，并不具有明显的阶段划分企图，因为选择本身就意味着风险）。

三　风险生平

在贝克的表述中，这种"风险生平"有时亦称作"危险生平"（danger/hazard biography）、"崩溃的生平"（break-up biography）、"走钢丝式的生平"（tightrope biography），意涵大抵一致。风险生平与危险生平的共同特征，都可能成为"碎片性的生平（fragmentary biography）"。自己动手的生平意味着，要取得成功就要付出巨大的努力。"就风险生平而言，无论何种类型的可用资源，似乎依然与控制的需要相对应；而危险生平已经超出了感受到的个人控制能力的阈限。……与被排斥情境的制度崩溃形成鲜明对比的是，这些危险生平仍然假定人们渴望并强迫自己过自己的生活。只有在这个范围内，才会有一种无法控制的感觉，一种过度劳累的感觉。"（Beck，1997：57）

走钢丝式的生平意味着，个体不再能够构建线性的、叙事性的生平，他们的生活就像马戏团里走钢丝的表演一样，努力在离婚、失业、永久的自我表扬和可能的创业之间保持平衡。

> 一切总是在崩溃的边缘。我们发现自己被迫生活在一个充满风险的世界里，知识和生活机会在原则上都变得不再确定。这迫使我们做出一种直接的自动反应。一切都太直接，令人不安；必须立即予以抵制，排除刺激，并加以控制。紧急状态已变得司空见惯。我们看到的是一种完全正常的混沌状态，一种个体化存在的正常分裂。
>
> （Beck，2010：123-124）

人们被递给一把双刃剑，一方面是削减了更多的选择权和自主权，另一方面则意味着要承担持续决策和责任的负担，而这种重负往往以个人崩溃而终结。因此，人们要熟练地去使用它。虽然行动者现在可以自由地创作他们自己的反身性生平，但由于去传统化的影响，他们也必须不断地为自己辩护，不是求助于社会专家和/或先例，而是依赖于"生平性方案"（biographical solutions）。这进而导致贝克将民主化作为现代性晚期的一部分加以关注：由于个人风险意识的增强，这些风险生产领域越来越受到公众监督和民主控制（Beck，1992，2009），其目标是让风险生产者承担责任。

> 单身男女是否真的变得更加自主、更加"凭靠自己"（on their own）、更像以往由自己的选择和行动来决定，这些都并不重要；真正重要的是，他们现在要为他们错误的方案或考虑不周的步骤、失败或陷入的困局负全部责任，而且对这类问题的解决，他们也不会从联合力量和共同行动中得到多少帮助。
>
> （Bauman and Yakimova，2002）

风险与矛盾在社会层面制造出来，但处理它们的责任和义务则是个体化的。个体性（individuality）作为命运与其作为自我主张的实际能力，这二者之间的差距越来越大（Bauman，2001：58）。在流动的现代社会中，所有个人都被要求在社会层面制造的混乱中寻找生平出路（biographical exits）。但是，许多人在还没有成为真正个体的情况下就被个体化了，而更多的人却被一种怀疑所困扰，即他们并非真正的个体，不足以面对个体化的后果。自我身份、自我管理和自我主张，是个人的职责，无论是否掌握履行这些职责所需的资源。贝克指出，对大多数人而言，个体化意味着"专家们把他们的矛盾和冲突扔到个人的脚下，留给其一个善意的邀请，让他根据自己的想法批判性地评判所有这一切"。因此，人们被迫或被诱使去发现或创造"针对系统性矛盾的生平式解决方案"（Bauman，2001：128），但这种寻求往往徒劳无功。

因此，在鲍曼看来，这意味着动机的私化（the privation of the impulse），也进而意味着强迫性的自我批判。"在个体化的社会中，作为个体在法律上意味着，没有人可以为自己的不幸负责，除了在自己的懒惰中寻找自己失败的原因外，别无他法，除了更加努力地尝试之外，别无他法。"（Bauman，2001：128）这种自我谴责或自我轻视，所造成的是更大的对于不安全的痛苦感觉。而且"个人在社会中的地位不再是想要或不想要的'礼物'。现代性以一种强迫性和强制性的自决（self-determination）取代了社会地位的决定"（Bauman，2001：173）。

当然，处理风险和矛盾问题的责任和必要性是因人而异的。鲍曼承认存在一个全球权力金字塔，有些人享有迁移和适应不断变化的环境的自由，而有些人则固守着既有的生平和身份，这似乎意味着有权力的人具有逃离制度、关系和结构的能力。贝克也承认，一些人（弱势地位的权力）比他人更易受到风险分配和不断增长的影响。但他更看到，风险分配正日益成为社会分配的主导逻辑，虽然财富占有、社会地位仍然发挥作用，但风险扩散呈现为一种"回旋飞盘效应"（boomerang effect），或者说具有一种"拉平"倾向，所有人，不论种族、民族、国籍、性别，都必然要同样面对经济危机、政治冲突、环境污染、生态失衡等全球性风险。"贫困是等级制的，化学烟雾是民主的"（Beck，1992：36-37）；"即使有钱有势之人也难幸免"。在人为不确定性的全球世界中，个人生平以及世界政治都趋向"风险性的"（贝克，2004a：6）。

在提到《失控的世界》（*Runaway World*）一书命名的缘由时，吉登斯认为它表达了生活在这个快速变迁时代的许多人所怀有的感情。的确，在这个世界中，不仅社会变革的速度比在之前所有制度下都快得多，而且其范围及其对现有社会实践和行为方式的影响也极为深远："不管我们生活在哪里，也不管我们是如何有权有势或者一无所有，许多新危险和不确定性无不对我们产生影响。"（吉登斯，2001：2）现代性的高风险性和难以控制性，使得生活在后传统社会中的人类整体面临着不确定性，人类的本体性安全（ontological security）遭受了前所未有的破坏，存在性焦虑（existential anxiety）即对于不确定性的恐惧困扰着被全球化席卷进去的所有人。此外，吉登斯注意到，在塑造自己生平和管理风险方面，个人采取积极行动的能力存在着相当大的差异。他特别关心被社会排斥的人：这些人之所以不符合生平的主流模式，是因为他们的生活没有呈现出积极的轨迹。相反，他们的生平是循环和重复的，因为他们陷入了贫困的循环（Giddens，1998：109）。

因此，第二现代性的"自我文化"（self-culture）不应被认为包含个人的完全自由。随着自我发展的新伦理以及自我个体化的发展，对个人责任的要求也日甚一日。这是一种"全风险"（all-risk）的个体化（Beck，1994：20），迫使个人承担起全球性和集体性风险的重担。对贝克来说，在个体化的孕育过程中，不确定与混乱不是例外而是规律，是完全正常的情形。从其起源和发展框架来看，风险又排斥任何个体化的处置方案。在"法律上的个体"的困境和他们成为"事实上的个体"的机会之间存在着巨大而日益扩大的差距。个体化实际上在一种普遍的甚至相比以前更缺少个体自主私人生存的社会境况下发生。

四　生平规划的可能性

在第二现代性中，确定性已被众多选择、流动性和碎片化所取代。此时的自我身份反映了个体反身性的上升，换言之，个体越来越倾向于在自己内部寻找意义和满足的来源。吉登斯承认，形成连贯的自我身份是一项艰巨的挑战，但在某种程度上，一种整合性的稳定生活方式也是有可能的。在他看来，现代晚期的自我塑造是通过有意识的个人尝试来发展的，以保持随着时间的推移而来的方向感和进步感。个体可以通过参与反身性的生活规划来实现某种程度的连续性，并选择与自己的抱负和目标相一致的生活方式。不同的事件在不同人的生活中被赋予了不同的意义，这有赖于每个人自己的见解，也取决于他们想要为自己编织怎样的生命轨迹。吉登斯并不认为现代生活的合理化和隔离会产生分裂，让人迷失方向，因为可以透过转移令人不安的问题来推动个人规划。各种制度类型（尤其是心理治疗）已经介入协助这些转变，虽然它们的作用通常不是确认特定的选择，而是鼓励和支持个人克服转变的焦虑，并拼凑新的生活方式和自我形象（Giddens，1991）。心理治疗提供了重要的技术，以此来帮助个人随着时间的推移创造和保持一种完整的自我意识。有轨迹的生平也依赖于与机构和他人的互动，因为"自我建立了一个轨迹，这个轨迹只有经由对更广泛的社会环境的反身性使用才能变得连贯"（Giddens，1991：148）。

"现代个体的自我身份形成了一种轨迹（trajectory）。"（1994：14）有轨迹的生平是一种正常模式，作为一种规范，偏离轨迹的个体将会体验到一种本体性的不安（Giddens，1991：53-54）：其一，缺乏对于生平连续性（biographical continuity）始终如一的感受。时间经验的断裂是这种情感的基本特征。时间被理解为一系列离散的时刻，每一个时刻都以一种无法持续的"叙事"的方式将之前的经历与之后的经历分离开来。对被抹杀、被吞没、被压碎或被外部冲击事件压倒的焦虑，往往与这种感觉有关。其二，在一个充满变化的外部环境中，人们的主要精力是担忧对于自身而言的潜在风险，在实际行动上常陷入瘫痪状态，于是便可能去寻求"融入环境"。其三，个体无法建立或维持对自我完整性（self-integrity）的信任，行动者常把其行为和思想置于内心审查之中，而那些拥有合理稳定的自我身份感的个人，能感受到也能反身性地掌握其生平连续性，并能在某种意义上与他人沟通。

因此，在吉登斯看来，非线性的生平是例外的，也是有问题的。反身性的生平选择实际上等同于理性的选择，因为大多数人被认定有意识地去权衡各种选择，并根据自己的喜好和欲望选择生活方式。尽管个体通常会随着时间的推移重新审视自己的计划并做出调整，以反映他们的经验以及与抽象系统和其他个体的互动，但这些修改通常并不会破坏人生规划所带来的生平的连续性。吉登斯所提出的第三条道路政策改革议程的核心，便是通过政府的干预和支持，为人们尤其是那些被排除在社交网络之外、缺乏自我管理的人提供支持，提升其技能，帮助他们管理自己生活中的风险，成为反观自身的主体，使生活步入有意义和有回报的道路，也即让其生平有轨迹可循。

如果说吉登斯的当代生平模式反映了对自我连续性的过度关注，认为当代个体有能力克服当代生活的焦虑和困境，能创造并保持自己连贯的人生轨迹（Lash，1993），那么鲍曼则显得较为悲观（不注意到研究者的生平遭遇与其学术观点之间的关系，是不明智的。初步来说，吉登斯"学而优则仕"，鲍曼出身贫苦且曾颠沛流离，因此他们的理论都各自沾染了人生的背景色）。对鲍曼来说，由于当代生活缺乏确定性，个体被迫接受不连续的生平。人们越来越难以确定自己的身份，因为文化、经济、政治和社会变革的步伐加快，范围不断扩大，迫使个人不断抛弃现有的身份。当然，吉登斯也认识到，在现代性这种后传统秩序之下，作为秩序保证的传统和习惯并没有被理性知识的必然性所代替。作为现代批判理性的普遍性特征，怀疑充斥在日常生活和哲学意识当中，并形成当代社会世界的一种总体性的存在性维度。鲍曼同意埃利亚斯关于有缺陷的拼图游戏的隐喻："个体试图把他们个人身份的碎片拼在一起，每个人都试图使他的生活成为艺术品"（Bauman，2000：82），但越接近完成时，他们就越发意识到这些碎片不见了（Bauman，2004）。

> 在一瞬间，只有从外面看身份才显得牢固。从个人的生平经历的内部来审视，无论身份是有多么坚实，都显得脆弱，不断地被暴露其流动性的剪切力和可能将他们所获得的任何形式撕成碎片并带走的交叉流所撕裂。……有经验的、活生生的身份只能用幻想的黏合剂（也许是白日做梦）粘在一起。
>
> （Bauman，2000：82-83）

在全球化背景下，个人被迫适应经济结构调整所带来的变革，所有的安排和关系都是流动性的、无常的，也是无法预测的，即使在亲密关系和个人交往的层面上,连续性也不再理所当然,承诺只能维持到"另行通知"的时刻而已(Bauman,2003:10)。个人生活性质的变化以及管理和政治经济的新要求,有利于那些能够迅速行动、适应变化和会利用新机会的人。鲍曼认为,生活在一个流动的现代世界就像生活在一个迷宫中,没有清晰的路径和方向,面临诸多的选择,在时间和空间上,个人都几乎没有能力向前看或向后看(Bauman,2000)。在身份问题上,现在的任务不再是聚集足够的力量和决心,沿着既定的道路前进,而是改变方向:"最主要、也是最伤脑筋的担忧,不是如何在一个坚实的社会阶层或范畴框架内找到一个位置,在找到之后又该如何保护它、避免被驱逐,让人担心的是,这个来之不易的框架可能很快就会被撕裂或融化。"(Bauman,2001:176)

对鲍曼来说,所谓自我身份,不过是在一个缺乏可预测结构和规范的世界上,徒劳而无休止地去寻求安全与稳定但难以捉摸的目标。对身份的寻找注定是一场持续进行的斗争、一场永远不会取得成功的斗争。然而,尽管第二现代性的个体永远无法获得一个连贯和完整的身份,但又必须相信能达成这个目标,以便生活能够继续下去。鲍曼认为,身份是一种创建共同体替代品的尝试,它在共同体崩溃时发明出来(Bauman,2004)。从这个意义上说,虽然自我身份表现为一种个体化的形式,但它实际上是一种实现归属感和拯救共同体意识的尝试。然而,对个人来说,归属感是成问题的,因为它有可能让他们受制于特定的生存方式,并阻止他们做出选择。人们越是感到孤独,就越是会谈论共同体,尽管在令人难以置信的加速世界中,共同体正不断式微。

> 在共同体"一直都在"的世界里,缺口被我所谓的"钉子共同体"(peg communities)、"临时共同体"(ad hoc communities)、"爆炸性共同体"(explosive communities)和其他即时性消费的一次性替代品迅速填补……它们消除了对安全的渴望,尽管只是短暂的。它们都不太可能实现投资所应有的希望,因为它们没有触及不安全的根源。
>
> (转引自 Blackshaw,2005:9)

因此，个人会反对确立和正式化自己的身份，因为他们知道，虽然必须把这种努力作为一种社会必要的惯例，但这也意味着他们放弃选择，在一个需要灵活性和迅速变化的时代把自己束缚住。因此，鲍曼用相当多的模糊、矛盾和不满来描述对自我认同的探究。

在从社会化消费模式到私人化消费模式的转变过程中，消费者有了更多的选择，为界定和创造个人的社会身份提供了多样性的手段，"通过选择一种生活方式，给某种特定的自我身份叙事赋予了一种物化的形式"（Giddens，1991：81），并通过"自我形象"的确认最终巩固了个人选择的叙事（Warde，1994：882）。但在鲍曼看来，在流动的现代消费社会中，这些以生产者为导向的价值观越来越无关紧要，而且适得其反。消费者的技能包括为社会造成的痛苦寻求生平式的解决方案，如通过购买家庭核避难设备来对抗核威胁，或者通过寻找可靠品牌的瓶装水来应对污染饮用水供应，但这种消费在技能上的提升，恰恰反衬出民众个体的无能为力。现在，人们不再建立自己的生平，而是从一系列选项中选择现成的某些成分来建构自我身份。至关重要的是，与生产者不同，作为消费者的个人不会试图投资已经存在的产品，并对其进行改进，而是不断更新其标识产品的库存。因此，在流动的现代性中，生平的改善是通过更新来实现的，更新的一个核心组成部分是处理现有的自我叙事，或者是愿意抛弃旧的身份（Bauman，2003：21，49）。

不仅个体处于变动之中，他们跑道的终点线和跑道本身也是如此。"那些在微软公司开始自己的职业的人没有一个会想到要在那里终其一生。相反，在福特或雷诺公司开始工作的人几乎一定会干到最后。"（Bauman，2000：116）"脱嵌"现在成了一种经历，在个人的一生中，这种经历可能会重复多次，因为几乎没有用于"重新植入"的"根基"（bed），人们处于无休止的"抢座位游戏"中（Bauman，2000：33-34）。

> 座椅数量与位置持续变化，迫使人们不断地奔跑，没有希望得到休息或由"到达"所产生的满足感，也无望会有到达目的地之后可以刀枪入库、彻底放松和不再忧虑所带来的舒适；绝对无望在跑道的尽头获得"最后的重新扎根"；总在路上跑已经成为（如今是长

期）被连根拔起的个体永久的生活方式。

（Bauman，2000：33-34）

相比较而言，贝克所持的是一种调和的立场。尽管他认为，现代性晚期的制度要求人们对自己的命运负责，把自身作为努力和关注的焦点，然而，生活中的许多问题仍然是结构性的，超出了个人的直接控制，个人不可能为结构性问题找到完整的生平解决方案。因此，个体对自己的生活采取试验性的态度，创造并测试一系列的生平模式，以便在一个充满矛盾和不确定性的世界中找到能够提供舒适的模式。这种模式承认风险与矛盾的存在，因此不同于吉登斯的线性自我身份模式。与鲍曼的不同之处则在于，贝克明确承认体制安排和结构不平等的持续存在，也强调个人需要投入时间和精力来创造和维持可行的生平应对策略，这意味着人们不会简单地消费和抛弃预先形成的身份成分。

拉什（Scott Lash）指出，贝克经常用"我就是我"而非"我思故我在"来描述今天的非线性个体。面对一个需要快速决策的世界，第二现代性的个体对自身没有足够的反思距离来建构线性的叙事生平（linear and narrative biographies），他们必须满足于拼凑型生平（bricolage biographies）。"尽管非线性个体可能希望进行反思，但既没有时间也没有空间进行反思。他是个游荡者。他建立网络，建立联盟，达成协议。他必须生活、也被迫生活在一种风险环境中，在这种环境中，知识和生活的变化都是不确定的。"（Lash，2002）

一切都必须积极选择，每个人都在不断地被迫考虑如何生活："如今，个人感到被各种选择压得喘不过气来，尽管这些选择并不是实际的选择，但人们仍然被要求尽快做出决策，可以说，是以一种近乎反射的方式进行的。这样，个人就再也不能构建线性的、叙事性的生平了。"（Sørensen and Christiansen，2013）个人就被迫进入一种支离破碎的生存模式，其核心是一种彻底的不确定感和不可估量感，这种感觉已经支配着现代人生活的方方面面。

五　生平模式的制度化

虽然个体化理论认定个人选择和个人决策的范围在不断扩大，但这并不意味着个体可以自由地做喜欢做的任何事情，不受社会结构和规范的约束。其实，无论是经典社会学家还是贝克、吉登斯、鲍曼等人，他们所理解的个体化，都包括了相互矛盾的两个方面：一方面，个人可以为自己而活，建立自己的生平（"脱嵌"）；但另一方面，这种新选择的自由完全由教育制度、劳动力市场和福利国家的前提决定（"再嵌"）。

鲍曼一直强调个人生活故事和生平如何被结构性的社会力量所塑造。因此，个体化产生张力、矛盾和悖论，"在自我主张的权利和控制使这种自我主张成为可能的社会环境的能力之间，存在着巨大的差距"（Bauman，2000：38）。鲍曼主要关注文化机构的影响，比如媒体的作用（反身性地将我们的经历和取向聚焦于我们自身），或者购物中心的作用（为个人提供现成的、商品化的身份）。吉登斯也强调，在保持解放的可能性之外，现代制度同时也创造自我压迫而不是自我实现的机制（Giddens，1991：6）。社会制度在现代性晚期发挥着核心作用，它赋予个体选择以能力、义务和结构。当代社会制度以"象征性符号"（如货币）以及"专家系统"为主的抽象系统的形式存在，抽象的系统以多种方式支持和构造个人选择（Howard，2007：9–10）：首先，通过将社会过程常规化和规范化，产生一种韦伯式的"可计算的行为场"。其次，赋予个体新的知识和技术，使他们能借此来塑造自己的生活，处理问题和不确定性。最后，抑制或排除潜在令人不安的道德和伦理问题，它们可能会破坏个人对社会制度稳定性的信任。因此，根据吉登斯的观点，当代的制度提供了可预测性、资源和技术，使个体的人类能够发展出独特的生活方式。

在探讨"生平模式的制度化"（the institutionalization of biographical patterns）时，贝克着重指出了制度的优先性。在他看来，"个体化是第二次现代性的社会结构，它意味着社会结构的转变，而不是个体从社会过程中解放出来"（Beck and Willms，2004：101）。个体化也不意味着每个人都变得独特、与众不同，因为"人生……既不是一种……个人主义和利己主义的表现，也不是一种个人可以自由决定的人生，而是一种彻底从众的人生"（Beck and Beck-Gernsheim，2002：151）。在一个高度发达的劳动市场社会中，因个体境遇的不同，成功的取得也是完全不同的。

> 从这个意义上说，个人主义并不意味着复活的个体开始自我创造世界。相反，它伴随着生活方式制度化和标准化的趋势。去传统化的个体依赖于劳动力市场，进而依赖于教育、消费、社会规则的规定和支持、交通规划、物品供应。还依赖医疗、心理、教育咨询、护理等。所有这些都指向这里正在建立的特殊形式的控制。
>
> （Beck，1992：90）

因此，贝克将个体化视为一种最发达的社会化形态（the most advanced form of societalization）。而且，在个体化过程中，阶级差异和家庭联系也并未完全消失，相较于占据新中心的个人生平式生活计划，它们隐退到了后台。"传统关系和社会形式（社会阶级、核心家庭）的地位被次级中介和制度所取代，它们影响着个体的生平，也使得他们依赖时尚、社会政策、经济周期和市场，所有这些都与个体在意识中形成的个体支配的意象相矛盾。"（Beck，1992：131）

在贝克看来，现代人的生平对制度有着与生俱来的依赖性，这就好比是悬在官僚主义规则链上的木偶（Beck，1997：54）。尽管个体化意味着男男女女摆脱了由工业社会所规定的核心家庭的性别角色，但也迫使人们在物资匮乏的情形下，不得不通过劳动力市场、培训和流动，去建立他们自己的生平（Beck and Beck-Gernsheim，1995：6）。不仅如此，在风险社会中，风险之发生、影响与应对，也完全脱离了个人层次。个体化的发生，"正是处于普遍的社会条件之下，它使得个体自主性的私人存在比以往更少"（Beck，1992：131）。与此同时，受地位带来的影响，阶级文化或家庭的生平节奏与制度性的生平模式重叠或被这种生活方式所取代：进入或退出教育系统，进入和退出工作，决定退休年龄，都取决于社会政策。如对女性来讲，仍旧过着一种矛盾的双面生活，同时受家庭和组织的影响，这便导致一种冲突性的危机、一种持续出现的无法满足的欲求。因此,"确切地说,个体化意味着制度化、制度塑造,因此也意味着政治上建构生平以及生活情境的能力"(Beck,1992:132)。制度上的决定和干预,也就是人们生平中的决定和干预。制度塑造生平的方式意味着,教育体系、职业生活和社会保护体系中的诸项规则直接与人们生平的各阶段相互结合。实际的塑造过程通常是"不可见的"(unseen),是一种与组织内事务有着显著关联的决策所产生的"可能影响"。电视便是一例:"一方面,电视使人们从传统上塑造和划定的交流、经验和生活环境中解脱出来。而在另一方面,每个人都处于一种相似的位置:他们都在消费制度化生产的电视节目,从檀香山到莫斯科再到新加坡都是如此。"(Beck,1992:132)

因此,看似个人努力挣脱束缚,发现个人真正的自我,实际上也不过是符合一种总体律令(a general imperative)的动机而已。一方面是正在被颠覆的家庭生活的旧图景,另一方面,人们被鼓励去寻找新生活及其所带来的自由,并非个体的发明,它是经过福利国家制度缓冲后劳动力市场的晚来产物。

> 劳动是一种权力结构通过日常生活的例行公事而内化的手段,每一种例行公事都包含着意义的设定和对控制的服从。当每一种建立生活、生平、身份和存在的欲求,都被迫通过劳动力市场进行调节时,就产生了有史以来最微妙、最精简的制度之一,用来让人们服从权力的社会结构。
>
> (Beck and Willms,2004:158)

不必一一说明与劳动力市场相关的制度对个人生平塑造之影响,事实上,对制度的须臾不可或缺性,伯格的见解极具说服力。在他看来,人类难以忍受自身境况的极大不稳定性,所以必须以自己的活动建造出一种稳定的结构,社会制度便是其核心。社会制度之作用,乃在于赋予人生以一致性和连续性,换言之,给人生提供了一种稳定的背景,进而为有意识、有思想、有目的的活动开辟了一个"前景"(foreground)(伯格,2008:15-16)。他同时还提到,尽管现代性的"去制度化"(deinstitutionalization）动摇了各种制度的稳定性，致使其范围缩小，但这并不是说现代人就可以根本不要任何制度而生存，"倒不如说，现代世界产生了各种在不断变化着的准制度和大众传播的架构，借此个体可以向自己的生活里面注入某种稳定性"（伯格，2008：19）。

  作为当代人，正确的态度应当是承认（而非否认）这种结构性制约，并通过能动性的发挥，巧妙地运用，方才有可能获得理想之生平。而对于那些弱势人群，吉登斯的第三条道路虽然在有些地方值得推敲，但也指出了大致的方向，即要增加他们应付风险、应付时局的能力和资本。最后还要指出的是，对于制度，人们也并非无所作为，毕竟自我身份的新机制的出现，虽是由现代性制度所塑造，却也在塑造着现代性的制度本身："自我不是一个被动的实体，全由外部因素决定；在塑造自我身份时，无论其具体行动背景的地方性程度如何，个人都在促成并提升具有全球性后果和意涵的社会影响。"（Giddens，1991：24）尤其是由于现代性晚期"产生并允许共存的权力太多，任何一方都无法长期掌权"（Bauman，2000，63–64），特定制度的影响总是短暂又有局限，这就给人们留下了更多的权宜空间。从根本上讲，一切都端赖于当代人如何更好地作为。而那种将每个人零散的人生选择及其结果拼凑成连贯的叙事，就会形成个体化进程所带来的"生活政治"或"自我政治"的强制性行为（Beck and Beck-Gernsheim，2003：44–46），这是一种布迪厄所谓的"传记幻觉"，又或者说是福柯所谓的"自我技术"。

第十章

情感资本主义下的治疗性叙事：
伊洛兹基于美国社会的省思

今天，叙事（narrative）已成为一个关键性概念。麦金泰尔（Alasdair MacIntyre）引用他人观点强调了叙事的重要性："我们在叙事中做梦，在叙事中做白日梦，借助叙事，我们记忆、预见、希望、绝望、相信、怀疑、计划、修改、批评、构建、八卦、学习、恨与爱。"（MacIntyre，2007：211）人们针对自己过往的叙事，称为生平叙事，它是围绕自身，将人生中经历的各种事件整合进一个整体的叙事框架或一个主题明确的故事中，以此赋予人生以意义和方向。生平叙事有助于在文化语境下理解自我如何建构，自我如何与他人沟通，以及在特定的社会情境中自我处于何种位置。作为生平叙事之一种，治疗性生平叙事（therapeutic biographical narrative）所叙述的内容，是那些帮助个人自身实现健康、获得人生成功的事件。修饰这种叙事的"治疗"概念，已然是当今文化的一个核心修辞，人们在治疗过程中理解自我和自己的日常关系和实践（Walkerdine，2005）。伊洛兹（Eva Illouz）认为，这种叙事是更大的治疗文化的一部分，后者创造了一种思维方式，可称为"情感资本主义"（emotional capitalism），它代表着一种独特的文化现象："市场的规则和自我的语言融合在一起，情感本身成为一种可以被评估、检查、讨论和讨价还价的实体（entities）。"（Illouz，2007：109）情感资本主义包括表达当前自我形式与塑造自传体叙事（autobiographical narratives）的隐喻，这种精神特质（ethos）创造了所谓的"情感能力"（emotional competence），成为一种有用的资源（Béjar，2014）。本章将依据伊洛兹的研究，考察治疗性生平叙事形成的历史脉络，探究其产生的背后深层原因，分析这种治疗性叙事的结构性特征，并以脱口秀女王奥普拉（Oprahy Winfrey）的故事来呈现这种叙事在当今社会所具有的魅力。

一 治疗性叙事的脉络

1859 年，萨缪尔·斯迈尔斯（Samuel Smiles）这位成功学的开山鼻祖、美国成功学大师卡耐基的"精神导师"，出版了一部颇受欢迎的作品，名为《自助》（*Self-Help*，中文版译为《自己拯救自己》）。斯迈尔斯写作此书，意在彰显维多利亚时代个人责任的观念，他本人秉持 19 世纪对进步信念所特有的乐观主义和道德意愿论，意图唤起人们在充满活力的行动中的自助精神（self-help ethos），因为自助精神认定道德的力量可以决定个人的社会地位和社会命运。在伊洛兹看来，这种自助精神源于清教的天职观，其基本预设是，只要人们像清教徒那样为人行事，上帝就必会用成功和幸福予以奖赏，概言之，"自助者，天助之"（斯迈尔斯，2009）。"自助具有坚定的民主色彩，透过节制、耐力和精神，即便身为穷人，也可以经受住日常生活的一般考验，即便最卑微的人，也能为自己争取到一种光荣和声誉。"（Illouz，2008b：153）该书所述，正是某些男性如何从籍籍无名之辈进入名利场之中。这些男性是坚毅工作、正直和"真正高尚和具有男子汉气概"的典范，他们最终取得成功的人生经历（生平）激发了那个时代人的崇高思想，很多人也想通过自力更生、奋力拼搏实现自己的人生抱负。

斯迈尔斯的这本书传到美国后更是引起震动，甚至被称为美国文明建设的精神导引。但到了 19 世纪末 20 世纪初，尤其是面对第一次世界大战所带来的创伤，斯迈尔斯的这种自助精神在美国遭到了同为来自欧洲的弗洛伊德学说的挑战。面对未来，弗洛伊德显得很是悲观："与世界上存在的大量神经质的痛苦相比，我们可以摆脱的痛苦几乎可以忽略不计。……我们目前对那些深受神经病折磨的广大社会阶层无能为力。"（转引自 Illouz，2008b：153）应对这些挑战便成为精神分析的使命，弗洛伊德甚至认为，精神分析乃是精神救赎的唯一途径，唯有精神分析师科学的、辛劳的因而也要价不菲的工作，才有助于人们提升自我。尽管弗洛伊德也呼吁精神分析的民主化，但他对穷人放弃神经症的意愿持怀疑态度，因为在康复之后，等待他们的艰辛生活缺乏吸引力，反倒是疾病给了他们一个寻求社会帮助的借口。换言之，劳作者似乎更偏向于他们道德上和精神上的痛苦，而不只是获得肉体上的康复。因此，精神分析学家和穷人都无法治愈"如此巨大的神经性痛苦"。自助的能力以个人的社会地位为条件，这种能力一旦受到损害，就没有办法借助纯粹的意志力来加以复原。从斯迈尔斯转到弗洛伊德，画风一时大为改观："自助不依赖于个人的道德忍耐、美德和意志，因为无意识可以采取许多狡猾的途径来击败有意识的决定。换句话说，无意识能够击败个人自助之决心。"（Illouz，2008b：3）

就这样，弗洛伊德和斯迈尔斯就站在了自我道德话语的两极。在斯迈尔斯那里，人们获得流动性和进入市场的机会乃是自助精神使然，它所产生的美德在意志和"道德脊梁"（moral spine）的共同作用下得以发挥，人生乃是一系列积累性的成就，可以将其理解为沿水平时间线的逐步展开。而在弗洛伊德的理论框架中，自助和美德没有一席之地，"道德脊梁"和"坚强意志"（strong will）甚至也成了精神分析要解决的神经症状，"个人必须在童年时期的关键事件和随后的心理发展之间画出许多看不见的纵向线条（invisible vertical lines），并设想人生不是以线性的方式而是以循环的方式展开的"（Illouz，2008b：154）。不仅如此，对弗洛伊德来说，精神分析的目标是健康而非成功，而这种健康并不完全取决于个人的意志，因为治愈是在病人的想象和意志的背后发生的。"带来精神上的变革以及最终的社会变革的，只有移情、抗拒、梦想工作和自由的联想，而不是所谓的'意志'或'自我控制'。"（Illouz，2008b：156）精神上的康复也不可能是民主化的，会均匀地分布在整个社会，相反，精神治疗更多与社会特权有着一种隐蔽的亲和关系。

但是伊洛兹透过对第二次大战后美国文化的分析，认为此时斯迈尔斯的自助精神与弗洛伊德的精神分析以一种看似不相容的方式实现了结盟，那就是："围绕着解决亲密关系、抚养孩子、领导能力、离婚、自信、控制愤怒、节食和健康等问题，形成了一个庞大的自助产业，自助人人皆可为。"（Illouz，2008b：155）弗洛伊德的一些基本原则也蕴含其中，例如：身份认同的无意识，冲突源于内心而非外部，对有关自我和心灵的语言加以适当管理来克服冲突。精神治疗的语言进入流行文化的领域，并且与美国文化对于幸福、自力更生和自我完善这类信念的追求结合在一起。"事实上，当后来的理论家对弗洛伊德关于自我的观点进行了足够的修正，使其承认自我的完美性时，弗洛伊德关于自我的前提就能进入美国文化的核心了。"（Illouz，2008b：4）

这二者的结合，产生了一种新型的自我叙事，即治疗性叙事（therapeutic narratives），这种叙事深刻地改变了自传体话语（autobiographical discourse），即在人际交往中如何构思、讲述和商谈人生故事。进而，这种叙事也改变了人们的身份认同。贝克认为，治疗精神（therapeutic ethos）使得人们更有准备，更有能力应对矛盾、紧张和不确定性（Beck and Beck-Gernsheim，1995）。而在伊洛兹看来，由于对不同文化信仰的适应和吸收，整个20世纪心理学话语都在不断扩张其影响，并形成了有关自我和身份认同的当代叙事。麦基（Micki McGee）展示了自我如何成为一个持续努力、自我创造和自我发明的场所，描述了20世纪末市场中自我处境的一个重要方面：在一个被长期的焦虑和不安全感所笼罩的市场中，人们不断进行自我管理和自我评估。换言之，自助文化承诺带来解放和自我掌控，但它实际上推动它的追随者进入一个无休止的自我劳动循环，"自我劳作不已"（belabored self）（Mcgee，2005）。与麦基不同的是，伊洛兹认为，自助文化恰恰调和了自主和依赖之间、自力更生和对社会关系的渴望之间的冲突和矛盾。

伊洛兹认为，随着治疗理念的广泛传播，治疗性叙事从一种知识体系转变为威廉斯（Raymond Williams）所称的"感受结构"（structure of feeling）。这种表述本身指出了两种相反的现象："'感受'指的是一种初期的体验，表明我们是谁而我们却不能清晰地表达出我们是谁的那种感受；而'结构'则表明，这种层次的体验存在一个潜在的模式，即它是系统性的而非偶然性的。"（Illouz，2008b：156；参见Williams，1977：132）在伊洛兹看来，自助治疗文化虽是当代社会经验中一个非正式的、未充分发展的方面，但它也是一种深刻内化的文化图式，组织起对自我和他人、个人生平和人际互动的感知。文化结构的持久性问题不可避免地把人们带回到文化结构的深层问题上来，而文化结构的深度问题又可以重新表述为文化社会学的核心理论问题之一："治疗性文化结构是如何转化为解释、讲述个人的生活故事以及解释他人行为的'微观实践'（micropractices）的？"（Illouz，2008b：156）

二　治疗性叙事的制度化

对于频频出现在社交网站、电视节目上的治疗性叙事，伊洛兹在《拯救现代心灵》（*Saving the Modern Soul*）一书中，探讨了这种叙事如何成为一种主导性的知识话语，如何成为行动者微观实践中的一种文化结构，尤其是它如何被制度化的。伊洛兹的讨论主要针对美国的情形，她归纳的主要因素包括：心理理论的内在变化、治疗话语在国家中的制度化、心理学家日益增长的社会权威、保险公司和制药企业在调节病理和治疗方面的作用等。

伊洛兹认为，心理学与19世纪席卷美国的"医心运动"（mind cure-movement）产生了共鸣。这一运动帮助人们放松自我，开阔心灵，是"一种刻意乐观的人生规划，既有思辨的一面，也有现实的一面"，其根本目的是"系统性地培养一种健康的心态"（Illouz，2008b：157）。精神分析之所以在美国流行文化中广泛传播，是因为当时的心理学家们都在很大程度上舍弃了弗洛伊德的悲观决定论，转而倾向于一种突出更乐观、更开放的自我发展观的心理学，这样心理学和美国人的道德观之间就产生了某种契合。例如，阿德勒（Alfred Adler）认为，意识和无意识都是为个人服务的，它们都是个人实现目标的手段，人们选择目标前进，这些目标会让他们觉得在这个世界上占有一席之地，获得安全感并保持自尊。埃里克森则走出早期的心理动力思想，认为自我是一个自主的系统，具有适应的功能，能够应付发展过程中的各种状况。"弗洛伊德的目标是探索早期创伤如何在成年后造成精神病的，而埃里克森的目标是让人们关注人类战胜生活中的心理危险的能力。"（Illouz，2008b：158）

这些发展使心理学越来越符合自助精神的价值观，因为它们表明成长和成熟是人生过程的固有组成部分，是通过有意识的意志和意愿行为而获得的。自我心理学构成了心理学与美国文化中占主导地位的自我概念之间的文化桥梁。这场运动有助于巩固这种联盟，并帮助心理学在流行文化中取得更为重大的进展。在伊洛兹看来，这无疑是一场人文主义的运动，尤以罗杰斯（Carl Ranson Rogers）和马斯洛（Abraham Maslow）为标杆。

罗杰斯的一个基本预设是，健康是人类的一种内在属性，精神健康是人生的正常进程，精神疾病、犯罪这类问题乃是对自然健康的一种扭曲，人具有自我实现的倾向，这是存在于每种生命形式中的内在动机。令人不满的人生只是由于缺乏"自我实现"（self-realization），精神治疗的目标就是帮助个人实现其真正的自我。马斯洛的人本主义心理学成功地推动了自助精神和心理学之间的结合，人们作为自由的行动者，有责任尽可能多地实现自己的潜力，而且唯有如此才能过上真正真实的生活。反过来，拒绝充分利用生命中的每一刻，拒绝尽自己最大的能力去实现生命的存在，乃是大错特错。马斯洛的思想要求自我实现的需要，这促使他提出了一个假设，这个假设在美国文化中获得巨大的成功，即对成功的恐惧阻碍了个人追求伟大和自我实现。那些不符合这些自我实现的心理理想的人现在生病了："我们称之为'病态'的人是那些另类，那些对自己的人性建立起各种神经质防御的人。"（Illouz，2008b：160）

在20世纪60年代之后，心理学家的权威在文化和政治领域不再遇到阻力，反对个人主义和自我心理概念的政治意识形态开始衰落。消费主义和性解放使得性意识、自我发展和私人生活占据了公共话语的中心舞台，成为身份认同的重要场所。伴随着消费市场的成熟与扩张，再加上性革命的发生，心理学家的知名度和权威性得到提升，"心理学家成为私人生活的仲裁者"，他们也越来越多地将公众当成消费者和病人来看待。此外，"平装书革命"也让心理学家能够更直接面向社会大众，给他们提供各类咨询建议。平装书在便利店、火车站和药店都能方便获得，从而助推了本就繁荣的自助产业。伊洛兹发现，到1998年，自助类型的书籍在美国的总销售额达到5.81亿美元，成为出版业中一股强大的力量（Illouz, 2008b：162）。

需要说明的是，尽管当时心理学的不同流派之间存在着竞争，但并未掩盖它们之间最终达成的共识，即都"把情感生活（emotional life）定义为需要加以管理和控制的事项，需要按照国家和市场所倡导的不断扩大的健康理念对其进行监管"（Illouz, 2008b：171）。

伊洛兹把自我视为一种深层次制度化的形式，它需要一种制度化的基础，具体包括国家、市场和社会这三个主要方面。心理学话语是国家采用和传播的个人主义模式的主要来源之一。就国家领域而言，表现为对自助治疗话语的采纳和传播，而这可能与第二次世界大战后对社会调整和福祉的高度关注有关："精神健康对军队的短期效能、国家安全、国内安宁和长期经济竞争力都是必要的。"（Illouz, 2008b：163）美国在1946年成立国家心理健康研究所，对行为心理学研究加大资助，临床心理医师数量逐年增长，寻求治疗建议的人数也持续走高。"（美国）国家越来越依赖治疗精神的规范、象征主义和道德话语，为穷人、囚犯、罪犯和声称受到情感伤害的受害者等群体实施各种康复计划。"（Illouz, 2008b：163）而在这背后，正体现出现代国家以不同但又一致的方式围绕着个人的文化观念和道德观念来组织权力。因此，治疗性话语为国家提供了更多的合法性，同时又通过在国家机构的采用获得看似理所当然的权威。

就市场而言，伊洛兹指出，销路旺盛且一版再版的《精神疾病诊断和统计手册》（*DSM*），是使心理解释模式得到极大扩展的主要工具之一。该手册是由美国精神病学家和临床心理学家组成的委员会制定的，提供了一份全面的精神问题清单，但并无严格定义哪些行为属于精神障碍，因此类别很松散也很宽泛。"以前可能被归类为'坏脾气'的行为或性格特征，现在需要照顾和管理，因此被归为病态。"（Illouz, 2008b：165）该手册不仅被大多数精神卫生临床医生使用，而且越来越多地被第三方使用，如保险公司（或其他支付款人）能够更有效地依据它处理索赔，制药行业则依据它来进行医药开发。"对于制药公司来说……未标记的大众是一个巨大的未开发的市场，是阿拉斯加尚未开发的精神失常油田。"此外，该手册也在法庭上作为申请福利、补偿或减轻罪责的依据。

第十章 情感资本主义下的治疗性叙事：伊洛兹基于美国社会的省思

在这个过程中，DSM 显然已经大大扩大了心理学家权威的范围，他们现在对诸如多少愤怒如何适当表达，应该有怎样的性意识，应该感到多大的焦虑以及哪些情感行为应该被贴上"精神疾病"的标签等问题进行立法。由于 DSM 制定背后的分类和官僚逻辑旨在控制、预测和合理管理精神障碍，它越来越降低了界定功能障碍的门槛。这一过程通过提供分类和文化框架使治疗得以彻底商品化，从而最为成功地使市场占有了治疗。

(Illouz，2008b：166)

最后便是社会层面的影响。伊洛兹认为，医疗话语在国家和市场上的制度化本身并不能解释它为何如此轻易地掌握了自我意识（selfhood）的模型。自我治疗模式具有非同寻常的文化共鸣，因为在社会中运作的政治行动者对国家和立法机关提出了新的要求，并通过使用和依赖治疗语言的基本文化模式来推进他们的主张，以促进他们的斗争。其中，有两股力量在发挥作用：一是女性主义，早在 20 世纪 20 年代，女性主义就是采用治疗话语的主要政治和文化形态之一。在心理学中，女性主义既把性作为解放的场所，也提供了一个历史上前所未有的观点，即私人领域应由（政治和心理）自决的理想来统治。但在 20 世纪 80 年代，当女性主义谴责父权家庭在虐待儿童方面的压迫作用时出现了新的转折，儿童精神伤害被转化为对家庭和父权制的政治批评。尤其是爱丽丝·米勒（Alice Miller）运用治疗逻辑，将创伤置于人生叙事的中心，由此开启了心理知识的方法被用来将私人问题转换成政治问题和进一步普及女性主义者的斗争。二是促进治疗叙事的力量——越南退伍老兵这一群体，他们将某些经历构建为创伤经历，从中获得某种社会文化权益。

就这样，"国家、学术界、文化产业的不同领域、国家和大学认可的专业人士群体，以及庞大的医药市场和大众文化，以各自的语言、规则、对象和边界，交叉创造了一个行动领域"（Illouz，2008b：171）。围绕着自我实现、健康或病理，各种各样的社会和机构参与者竞相参与定义，从而使情感健康或者说精神健康成为一种新的商品。

三 治疗性叙事的结构

伊洛兹认为,这种治疗性叙事之普遍,与当代人的欲望结构存在着某种共鸣,原因在于:

1. 它处理并解释了矛盾的情感——爱得太多或不够爱;咄咄逼人或不够自信。
2. 它把主体同时当成既是患者又是消费者,当成既是需要管理、关爱的人又是可以控制自己行为的人。
3. 它采用了犹太—基督教叙事的基本文化模板。
4. 它让个人对自己的精神健康负责,同时也消除了道德罪责的概念。
5. 它是表演性的,从这个意义上讲,它不仅仅是一个故事,因为它在讲述过程中重组了经验。
6. 治疗性话语是一种具有传染性的文化结构,因为它可以被复制并传播给周边人、后辈以及配偶。
7. 它对男性和女性都非常有吸引力,因为它通过情感生活的前景,触及了(传统上是男性的)自我解放的理想,也因为它能在私人和公共领域实现自我管理。
8. 它源于这样一个事实:个体已经融入了充满权利概念的文化之中。

(Illouz,2008b:183 - 186)

治疗性叙事特别适合于自传类题材,也显著地改变了自传体话语,因为它促使公众将精神痛苦的暴露作为自我描述的中心。在治疗性生平叙事中,身份认同也是通过痛苦的经历并通过讲述这种经历的故事,从而获得对情感的理解来发现和表达的。伊洛兹认为,与19世纪的自传体叙事以"白手起家"(rag to riches)故事线索为特征不同,新的自传体叙事呈现出截然相反的特点:这些故事涉及的是精神上的痛苦,即使是在名利双收的情况下也大抵如此。

> 精神痛苦的叙事将成功人生经历（传记）重新塑造为治疗性人生经历（传记），其中，自我从不会完全固定成型，而且精神上痛苦成为个体身份认同的持久性组成部分。在新的治疗性生平叙事（自传）中，成功并不是故事的动力，相反，它恰恰是另外一种可能，即自我在世俗的成功中是可以被毁灭的。在治疗性的世界观中，即使是成功的人生也仍在创造之中，讲述故事本身就是这种自我创造过程的一个方面。
>
> （Illouz，2008b：181-182）

自助和自我实现的叙事是一种记忆的叙事，也是受苦记忆的叙事，同时还是一种运用记忆带来救赎的叙事。这种叙事的核心，是假设个人通过练习自己对痛苦的记忆从而将自己从痛苦中解放出来。

伊洛兹提到，在20世纪90年代，疾病回忆录成为一种独特的文学题材。这些关于疾病的回忆录引发了畅销书中所谓的"失忆"或"痛苦回忆录"。作者们在书中着力叙述自己是如何战胜个人创伤。这类题材似乎在特权阶层中颇为盛行，他们可以利用这种叙事进一步赋予自己象征资本，表明他们的生活也同样是一场与逆境的斗争，这种逆境现在已经具备了一种精神特征（psychic character）。林肯曾对自己的人生这样评价："想从我早年的生活中获得些什么，真是太愚蠢了。它可以被浓缩成一句话……关于一位穷人简短而朴素的编年史。"（转引自 Illouz，2008b：183）与新教文化中普遍存在的禁欲主义和克制一致，林肯拒绝用意义来美化贫穷和苦难。治疗性叙事与这种讲述人生故事的方式是截然相反的，它包含了以最大的意义修饰一切形式的痛苦，无论是真实的还是虚构的。

治疗性话语将曾经被归类为道德议题的问题转变为一种疾病，这是社会生活医学化更广泛现象的一部分。治疗性话语确实在文化上对以往被定义为不道德的行为进行了大规模的重新编码，将其重新定义为"意志之病"（diseases of the will），在这种所谓的疾病中，个人丧失对自身行为进行监控并做出改变的能力。人们并没有指导方针，去确定完整的自我和不完整的自我之间的区别。当人们审视大多数使用治疗性语言的文本背后的假设时,一个清晰的模式就会出现:"健康或自我实现的理想定义了一种相反的功能障碍,它是由'充分自我实现的生活'这一范畴产生的。"(Illouz,2008b:172)换句话来说,这种观点意味着,没有充分发挥肌肉潜能的人就是有病。伊洛兹认为,这一基本逻辑塑造了治疗叙事。

治疗性叙事的主要特点是,故事的目标决定了被选择用来讲述故事的事件,以及这些事件作为叙事的组成部分是如何联系在一起的。"性解放""自我实现""职业成功"或"亲密关系"之类的叙事目标,决定了阻碍自我实现目标的复杂性,而这种复杂性反过来又决定了我将关注人生过往中的哪些事件,进而又如何将这些事件联系在一起的情感逻辑。从这个意义上说,"治疗性叙事是回溯性的,或者说是往回写的,即以故事结局开启故事"(Illouz,2008b:173)。

以治疗为使命的治疗文化产生了一种叙事结构,痛苦和受害心理在这种结构中定义了自我。事实上,只有把生活中的事件想象成自我发展机会失败或受挫的标志,治疗性叙事才能发挥作用。因此,自助叙事基本上是由痛苦叙事支撑的。这是因为痛苦是故事的中心"接扣"(knot),它引发故事,推动故事展开,并使故事"发挥作用"。因此,治疗性叙事本质上是循环的:讲故事就是讲一个关于"患病的自我"(diseased self)的故事。正如福柯(Foucault,1986)所指出的,以健康为医学隐喻的自我关怀,自相矛盾地鼓励了一种需要纠正和改造的"病态"自我的观点。任何不符合治疗理想的行为都需要给出解释。在这个过程中,对立面可以是等价的。例如,爱得太多和爱得不够都会转化为相同的病理症状,因为依据定义,健康的爱情不会受伤也不会痛苦;如果有任何伤害或错误,它必然指向所爱之人的心理缺陷,这种缺陷可能意味着两个相反的事实之一:爱得太多或爱得不够。换言之,治疗性叙事结构可以产生相互矛盾的情节线:"对亲密的恐惧或对亲密的上瘾。"(Illouz,2008b:175)

文化图式是一种深层的文化编码形式,它在基本结构中组织对世界的感知,而这些基本结构反过来又限制了我们与环境的交流和互动方式。治疗性叙事已成为一种基本的自我图式,它组织有关自我的故事。更确切地说,它是一种自传体话语,是我们如何在这个世界上理解自己的形式和内容。治疗文本已经被转变成实践,因为从一开始它们就是被表演(performed)的文本。"为了使他们的表演有效,行动者必须提供一种可信的表演,引导人们去相信,他们的行为和姿态能够使他们的动机和解释得到合理化解释。"(Kirschner,1996:34)

认知类型化或图式,应该被看作储存在心理框架中的制度。反过来,精神结构也指向它们产生的机构。文化观念要发挥作用,就需要围绕对象、互动仪式和社会表演来体现。这些表演开始于精神分析学家的咨询室,但后来随着新网站的加入,这些表演变得相当广泛,最引人注目的是支持小组(support groups)(如冥想团体、自信训练小组、匿名戒酒会等)和电视脱口秀节目。最成功、最著名的例子是奥普拉的脱口秀节目,每天有3300多万人收看,她在采访中采用并大力提倡一种有助于自我完善的治疗性风格叙事,她庞大的文化和经济事业仰赖于她表现内在自我的能力,或者说仰赖于她说服观众相信她的苦难和自我克服的真实性的能力。在本章最后,我们以伊洛兹所讨论的脱口秀女王奥普拉来讨论这种叙事的力量。

支持性小组已成为将治疗的文本和体制结构翻译成文化表演的主要文化载体之一,其出现应被理解为制度化治疗语言的文化硬币的另一面。支持性小组有一个更深层次的共同文化结构,它们激活并执行治疗性叙事的结构。治疗性叙事图式使自我的构建成为可能,它把有关自身的叙事转变成公开的表演。支持性小组的特点是把私人故事变成公共沟通行为,这种机制具有治疗作用,它将私人的转译成公共的:

> 它是治疗性叙事的规则(narrative code),它规定了如何分享私人故事,如何在公共场合讲述这些故事,观众又该如何解读这些故事。支持性团体产生于生命过程中的挫折和危机。离婚、强奸或者性虐待为参加支持性团体提供动机。支持性团体的主要目标是重新认识自我,并理解那些扰乱生活的事件。
>
> (Illouz,2008b:187)

治疗性叙事另一方面涉及自助，其体现便是（self-change），只有在疾病和痛苦首先被定义、标记和分类时自我改变才能发生。这种双重叙事结构反过来又产生了当代男性和女性的双重道德世界，在这个世界里，"受害者"和"幸存者"都受到赞颂："受害与生存的双重叙事结构也是赋予自我道德地位的道德结构。"（Illouz，2008b：196）

四　苦难的魅力：奥普拉的脱口秀

2003年，伊洛兹出版《奥普拉·温弗瑞与苦难的魅力》（*Oprahy Winfrey And the Glamour of Misery*）一书，该书运用有关治疗性叙事的观点，从"痛苦与受苦的文化"（the culture of pain and suffering）角度来审视奥普拉的生平叙事及其在脱口秀节目中的呈现。伊洛兹认为，所谓的明星，在20世纪早期意味着魅力、幸福、浪漫、异国情调以及奢华，在外人眼里，这些明星们在对婚姻幸福、努力工作、奢侈财富、美貌和青春的矛盾要求之间实现了兼顾。在好莱坞，明星们总是以一种复杂的方式处理自己生活舞台的前台和后台之间的关系，试图让自身的个人缺点远离公众的视线，同时又充分暴露出来。但对于奥普拉，人们会对媒体讲述她成功故事的方式以及她成为明星的道路感到惊讶，她的自我呈现与众不同：

> 她承认个人自身的悲剧。她讲述了自己失败的恋情，童年时期受到的性虐待，以及她为减肥所做的不懈努力。这些见解使她深受美国人的喜爱，也使她成为全国最受欢迎的演讲者之一……奥普拉说，她（如今）仍然很难把自己想象成一个名人……尽管她现在很成功，但奥普拉承认她的人生并不总是一帆风顺。
>
> （Illouz，2003：16-17）

奥普拉之所以成为明星，并非由于其美貌或唱歌、演戏方面的才能，而是她对自己和他人的生平经历进行公开讲述及营销的结果。奥普拉彻底改变了对于"真实性"（authenticity）的构建和管理方式。与大多数媒体明星是"视觉圣像"（visual icons）不同，她首先是一位"传记偶像"（biographical icon），人们知道这个人物，是她在节目中上演自己和他人的个人生活。奥普拉的生活是她品牌的精髓，她愿意在日间电视节目中敞开心扉，这帮助她赢得了观众长久的信任。

奥普拉通过两种主要的技巧展示了自己在日常生活中遇到的问题：一方面是她对工作室的建设，作为她私人生活的延伸，也是她现实中自我的延续；另一方面是她采访嘉宾的方式，她从中模糊了嘉宾和她自己生活之间的区别。利用脱口秀节目中舞台和后台的混淆，奥普拉把电视节目变成了一个展示她个人自我的私密空间。她经常在节目一开始就告诉观众，她周末是在哪里度过的，她为什么戴有框眼镜而非隐形眼镜，或者她的鞋子"让她疲累不堪"，诸如此类。脱口秀延续了奥普拉的日常生活，她的人格在"明星"与"普通人"、魅力与平凡的交汇点上清晰地表达了出来，她把明星身份成功塑造成了一种全新的准则：明星身份是与日常生活的阴暗地带紧密相关，而非相反。

> 麦当娜之类的女明星似乎是一个遥远的圣像，她们玩弄着大众媒体偶像，展示着纯粹又干净的形象，相反，奥普拉则出现在我们熟悉的厨房角落里，她以日常性身份而非仪式性的身份向我们说话。
>
> （Illouz，2003：31）

奥普拉经常透露的一些"秘密"，其共同点是都带有一种失败的心理和失败的关系，甚至可以说，奥普拉的名气来自她对自己人生经历中那些"失败"部分的公开利用。不过，尽管她是在极度贫困和贫困剥夺感中长大的，但这种现实的不幸似乎是无关紧要的，相反，心理障碍才是她要努力加以克服的。奥普拉并没有夸耀自己拥有难以言喻的权力或才能，而是把自己塑造成困扰最普通女性的问题的浓缩版："缺乏自尊、受过性虐待、体重超标、恋情失败。"（Illouz，2003：33）由这些主要系列组成的故事便是我们前述提到的一种治疗性叙事。她的成功被塑造成一种治疗性的胜利，走出了艰难生活中极不寻常的困境。因此，奥普拉成名的一个惊人之处是，她作为明星的自我构建与她作为明星的自我解构紧密相连。她之所以成名，是因为她把成功的男性世界看作女性生活中苦难形式的一面倒影镜。与"男性成功的故事"不同，这个故事不是关于成功而是关于一个失败的自我的故事，而这恰恰又带来了成功。

她把自己的人生塑造成一部治疗性传记，围绕精神事件进行书写和叙述。可以说，媒体采访和电视节目上的自白，成功地引出了她对于生活的治疗性叙事。通过了解自己，并声称在这种在镜头下获得的自我认知反过来可以改变她，她创造了许多同时发生的言语行为，后者构成了她生活的主要叙事部分。因此，对自我角色的系统性消解膜拜（defetishization），是奥普拉向观众和读者传达信息的核心技巧之一。

消解膜拜的另一个技巧，是在她自己的启示和嘉宾的启示之间建立某种连续性。在打造自己的脱口秀节目的同时，她也以一种构建和包装嘉宾生活的方式，对自己的人生进行包装并予以商品化。她偶尔会邀请她的生活伴侣斯特德曼（Stedman）到演播室，或者邀请"现实生活中的朋友们"参与节目。如果说奥普拉用她对待嘉宾的技巧模糊了她的私人生活和公共生活，那是因为她的生平和她的脱口秀节目之间有一种密切的镜像关系。奥普拉经常使用这种采访技巧，她把自己生活中的情节和情感穿插其中，直到不清楚"真正的受访者"是谁："去年我和 Trudi Chase（节目嘉宾）一起做了一个节目，她曾是严重性虐待和虐待儿童的受害者。在讲述她的故事时，我开始情不自禁地哭了起来。我停不下来。这都是我自己（经历过）的事。"（Illouz, 2003: 32）奥普拉由此巧妙地邀请观众和嘉宾效仿她自己的人生，从而建立了一种强大的魅力关系，而这种关系的基础是她确实履行了自己的承诺。于是，她在自己的生平经历（传记）中塑造的治疗性叙事被动员起来，展现出一种具有魅力的力量形式。

规范行为和自我行为的交织是奥普拉脱口秀故事的一个显著特征。在奥普拉的生平故事中，存在两个相互交织的叙事主题：一个是规范或道德准则（moral code）以及对它们的违反，这是将自己与他人联系在一起的规范和义务；另一个是治疗准则（therapeutic code），即指出某个人的生活故事与心理"健康"模型的不同之处。对道德准则的违背，让我们看到了自我如何成为自身问题的故事。因此，当违反规范的行为牵涉被他人或自身伤害的自我时，道德准则就产生了一种治疗准则。奥普拉的故事以违反一种规范开始，她试图通过提出自我是否能从伤害中解脱出来的问题，将故事的追溯结构转变为一个前瞻性的结构。违反道德准则会危害到自我及其健康，进而会激发一个治疗性的事件。

治疗性叙事最有趣的形式特征之一，是其可以在许多次要情节中无限期地延长。例如，奥普拉的减肥之战变成了一个正在进行的、未完成的故事，不断被记录在各种文本中：她的节目，她和格林关于身体健康的畅销书，她的日记，她对媒体关于她的减肥斗争的采访，她对媒体关于她的畅销书的采访（Illouz, 2003: 41-42）。可以说，她以一种连续又透明的方式控制了她的私人自我和公共自我之间的界限。

奥普拉的生平叙事还显示了魅力型领袖的特征，因为她不仅提供了关于过往的痛苦叙事，也同时在当下延长了这种叙事，通过不断创造和揭露一系列需要克服的心理障碍，将她对自己的成功转化为帮助他人的无私愿望。奥普拉魅力之所在，是她在镜头中对自己痛苦的展示，是通过电视节目对各种疾病和痛苦表现出的自控、自律以及伦理关怀。这些都是精神领袖的基本特质。

> 奥普拉不仅是一位具有超凡魅力的领袖，也具有消解正常社会秩序轮廓的阈限象征力量，她从黑人妈咪（black mammy）一跃成为《时尚》杂志封面明星，从一个受虐妇女一跃成为美国历史上最具影响力的黑人女性，从一个普通女性一跃成为全球偶像。她也是一位"始终如一、完全符合自身内在构成逻辑"的社会人物。这个人物角色在脱口秀节目中得到反映和塑造，反过来又构成了脱口秀的一个社会背景，在这个社会背景中，这个人物角色的矛盾得到了发挥。奥普拉有意操纵的人生故事的意义——心灵上的痛苦和自我改变——成为她自以为的身份和道德使命的主要组成部分。
>
> （Illouz, 2003: 45-46）

自助是奥普拉给她的节目赋予的另一种核心意义，也是其世界观的核心。自我的改变则是这种自助精神的体现。如果说斯迈尔斯的自助精神是帮助自我进入资本市场，那么奥普拉的自助精神则主要赋权给已经深为资本主义所折磨的自我，目的是恢复自我在生活所有领域的功能：从工作到亲密关系、性和自尊，尤其是家庭关系。换言之，奥普拉的自助精神关注的是以"精神健康"的理想改变自己，而不是瞄向目标、耐力和道德品质。奥普拉生平的独特之处在于，它不仅表现了嘉宾故事的形式和内容，而且实现了该节目自称改变人生的使命。

> 奥普拉的失败之所以会成功，是因为她在我们可以称之为治疗性生平叙事（传记）的文化密码中，投射出了自己的缺点：被揭露的不是发生在"真实"世界中的"事件"，而是她与自己心理斗争的情节以及无关痛痒的情节。这种治疗性生平叙事反过来又使得奥普拉能够利用她的失败，把它们转化为胜利和自我克服挫折的故事。
>
> （Illouz，2003：33－34）

奥普拉主要使用心理疗法和新时代心理学的语言。受伤和失败的自我是奥普拉以及整个治疗文化的核心主题，因为它能够在专家和精神导师的指导和权威下产生一种话语和一种动态的情感"赋权"。"建立在个人自我完善的强大清教传统基础上的自助精神，已在治疗师的话语中有所借鉴，治疗师的权威在于声称改善精神或身体健康。"（Illouz，2003：136）奥普拉的自助精神尤其针对女性，要求她们建立亲密而"健康"的关系。无论是在家庭内部还是外部，女性都比以往被要求承担更多社会上的"情感工作"。"自助精神受到了女性的热烈欢迎，因为它包含并综合了两种主要但相互矛盾的文化特质：自由和自力更生，亲密和教养。"（Illouz，2003：137）

奥普拉在节目中还大量借鉴了通俗心理学方面的手册，用它们作为框架，在"重写"自传体叙事的同时，生成围绕文本所组成的临时叙事共同体（transient narrative communities），自我由此改写自己的故事，并与他人一起或为他人做出改变。"治疗性叙事同时构成一个患者组成的共同体，帮助个人撰写其独特的传记。"（Illouz，2003：139）在这个叙事共同体中，自我可以透过谈论自己的困境，将自己的失败暴露给他人，以此增强自己的力量。

伊洛兹最后指出，奥普拉脱口秀发展成为一个经济帝国，并成为一个全球性的触角式媒体结构（a global tentacular media structure）。这既是由于奥普拉越来越细分、个性化并将其生平模式标准化，也是因为营销策略的改变，即越来越针对特定群体甚至个人。伊洛兹提醒到，这离不开电视媒介，它的全球组织背景及其建立全国乃至全世界观众的想象共同体的能力赋予自我以更大的力量。当然，电视不过是媒介世界（media world）的工具之一，而且今天看来已显得传统了。如今，人人皆生活在叙事之中，或观看他人叙事，或自己主动登台叙事。

五　治疗性叙事的逻辑

"在目前的政治和其他公共生活中，公开地表露情感也成为一种风格，尤其是公众人物当众含泪或落泪，已被广泛接受乃至受到追捧，而这在以前会被认为是失态或有失风度。"（成伯清，2017）伊洛兹确实洞见到因时代变化而来的生平叙事的转变及其背后逻辑。具体来看，这种治疗性生平叙事其实结合了两种生平叙事（策略），即成功的叙事和不成功的叙事。或者说，这种治疗性生平叙事通过增加不成功的叙事从而改造了成功的叙事。之所以用"不成功"这个修饰语，是因为它起初并不必然意味着"成功"的反面（即失败），它还包括那些日常的事项。当然，就发展趋势看，"不成功的叙事"逐渐加深为"失败的叙事"，进而发展成为一种"悲情叙事"。如果说奥普拉早期脱口秀节目还主要是把主人公生活中那些不起眼的平凡事情呈现给公众，而悲情主义叙事则有点过度渲染过往的不堪了。对此，有人称为"卖惨营销""悲情叙事""苦情叙事"等，"营销"这个概念更符合伊洛兹所提炼的"情感资本主义"。按时下流行的说法，卖惨成了一门好生意甚至一种新产业。

我们可以按照前后相继的两个阶段考察这种治疗性生平叙事。前一个阶段是叙述自己人生过往的种种艰辛，或出身贫寒，或身体残疾，或情感受挫，甚至各种苦难叠加在一起，引发人们的感同身受之情。后一阶段则是转折，主人公如何克服种种不利境地，最终否极泰来，取得家庭、事业等单方面或多方面的成功，让人为之侧目，也让人从忧转喜。其中，"贵人"扶持必不可少，但更多因为其品格（坚毅、善良等），又能够努力拼搏。失败（叙事）是"前戏"，结果（肯定）是走向成功（叙事）。比较而言，失败叙事正变得越来越重要，因为正是失败人生（叙事）的存在，治疗性生平叙事才有了对象，接下来的成功叙事只是自然而然、水到渠成的结果。那些成功的叙事者多数为白手起家，但他们的过往并不是特别悲惨，毋宁说所有人都一样，大家都站在一条起跑线上，别人最后能成功是因为他们更加努力。而悲情叙事的主人公则与其他绝大多数人都不一样，他们不如后者，他们最后的成功是因为克服了逆境（得到了治疗），境况得到改善（甚至比绝大多数人要好），再到最后脱颖而出。

在经济社会发展的初期和大踏步向前过程中，成功的叙事更具有激发人心的力量。而进入到一定的阶段或者说人们生活水平达到一定水准之后，直接讲述如何取得成功的故事，便不再具有激动人心的力量，甚至会带来某种审美疲劳。因此，在不同的阶段，社会对于故事的类型需要是发生变化的，或者说故事的表述策略是要做出改变的。奥普拉脱口秀之所以取得成功，正是在很大程度上迎合了人们的需要——一种心理的需要。这种悲情主义叙事在当前中国社会也极有市场，并被大量搬上影视节目，在互联网的加持下更是广为流行。这种现象颇值得跟进研究。时代在变迁，人们的生平叙事方式依然还会变化。

第十一章

社会学书写:传记式路径

对于学者来说,研究目的是要传达发现的意义或者说思想,而书写是整个研究过程中极为重要的一环,它在很大程度上关乎一项研究最终能否得到认可。在当今"不发表便出局"情势之下,书写的重要性更加凸显。大体上讲,社会学在书写实践上长期以来依循一种逻辑——科学的模式,追求严格的客观性、科学性以及语言的精确性,排斥主观性,随之也将社会学家本人排除在作品之外。在社会学的奠基人中,虽有齐美尔个性化的、不求体系的随笔式写作风格,但马克思则强调过要以使用数学的多少来衡量一门学科的成熟程度,涂尔干认为要在社会学中清除掉日常语言,韦伯也以理想类型的建构来获得科学的清晰性和确定性(成伯清,2007:49)。我们看到,在随后的发展中,社会学书写中的这种科学化趋向日甚一日。直到20世纪七八十年代,随着人文和社会科学中众多转向尤其是传记转向的发生,社会学以往的书写方式逐渐遭受批评。本章旨在考察在实证主义不断占据主导的背景之下,社会学在书写方面所采取的姿态,分析传记转向之下社会学书写实践发生的变化,进而检讨社会学书写传记式路径的可能性。

一 社会学家的缺席

书写风格是不断发生变化的。在19世纪和20世纪之交,科学家们不仅交代研究的结果,还会写下错误的想法和徒劳的探索,但文秘人员介入后,便经由错误的修改或消除,让科学家呈现出全知全能的形象,如此一来,"科学想象的沉思消失了,取而代之的是一种对目的和结果无所不知的意识,错误被掩盖或隐藏在公众的视野之外,同时也失去了风格和表达的美感"(Emihovich,1995)。

华康德(Loïc Wacquant)指出,由于受到韦伯有关学术与政治二分的影响,美国社会学家拥护实证主义认识论的标准,其结果造成了个人研究工作与生活之间的隔膜。"社会学家受超然、中立、不偏不倚之累,作品呈现非人性的特点,不谈感情,与研究对象之间的关系也被遮蔽。"(Wacquant,2000)社会学家赋予研究对象以语言,并让社会系统有了生命,但社会学家本人却被编辑后的"我们"(we)、"他们"(they)或"它"(it)的迷雾所遮蔽(Horton,1964)。大多数社会学作品,无论是理论性的还是经验性的,在最后被书写时都秉持保持距离、不尚感情、无动于衷的态度。易言之,作为作者、作为社会学家的"我"(I)消失不见了,他们采取隐匿的、不在场的方式去描述研究的对象,呈现自己的研究过程与结果。在需要主语的情况下,往往以"我们认为"代替"我认为",甚至就不使用主语,以使得整个研究看上去够客观。在针对社会学学生的学术训练中,也很少教导他们用"我"进行书写,作者的角色在传统上都是被隐藏起来的:"书写者可以称自己为笔者,或采用姓氏,或以被动语法形式表述,来掩盖所讨论的一切特定行为背后的人的存在。"(Ribbens,1993)

在鲍曼看来,这实际上是一种假装的不在场,是对作者优越性和全知全能假设的一种伪装,就好像作者及其所有社会性的努力或个人的挫折与失败,都消失在他充当代言人的客观知识之中(鲍曼,2009:67)。普遍的观点认为,以第一人称书写社会学或公开地将学术作品视为个人性的,乃是不可信的。但它更是源于这样的律令:"以良好和公正科学的名义将自我和主观性与学术项目拉开距离。"(Merrill and West,2009:99)"我们这些社会学家被教导要避免第一人称单数,这既是有方法论上的原因,也是出于良好的科学态度,克劳德·伯纳德(Claude Bernard)说:'艺术归之于我;科学归之于我们'(Art is I, Science is we)。"(Berger,1990)

往前追溯,这就与社会学的起源与发展以及由此而来的学科性格相关联。作为后起学科，社会学自诞生之日起，便尽可能地以自然科学模式为参照，力图获得科学性，赢得"真正科学"的地位。如此，伴随着社会学后续发展的实证方法论，便一直对整个社会学的发展有着深刻影响。实证主义主张社会科学要仿照自然科学进行研究，以获致后者的精确性与客观性。由此，自然科学的方法程序（量化测量）、研究目的（建立法则）、技术性格（价值中立），成了认同此道者的指南（叶启政，2006）。不仅如此，在研究结果的呈现或者说书写实践上，社会学也深受实证主义的影响。

不过，在19世纪晚期和20世纪早期，社会学（书写）的特点更多是一种随笔式的、思辨式的风格。阿格尔（Ben Agger）就在芝加哥学派和早年间《美国社会学评论》的作品中发现了这一点（Agger, 2000）。库利在这一时期也曾提倡将"系统性自传"（systematic autobiography）作为一种根本性的社会学方法。

> 社会学家必须挚爱真理，并要具有把这种爱转化为所有科学工作者都需要的准则的愿望。然而，除此之外，他还需要对生活最完全的同情与参与。他必须像小说家和诗人一样关注生活，并且从某种意义上说，他的所有作品都是自传式的。我的意思是说这些作品的基础都是从活生生的现实生活中获得的理解。……依我看，试图远离文学和哲学的大潮，而以一种技术的规则建设社会学是一个致命的错误。……如果社会学不是人文的，那它就什么也不是。
>
> （库利，2000：338—339）

随着帕森斯结构功能主义的做大，尤其是在第二次世界大战之后美国社会学走上职业化道路，这种状况便发生了转变。社会学对于共性的关注超越了个性，对事实的关注超过了分析和研究事件的个人，对个人叙事作用的讨论反映出一种不安，即它能否达到涂尔干所谓的"社会事实"标准。以第一人称或对话形式进行的叙事写作，会被质疑存在主观主义之嫌，难以获得正当性的地位。

米尔斯曾在1959年批判了以帕森斯为代表的"价值中立社会学"，

他向正在从事社会学职业的学者们提出建议:"在你们选择加入的学术团体中,最令人钦佩的思想家是不会把他们的工作和生活分开的……而是以二者互相充实另一方。"(Mills,2000:195)古尔德纳也在20世纪60年代末把"价值中立"视为一种社会学迷思,并由此提出"反身/思的社会学"(Reflexive Sociology):"当要看清别人时要努力看清自己",因为我们不可能了解他人,除非我们了解自己对他人的意图,并影响他人;并且"不管你喜不喜欢,不管你知不知道,在面对社会世界时,理论家也在面对他本人"(Gouldner,1970:497)。的确,"从本质上说,如果不了解自身,我们就不可能了解他人"(Goodwin,1973)。自20世纪60年代以降,包括常人方法学在内的社会学流派开始采取非实证主义的欧洲思想(尤其是现象学与存在主义),强调对于行动和日常生活的关注。

但随着米尔斯英年早逝和抵抗力量的削弱,美国社会学成为一块数学化的领域,随笔、思辨风格被消除。阿格尔注意到了期刊中的修辞转换、散文体和理论阐述视角是如何被定量方法和强制性的数据展示所取代的,由此形成了一种话语上的实证主义。而且由于米尔斯、古尔德纳和新左派们一度政治化的倾向,而致使社会学饱受批评(与自我批评),为重新确立失去的合法性和可信性,便迫使社会学在书写上的重新定位,将作者从科学中清除出场。阿格尔观察到,自20世纪70年代之后,主流的美国社会学用图表和数字取代了散文体(Agger,2006:365)。这之后,社会学的书写风格便大体固定下来。

与其他领域的学者相比,社会学家甚至忌惮书写个人的自传。华康德就指出,自传体裁在美国社会学家那里几乎不受尊重,关于社会学家的传记也少之又少。默顿在回顾中发现,尽管斯宾塞为我们留下了两卷本自传,沃德(Lester Ward)撰写了六卷本的自传,也有索罗金的《人生路漫漫》(*A Long Journey*)与罗伯特·麦基佛(Robert MacIver)的《往事如昨》(*As a Tale That Is Told*),但马克思、涂尔干、韦伯、齐美尔、托马斯、帕森斯等人并没有在自传书写方面给后人留下什么。正因为如此,他们的作品给后人留下许多未解、难解甚至无解之"迷",引发种种的阐释(Merton,1988)。

在米尔斯看来,对此的"真正限制与其说是外部的禁令,不如说是学者们达成的对于越出规范者的控制"(Mills,1963:296-297)。这某种程度上暗含着一种规则:社会学家之所以在自传中不披露个人隐私,主要原因是他们遵守学术话语中"礼仪重于真理"(decorum trumps truth)的传统,并担心违反这一传统会危害到他们的职业生涯,而且人们在学术阶梯上升得越高,就会越谨慎和胆怯,也就越不愿意直言不讳。这种模糊而普遍性的恐惧,会导致自我恐吓,并最终成为一种习惯性行为,以至于学者们都不曾意识到这一点。伯格也指出,是社会学自身实践的主要规范阻滞了自传式思维(autobiographical thinking):"在社会学中,因为各种常见的原因(自恋、主观性等),自传通常被认为是有风险的、令人尴尬的、乏味的。"(Berger,1990)米尔斯曾指出,学者们担心如果他们的行为被同事们广泛知晓,他们的职业生涯就有可能会受到严重玷污,甚至走向毁灭。

1990年,伯格曾邀请了20位美国社会学家撰写自己的自传,结集出版的《他们自己生活的作者:20位美国社会学家的思想传记》(Authors of Their Own Lives: Intellecual Autobiographies by Twenty American Sociologists)目的之一,是要努力消减作者个人品格与"其作品的客观性品格"之间的差距,"将个人呈现在其作品之中,将作者置于撰写过程之中"。但实际却是很少有作者做到这一点,因为他们并没有完全忠实于自己的过往经历。这些篇幅简短的自传文章,大多只是个人生活的概要展示,读者并未获得很多有关个体生活经验与其社会学观念之间关系的信息(如科尔曼仅描述了20世纪50年代早期他在哥伦比亚研究生院的经历)。蒂利(Charles Tilly)评价此书时,曾设想一位生于20世纪60年代的研究生在阅读该书后的感受:

这些自传听起来大多像是主日学校对重生的见证。……这些人不知道仇恨、妒忌、绝望、愤怒、傲慢、混乱或贪淫;也许他们曾经是这样,但现在已经变得谦虚、反省、理性、谨慎、勤奋、有组织、有责任感。哎?不管是否当真,这些模范人物令人生畏。我真的想与圣人、自欺者或骗人者共度一生吗?路易叔叔说他可以在他的保险公司给我找个工作，也许我最好给他打个电话。

（Tilly，1993）

反求诸己，蒂利也不得不坦承："如果本内特·伯格让我写一章，我会怎么做呢？我也会写一些谨慎的细节，巧妙地让读者认为我是一个谨慎的天才。我可能会抱怨，吹嘘，或者兼而有之。"书中的供稿者也大都抱持着极为谨慎的态度，并且为自己撰写自传的方式寻好了借口。盖格农（John Gagnon）认为，说出个人生活中所发生的事件对其作品的影响是"骗子的任务"，整个计划"充满了被否认的缺席和虚幻的存在，充满了被遏制的声音和练习过的口技；这所导致的是真理和幻想相互伪装起来"（Gagnon，1990）。甘斯（Herbert J. Gans）则认为："由于他是在一个超然的社会科学和非个人科学家的时代接受训练的，而发现一开始很难写关于我自己的东西，只能把这项任务变成一个研究项目、一项自我研究（self-study）。"（Gans，1990）古斯菲尔德（Joseph Gusfield）更是在开篇就表明："在自传中，有一种厚颜无耻的感觉，一种认为我的人生如此重要值得读者关注的傲慢。自我分析意味着要在更普遍的基本原理中找到一些正当的理由。"（Gusfield，1990）

二　传记式书写

换个角度看，在社会学中，采用源自研究主体（research subjects）的个人解释，却有着长久的传统。我们在前面就提到，托马斯和兹纳涅茨基的经典研究《身处欧美的波兰农民》最早宣称"尽可能完整的个人生活记录构成了完美的社会学材料"。20世纪二三十年代，在芝加哥社会学派的引领下，一度出现传记研究的热潮，研究者利用传记类资料（书信、日记等），研究移民、青少年罪犯、社会机构等。随着20世纪五六十年代实证主义霸权的兴起，对于传记材料的使用逐渐被排除到主流研究方法之外。这带来的结果是，研究者都忙着去构造致力于采用一致性与规律性的模型，以对人类行为进行"客观的"理解，即按照其抽象的共同属性来理解。对于个人特征和变量的兴趣，被看作追求普遍化的人文社会学科的障碍，人被化约为简单的统计身份范畴（如女性、黑人、工人阶级）。史密斯发现社会学书写中普遍存在的情形，即将主体性问题的具体性进行模糊处理，并将具体的人与行动转变成一种抽象的格式（Smith，1989）。

直到 20 世纪 70 年代后期，该传统才得以再次复兴，它伴随着人文与社会科学领域发生的诸多转向，传记转向也是其中之一，甚至有学者以"传记社会学"（biographical sociology）称呼。该转向的主要维度之一，便是敦促社会学家反思自己的概念架构、研究方法以及书写实践。秉承此道者认为，在社会学研究中，如果过度地将自己排斥于自传式思考模式之外，将会损害在研究中获得的知识与洞见。因为作为知识的生产者，社会学家并不只是去发现预先存在的社会事实与规则。在鲍曼看来，社会学家的生平（biography）与他在分析中所描述的社会现实有着不可分割的联系，社会学绝不可能是"价值无涉"的活动。因此，鲍曼的作品"完全以自我为中心，他个人的生平（传记）贯穿始终"（Tony，2005：13）。

> 作为一种思维模式，社会学会提出这样的问题："我们的个人传记如何与我们和他人分享的历史交织在一起？""与此同时，社会学家也是这种经历的一部分，因此，无论他们如何努力将自己的研究对象——作为'外在'对象的生活经历——置身事外，他们都无法完全摆脱他们试图理解的知识。"然而，这可能是一个优势，因为他们同时拥有试图理解内部的和外部的经验的观点。
>
> （Bauman and May，2001：7）

事实上，社会科学研究不仅涉及论述他人的生活，而且也是了解研究者自己的生活、经历和其所生活的社会中的相互关系的必要工具。社会科学家及其他被认定的"专家"建构与传达的意义，也影响到传记的解释。他们的观点与立场影响到普通人的生活，这种影响超越了他们活动的直接领域。事实上，好的社会学传记会"分析性地关注作品与生产它的知识论条件之间的关系"（Stanley，1993）。社会学家把自身置于一种特定的劳动过程之中，并且对他们的知识劳动产品负责，这也意味着承认知识的情境性与背景性生产，以及社会学家在社会劳动分工中的位置。事实上，传记作者应介入社会事实与社会学知识的主动建构中，而不仅仅是发现它，他们在每一个阶段都处于他们自身的职业发展之中。

尚茨（Jeffrey Shantz）认为，在社会学的传记转向中，传记取代了学术上权威的"权力控制"（power over），取而代之的是研究性的自我与他者之间的"权力共在"（power with）："对个人关系结构的自我反思性的批评，能够激发读者去批判性地反思他们自身的生活经历，他们对自我的构建以及他们在社会历史情境中与他人的互动。"（Shantz，2009）这进而敦促社会学家不再以理所当然的态度去对待既有的概念与经验，对常识性假设也要进行重新审视。的确，"研究者活生生的身体/主观性自我，被视为研究过程的一个重要成分，研究者的社会历史含义就反映在这种过程之中"（Sparkes，2000）。在传记社会学中，研究者在想象中、在文本中坚定不移地与他人发生着互动。研究者在书写他人故事时，也在不断反思自己的历史、社会和文化背景，在不断反思自己的价值观念和主观感受。

霍洛维茨认为，科学是通过"主观性过程"（subjective processes）来完成的，"成为社会学家"与"成为一个人"密切相关（Horowitz，1970：12）。作为社会学家，"我们自己的生活不可避免地成为我们主题的一部分"（Berger，1963：21）。鲍曼以同样的语气阐明："在社会学家的职业生涯中，其最为私密的、个人化的经历（传记）与他所研究学科的发展历程（传记）密不可分；社会学家在追求客观性的过程中无法超越的一件事，就是他自己与世界的亲密和主观对抗。"（Bauman，1972）自传可以作为一种有效方式去考察日常经验的意义，从而检视既有的社会学理解与社会学语言。对社会学而言，自传书写具有核心的理论关联，因为它能够检讨个人经验与更宽泛的社会模式之间的关系。

在此转向之下，一些学者开始呼吁社会学家书写自己的思想自传，或者在书写社会学的过程中置身其中。1986年，美国社会学会时任会长玛蒂尔达·莱利（Matilda White Riley）依据提交的会议论文，编辑出版了文集《社会学人生》（*Sociological Lives*），书中的8位背景、旨趣以及涉猎领域各不相同的社会学家以其各自不同的生活为依托,结合社会学家的生命历程,分析了社会、社会学与社会学家之间的互动关系。莱利并不要求他们全面陈述通常意义上的生平经历,也非自己学术上取得了哪些成就,而是在撰写自传的过程中,展示本人思想上的发展,并且思考自己的社会学生活如何受到不断变化的社会结构的影响,相应地,自己的生活又在哪些方面、何种程度上对整个社会(及其结构)产生影响(Riley,1988)。

当然,这些社会学家的自传并不完美。华康德在评论时指出,这些自传的作者们忽略了对他们人生轨迹起着决定影响的社会因素进行深入分析。例如,坎特(Kanter)只是忠实地重叙社会转变的不同阶段,遵照的是一种进化论的框架,对某项职业进行重构;霍曼斯(Homans)的自传同样具有这种连续论的偏见,他在叙述自己的思想轨迹时,擦去了导致他从功能主义转向行为个人主义的断裂;在休厄尔(William Sewell)那里,这种传记上的连续性甚至被自然地延伸至他对职业未来看法的表达上。因此,华康德认为,除了科赛(Lewis Coser)的自传外,《社会学人生》一书中的社会学家:

> 提供的只是专业学者的肖像或学术肖像,是社会科学"职务性"的官样呈现,是作者左右不舍、紧抓不放的利益表达与对该领域接受规范和评价之间折中的产物,对理解个人的细节与激情无所用处,对公民参与和政治参与用处就更少了。而且这些自传都显露出这样的迹象,即他们仍然屈从于该领域的所有审查力量。因此,它至多是在学术领域提供了一些素材,以反思自我呈现的策略、思想传记的建构以及存在的结构性障碍。
>
> (Wacquant,2000)

尽管有这些不足,但我们可以看到其带来的后续影响,那便是越来越多的社会学家开始撰写自传,或者在研究过程中将自己的经历与历史、与社会变迁结合起来。尤其是默顿为该论文集所写的导论"社会学自传",成为秉持传记社会学视角的社会学家的书写指南。例如,2006年,来自10个不同国度的10位社会学家,以社会学见证者(sociological witness)的身份与第一人称的方式,叙述了自己在后共产主义时代的中欧与东欧的所见所闻以及社会学的境遇,呈现了历史发展与个人经历之间的交集。在此基础上形成的论文集《转型中的自传:生活在中东欧》(Autobiographies of Transformation: Lives in Central and Eastern Europe),重点探讨了能动性、社会结构、个人经历(传记)与历史之间的互动关系。自传体裁尤其适合于披露自我的感知,这些社会学家用来表达自我的词汇不经意间证明了:中东欧共产主义社会下的生活为何会被理解成对个人的控制,自由市场主义的民主制兴起又为何被认为是赋予了个人更大的能动性(Keen and Mucha, 2006)。

三 社会学自传

在默顿看来,社会学自传是一项个人性操练、以自我为例的操练(a self-exemplifying exercise),它"运用社会学的视角、观念、概念、发现以及分析程序,去建构、去理解某个时代更大历史背景下旨在讲述有关个人历史的叙事文本"。有必要指出的是,对于传记或自传的社会学研究与我们这里所说的社会学自传有着不同的含义。简言之,传记研究"致力于个人生活的研究,运用自传式文献、计划或其他资源,并以各种方式进行解释"(Temple, 2006)。社会学自传侧重于社会学家自身的反思与回顾。当然,这种差异毋宁说是关注对象的不同,社会学自传也具有传记的特征,它们一样可以成为社会学研究的对象。

默顿提出这一概念,旨在强调(社会学的)自传作者在获得内在体验时具有特别优势,因为自传作者同时也是传主,身具参与者和观察者的双重角色,在某种意义上只有他们才能了解自己的内心世界,并能够以他人所不能的方式反省和回顾自身。换言之,在理论上(而非实践意义上),真正的社会学自传综合了局内人与局外人的优势,并尽可能使各自的劣势最小化。

从社会学自传的视角看,不断变化的社会结构与不断变化的生活之间存在着互相作用的辩证特征。个人行为发生在社会环境之中,但社会行动者并非结构的文化傀儡（culture dope），环境也是由受制于它的人所建构或重构的。社会学影响之威力，端赖于特定生活之属性以及此时社会结构所能提供的机遇之间的契合程度。社会学自传实践使个人与自己早期对深层结构（deep structures）的体验建立联系，这种体验在日后对个人日后理解社会现实产生影响（Boulding，1979）。

> 在重构过去经验的过程中，社会学家们的传记指向他们在追求个人生活时，在某些方面成为重要影响人物的方式。他们陈述了自己职业生涯关键时刻所受到的影响。他们所做解释的各种零散线索，也表明社会学家如何扮演着左右他人的角色。因此，他们有时会回顾自己引入创新观念的动机，受到的同事的鼓励，与特定影响渠道的关系，受历史事件或个人性事件的干预、成就与败笔，等等。
>
> （Riley，1988：40）

伯格认为，社会学自传除了具有"指导性"和"启发性"外，还被视为社会学家知识的"充实"和"个人化"："在过去的50年里，学术社会学是由一种学术上非人格化的修辞所支配的，这种修辞与官僚主义的修辞存在选择性的密切关系。他希望通过使用目击者的第一人称单数，社会学自传将成为一种有效的解毒剂，以消除某些困扰该学科的过度专业主义。"（Riley，1988：24）可以说，社会学家的自传性解释，有助于人们去审视社会结构与人类生活之间的互相影响的两个方向（Riley，1988：24）：一方面，他们的解释表明对个人经验和思想发展的影响，受到他们所生活于其中的特定社会结构的影响。另一方面，个人生命经验与知识发展也有助于形成周围的社会结构，因为社会学家本身就是具有影响力的人物。

默顿也清楚社会学自传所具有的局限性：由于反省与个人记忆（以及集体记忆）都易于受到模式化的扭曲与忽略，在通过持续反省与长期记忆来重建某个人长久的历史时，可能会出现偏差。但对此也并非没有考证的办法。例如在谈到索罗金与麦基佛的自传所具有的真实性时，默顿就说自己曾是他们多年的同事，能够证实二人所交代的往事的真实性。

此外，也可以通过作者的其他作品（包括言论）加以验证。在华康德看来，通过社会学自传，我们可以为真正意义上的反思社会学作出重要贡献。社会学要不断对自身的实践进行富有批判性和创造性的反思。

即便对于书写自己的历史，也并不是一种毫无疑问的再现。对于自传作者来说，作者的自我以他者的身份存在，只是部分被了解，在不同的脉络下以不同的方式被记住和理解。

> 我的经验，你的经验，不会不经过中介就呈现在我们面前。去（重新）考虑、（重新）呈现或（重新）撰写有关的经验，就是参与当前的行为，至少可以说是参与执行时的行为。这样，经验就永远既是属于过去的又是属于现在的。感觉、欲望、话语和所有其他在重新考虑的时刻出现的东西，都是被唤起的过去经验的组成部分。
>
> （Mykhalovskiv，1996）

需要说明的是，社会学自传与纯粹的自传也是不同的。自传是对个人生活的一阶理解（first-order interpretation），作者进入他们的自传材料之中，关注自我反思以及对自身经历的建构或重构。社会学自传则是对个人生活史的二阶理解（second-order interpretation），作者需要成为他们自己生活史的"幽灵作家"（ghost writer），要装备一系列社会学的假设，在进入自身的同时也走出自身。由此，通过对自身的客观化处理，加之有意识地利用社会与历史资料以及社会学的概念与原理，社会学自传作者能够以纯粹传记写作所不容许的方式来审视自身生活过程（Kebede，2009）。

米尔斯的《社会学想象力》可谓是达到了二阶理解水准的社会学自传。这部作品本身就有着鲜明的传记背景，它与米尔斯的个人性格以及他在写作时卷入的种种争论息息相关。在米尔斯自己的生活和职业生涯中，个人经历和社会学之间的联结得到了明显的体现。尽管米尔斯对于系统社会学思考优于个人对自身的认识，但他却欣赏个人经验在产生社会学知识方面所能发挥的作用。传记和对发生在个人身上的事情的反思，为社会学的反思提供了生活经验的基础。"社会学的想象力有助于我们理解历史与个人生平（传记），以及二者在社会中的联系。这是它的使命，也是它的允诺。……如果不回到个人生活历程（传记）、历史以及它们在社会中的交织，那么，任何社会研究都无法完成其思想之旅。"（Mills，2000：491）米尔斯此言，尽道出个人生活和知识生活的交织，而社会学家的任务就是要厘清个人经历（传记）、历史与社会结构之间的关系，尤其是要在思考超个人的过程对于个人影响的同时，展示自己如何对这些境况作出反应，并严肃考察自己与其他社会行动者之间的互动过程。社会学想象力的核心要义正在于此。

四 一种可能的书写方式

书写社会学自传是培育或训练社会学想象力的一项重要技能。这意味着"把自己作为方法"，"用自己的语言把自己的生活讲出来"（项飙、吴琦，2020）。科贝德（Alem Kebede）在教学实践中，鼓励学生将自己的经历与社会历史勾连起来，让学生用社会学的语言来叙述他们的生活故事。在他看来，这样培养学生的社会学想象力比简单说教更为有用："社会学想象力作为一种性情倾向，只有在实践中才能获得。"事实上，公私之间、学术活动与实际生活之间的边界并非完全清晰，能够经得住严格的审视，各自都代表了看待世界的方式。社会学自传正是表明了观念领域、理论领域与日常生活之间的相互依赖（Morgan，1998）。

当然，书写社会学自传，并非一定要去写以自传为名的作品，只局限于社会学家个人的生平记事，某种程度上说，也不是要颠覆社会（科）学现有的书写格局。它更多是强调一种社会学态度，即研究者要能够从个人的切身经验出发，将自己"所做、所思、所是"在最终的文本中彰显出来，彰显出个性或者说独特之处。因此，这就要综合衡量："我们应该在多大程度上纳入自己的生活，为了什么目的？什么是相关的，什么不是？如前所述，如果研究关系涉及研究者自身经历和身份的变化，那么如何揭示这些变化呢？如果把我们的'思想传记'包含在研究中，是否存在着研究我们自己而损害研究的危险。"（Roberts，2002）我们认为，资格充分的社会学自传作者，一方面把他们的思想发展与不断变动的社会与认知微观环境联系起来，另一方面会把它与更大社会和文化所提供的包容性宏观环境联系起来。在此意义上，并非所有的社会学家的自传都堪称社会学的自传，当然，也并非所有的社会学自传都由具有资格的社会学家来写一样。

实际上，书写社会学自传，也就是讲述社会学的故事，讲法可以多种多样。即便是同一个故事，不同的人讲述的重点和方式也会不一样，毕竟每个人都有自己的生平经历，有自己的选择。讲故事是选择性的，有选择就有遗忘，讲什么，不讲什么，这端赖于讲故事的个人，端赖于此时此刻对于过去事件的意义的理解。当然，交代以往社会学专业以及个人专业旨趣的变化，并不算难事，但困难在于如何以回顾性的视角，理解个人动机与思想的发展进程，并确定是什么影响了自己实际的兴趣与理论视角的转变。在此过程中，还要保持冷静的理性头脑，不忽视个人经历或政治方面所产生的影响，当然自身可能受到的影响也应当忠实地予以反映。总之，自传作者不仅要处理超越个人过程的影响，也要处理自身如何对这些条件作出反应，以及认真对待自己与其他社会行动者之间的互动过程。

正如古尔德纳提醒我们的那样，反身社会学/自身社会学（reflexive sociology/sociology of oneself）首先也是最重要的，是一种道德社会学，它拒绝在表面上追求客观或价值中立准则（Gouldner, 1970: 491）。今天的社会学正在发展一种更新和更有创造性的认识论，其最重要的特征之一是鼓励使用个人的道德和价值承诺作为数据，以社会科学家的身份研究我们所有人都亲身参与的运动和经历。但这种发展并没有抛弃客观作为可以利用和分析的数据，相反，它教导我们把自己的存在视为"对象"。从某种意义上说，这是一个有意识的自我异化过程，至少在某种程度上，它指导我们跳出自我，努力去审视我们作为社会存在的全部意义。从本质上说，这一趋势并不意味着不参与社会事务，并不要求我们回避我们的价值观。因此，"未来的社会学将是一种关乎道德的和自我身处其中的社会学（a sociology of moral and self-immersion），或者说一种介入的社会学（an involved sociology）"（Goodwin, 1973）。

四十多年过去了，这一愿望依然未完全实现。兹举一例，受主编邓津之邀，安森斯（Lonnie Athens）在 2012 年为《符号互动论研究》(*Studies in Symbolic Interaction*)杂志主持一期关于知名符号互动论者生活故事的专辑。安森斯原本想当然地以为，他可以有机会实现自己的目标，即让自传作者的读者了解他们专业面具背后是什么样的人，因为这些供稿者身为"符号互动论"方面的专家，与其他方面社会学家（或哲学家）不同的是，他们本应更容易地在自传中透露他们自己的思想、情感和秘密。但这个期望很大程度上还是落了空，因为很多人拒绝了写自传的邀请，有些人接受了但后来又反悔了，有些人不过是把简历上的信息录下来，当提出修改时，一些人甚至愤怒地加以拒绝。显然，即便是符号互动论者，也依然害怕披露相关信息可能会给他们的职业声誉带来潜在的伤害。安森斯意识到，"就像生活中的其他事情一样，写一本可信的自传需要付出代价，但我现在明白，并不是每个人都愿意付出这个代价"（Athens，2012）。

不过，变化还是有的，因为安森斯还是能够从中选取 10 位互动论者的自传，因为"他们满足了对专业面具背后之人的信息需求"，尽管只是在某种程度之上如此。我们当然也有理由期待，会有越来越多的传记社会学研究。

结　语

传记社会学的邀请

　　容笔者重申，选择何种理论，如何呈现这种理论，都不是无关价值立场的，毋宁说是一种主观性的过程。这意味着，我们在采取某种（些）理论视角的同时，就压制或忽视了其他可能的理论选择。希望读者能充分认识到本书在此方面的局限。尽管这些理论视角具有毫无疑问的重要性，但它们并未穷尽传记社会学的理论传统或资源。就笔者的忽略而言，不说别的，就是在经典作家作品中，也有不少涉及传记研究的片段性思考。例如，曼海姆发表于1928年的"代际问题"，极大地推动了传记概念的创新。埃利亚斯关于个体化的观点尤其是他关于莫扎特的研究，也属于实质上的传记研究。默顿在《17世纪英格兰的科学、技术与社会》(*Science, Technology and Society in Seventeenth Century England*) 一书中对于集体传记方法的系统运用，被认为是开创了一种理解科学的新方式。笔者不才，在阶段性任务面前只能选择性"弃之不顾"。此外，由于语言能力的不足，笔者也不可避免地会忽视那些以非英语为母语的学者在本领域所做的贡献，而实际上传记社会学在以非英语为主的欧洲国家更为发达。

　　至于各理论流派之间的异同，本书未过多展开。社会学的传记研究不是统一的思想运动，而是包含着多元化的理论视角。各流派之间甚至一个流派内部的观点都存在很大不同，有些甚至是相互矛盾、彼此争鸣的。如符号互动论更多关注个体；女性主义和批判理论则更多地强调人们生活中的集体作用，尤其是压制性社会规范的影响。就这些理论流派的差异来看，最根本的是各自关于人类主体性本质的不同假设，以及它们对叙事的地位和透明度的不同认识（Merrill and West，2009：58）。但也应看到，不同的理论流派之间存在着内在的关联，在思想内容上呈现出较为明显的交叉与重叠，彼此之间也相互影响。例如，虽然舒茨的学说属于现象学传统，但韦伯的理解社会学是舒茨学术研究和批判的出发点，舒茨到美国后还受到芝加哥学派的影响。再比如，尽管韦伯拒绝狄尔泰的心理学进路，认为只有用具有普遍意义的概念来表达"直觉地了解的"东西，才能使研究者概念的主观世界变成科学的客观世界，但在"理解"的意义上，韦伯同狄尔泰是一致的，韦伯赞同狄尔泰的反自然主义，同样坚信对人类活动的研究不同于对天体运动的研究。韦伯从文化价值取向、伦理和心态的角度对社会行动的研究，促使心理学与社会学结盟，形成符号互动论。还有，通过借鉴女性主义和符号互动论，批判社会理论能够克服过度决定论倾向，帮助人们认识与解释结构不平等的运作机制及其所具有的压制性特征（Merrill and West，2009：59）。这些理论流派都是潜在的资源，从各自侧面提供了对传记研究的部分解释。而且，今后要推动传记社会学这一具有分支性学科的形成与发展，必定离不开这些理论之间的相互融合、相互借鉴。

与其他相对成熟的转向不一样，传记转向或者说传记社会学这一"浮现中的实践"，还处于晚熟的状态，还面临着诸多方面的争议，学术界也尚未就此达成共识（Temple，2006）。作为一个包容性的概念，传记社会学涉及一种从事社会学研究的多样化意愿与多元化实践。"把传记研究视为社会学实践可接受的一部分，在社会学内部仍然有人不情愿，甚至是予以抵制。"（Shantz，2009）它有时被贴上另外的标签，如叙事转向、主观转向、文化转向、文本转向、后现代转向等，或者被认为与它们就是一回事，或者属于它们中某个转向的小转向或取向。即便是在具体的操作层面，传记研究也面临不小的困难。比如研究者"不仅需要相当的技巧与耐心来搜集资料，更需要耐心和想象力来进行分析"（艾略特，1999：123）。因此，如果说传记社会学日后能成为一个专门的学科，那关于其身份或者说学科归属也有待商讨。作为分支学科，它同样面临与历史社会学、文化社会学、文学社会学等相对较为发达学科之间的边界勘定、任务分工等，以此显明其能够独立的地位。作为跨学科研究，它就要能够"左右逢源",超越惯常分门别类的研究方式,实现对于特定议题的整合性研究。这既需要理论层面的持续努力,也需要通过具体的研究予以回答。

研究者选择某种理论视角,就会倾向选择相应的研究进路及具体方法。除了理论上的偏颇外,笔者在本书中也未就传记研究的(具体)方法作展开。当然,方法与理论之间不是截然分立的,而是可以相互转化的,在某种程度上,我们同样可以把理论视同方法。从传记社会学的整个发展历程看,传记研究方法如今已日臻成熟,诸如研究的基本过程、资料获取的方案、资料整理的事项、分析理解的程序、书写或者呈现的要求、研究中的伦理规范,可以很容易地在各类社会(学)研究方法或有关传记研究的专书中寻到(Goodley,2004;Merril and West,2009;Plummer,1983,2001)。除了单篇论文和单本介绍性作品外,这里提及两部具有代表性的作品,其中一部是米勒(Robert Miller)在 2005 年主编的四卷本作品《传记研究方法》(*Biographical Research Methods*),由著名的世哲(Sage)出版社出版,另一部也由该社出版,是 2012 年古德温(John Goodwin)主编的四卷本作品《世哲传记研究》(*Sage Biographical Research*),虽然两个系列主要都是相关文章的汇编,但总体上呈现出传记研究方法的最新进展。推进方法层面的研究,是传记社会学未来的重要任务,而且必定推动社会学研究方法做出实质性的回应与调整。

再往更大层面看,社会科学中"传记转向"与学科之间的"跨越"有关。作为国家社科基金支持项目,笔者原本也想检讨传记研究在相关学科中的进展,进而初步界定传记社会学本身的独特性。传记研究在各类学术研究中的地位越来越重要,它在文学、历史学、社会学、人类学、心理学、社会政策以及教育学等领域中得到广泛运用,众多的学者涉身其中,而且这些学科各自的研究议题、理论传统、基本预设、研究方法等各不相同。因此,如能对传记研究在相关学科中的进展予以恰当呈现,便能更为清晰地界定传记社会学本身的独特性,这些将留待后续研究进行深化拓展。以历史学来看,历史学与社会学之间边界的不断变动,成为传记转向的重要促动因素。无论是考察随时间不断变动的权力平衡,还是测量社会中更广泛的结构性决定因素,对个人能动性加以解释的企图,已把历史学家和社会学家引向源于自传、目击证言或者直白的个人叙事之类的证据。汤普森在其有关口述史起源的经典著作《过去的声音》(The Voice of the Past)中,发现历史学家运用个人证词已有数个世纪。20世纪中后期以来,在历史学和社会学中,一种更具政治性和平民主义的转向激发新的认识:"个人叙事提供了一种抵达社会各个截面的手段,无论是现在还是过去,这些个人经验都无法直接通过文献或官方的调查数据来获得。"(Chamberlayne et al.,2000:3)可以说,在赋予主观经验以价值方面,历史学家与社会学家找到了共同话语,认为传记研究能够让人们更接近想要理解的事实。依据法国社会学者伯陶提出的"人类行为学"(anthroponomy),传记研究"有助于辨识人类对于社会的行为方式,以及过去一代的行为如何塑造了当前行动的基础"(Bertaux,1982)。

此外,前文提到,由于文化传统和社会氛围有别,传记社会学并没有沿着同样的路线发展并传播,它在不同国家也呈现出彼此各异的面貌。例如,有研究者区分了北美和欧洲的学术倾向,认为前者聚焦于将个体的人生故事作为一种社会历史文献来研究,后者则通常专注于集体叙事之本身(Angrosino,1989)。晚近出版的《传记研究手册》(Handbuch Biographieforschung)考察了英国、法国、意大利、匈牙利、希腊、北欧国家、奥地利、巴西等地的传记研究传统和关心的主要议题,显示出这一研究议题的多元化特征和广泛影响力(Lutz,Schiebel and Tuider,2018)。

以上几点表明:一方面,本书所提供的主要是笔者自以为重要的某些理论资源的考察,尚未在具体研究中予以运用或检验,这将是笔者未来努力的方向;另一方面,也足以展现该研究领域广阔的空间。众人种树树成林,大家栽花花才香,笔者冀望能与有志者一道,共同推进本领域的开发。

当然,笔者这里发出的邀请,更是出于这一研究领域对于理解社会世界的助益。有研究者注意到,对人生叙事的迷恋被视为西方社会的一个决定性特征(Simeoni and Diani,1995:1)。德塞都(Michel De Certeau)认为,我们当今的社会已经变成了一个复述的社会(a recited society):"一个由故事定义的社会,一个由故事叙述定义的社会,一个持续不断的故事叙述定义的社会。"(Certeau,1988:186)而早在1993年,鲍克尔（Graham Bowker）就高调宣布，传记时代正迎面而来（The age of biography is upon us）。在述及传记的现状与发展趋向时，汉密尔顿（Nigel Hamilton）也在2007年指出，20世纪末期以来，传记以不可阻挡之势头走到了西方文化的前沿，传记时代来临了。可以说，在21世纪初的今天，讲述人生故事已经成了一个如此庞大的行业，以至于我们可以开始采用"自传/他传社会"（the auto/biographical society）的说辞：人生故事无处不在。甚至有学者认为，21世纪属于传记的时代，理应建立一门"现代传记学"（杨正润，2009）。如今，传记这种体裁已经遍布西方文化之中，在书店、互联网、电视里，我们都能看到传记性的文本或传记式访谈，研究传记或以传记进行写作的作品也在不断增多（Merrill and West，2009）。关注的对象（即传主）也不再仅限于影视与体育明星、政界达人、商界富豪、学界名流，平凡大众甚至失意落魄者也跻身其中。传记作品呈现爆炸式增长的态势，在出版市场上占据重要席位，显然能够为传记的社会学研究提供丰富素材，而且这种现象本身也值得社会学跟进研究。

笔者欣喜地看到，国内社会学界对这一研究取向日益重视，相关研究成果逐渐增多，还有些作品冠名在日常生活研究、叙事研究、质性研究之下。放宽视野来看，早期潘光旦关于冯小青的作品《冯小青：一件影恋之研究》、林耀华自传性质的作品《金翼：一个中国家族的史记》等都属于实质上的传记社会学作品，社会学恢复以来也有庄孔韶的《银翅：中国的地方社会与文化变迁》、项飙的《跨越边界的社区：北京"浙江村"的生活史》、应星的《大河移民上访的故事》等，在某些方面也实际涉及传记研究方法的运用。新近国内出版的两本著作以几乎相同的方式彰显了社会学（人类学）家的自传性反思及这种反思所具有的重要意义：一本是项飙和吴琦的《把自己作为方法——与项飙谈话》（2020），通过对话实录形式，从一位人类学家个人经验切入，追索了一系列超越自我的问题，为我们提供了一种审视问题、思维操练的方法；另一本是由周晓虹主编的《重建中国社会学：40位社会学家口述实录（1979—2019）》（2021），通过访谈实录，展现了改革开放以来四十位著名华人社会学家如何亲历并思考波澜壮阔的时代及其与个人际遇的交织关联。此外，学界译介的社会学方法类作品（尤其是质性研究方面），相关章节虽也有零散探讨，但总体而言，该领域依然处于待开发状态。目前，国际社会学会、欧洲社会学会及英、德、法等国的社会学会都设有与传记研究相关的专业分会，也正有越来越多的学者投身于这一研究领域。尽管自学科重建以来，中国社会学已有极大发展，研究的边界也在不断拓展，但对于这一重要研究领域，学界当然也没有理由忽略之。

从开创传记写作风气之先的伟大著作《史记》开始，我国历史上留下了大量的传记作品，文学和史学在这方面的研究最为发达，社会学的介入定可大有作为，以不一样的视角，看见不一样的社会世界。特别是在改革开放之后，传记作品呈现爆炸式增长的态势，在出版市场上占据重要席位，当前社会上还出现了一股为个人出传、为家族修谱的热潮，这为传记社会学的研究提供了更加丰富和生动的面向。再进一步，在追随西方学术研究多年后的今天，传记研究路径也将促使中国的社会学家反思社会科学知识生产的方式，将对中国经验、中国故事的理解与感受，对中国发展的问题意识与现实关怀，纳入学术研究的全过程，增强学术成果的自传性。

参考文献

一 中文文献

［日］岸见一郎、［日］古贺史健，2020，《被讨厌的勇气："自我启发之父"阿德勒的哲学课》，渠海霞译，机械工业出版社。

［古罗马］奥古斯丁，2015，《忏悔录》，周士良译，商务印书馆。

艾利丝、博克纳，2007，《作为主体的研究者：自我的民族志、个体叙事、自反省》，载《定性研究（第3卷）：经验资料收集与分析的方法》，风笑天等译，重庆大学出版社。

［英］艾略特，1999，《传记、家庭史与社会变迁研究》，载肯德里克等编《解释过去，了解现在——历史社会学》，王辛慧等译，上海人民出版社。

［英］鲍曼，2009，《作为实践的文化》，郑莉译，北京大学出版社。

［德］贝克，2004a，《风险社会》，何博文译，译林出版社。

［德］贝克，2004b，《世界风险社会》，吴英姿译，南京大学出版社。

［德］贝克、［英］吉登斯、［英］拉什，2014，《自反性现代化：现代社会秩序中的政治、传统与美学》，赵文书译，商务印书馆。

［德］毕尔格，2004，《主体的退隐》，陈良梅、夏清译，南京大学出版社。

［美］伯格，2008，《英文版前言》，载盖伦著《技术时代的心灵：工业社会的心理问题》，何兆武、何冰译，上海科技教育出版社。

［法］伯格森，2018，《生命的意义》，刘霞译，台海出版社。

［法］布迪厄、［美］华康德，1998，《实践与反思：反思社会学导引》，

李猛、李康译，中央编译出版社。

［美］布朗、［美］威尔肯斯、［美］帕杰特，2017，《基督教与西方思想》（卷3），查常平等译，上海人民出版社。

蔡锦昌，2001，《舒兹—博格（伯格）派的现象学社会学论述》，《东吴社会学报》第11期。

成伯清，2007，《走出现代性——当代西方社会学理论的重新定向》，社会科学文献出版社。

成伯清，2017，《当代情感体制的社会学探析》，《中国社会科学》第5期。

［美］德·曼，1998，《辩解——论〈忏悔录〉》，载保罗·德·曼《解构之图》，李自修译，中国社会科学出版社。

［德］狄尔泰，2010，《精神科学中世界历史的建构》，安延明译，中国人民大学出版社。

［德］狄尔泰，2011，《历史中的意义》，艾彦译，译林出版社。

［美］盖伊，2015，《弗洛伊德传》，龚卓军等译，商务印书馆。

［英］吉登斯，2001，《失控的世界》，周红云译，江西人民出版社。

［美］卡尔霍恩，2009，《皮埃尔·布迪厄》，载瑞泽尔主编《布莱克维尔社会理论家指南》，凌琪等译，江苏人民出版社。

［美］库利，2000，《社会过程》，洪小良等译，华夏出版社。

［法］勒高夫，2002，《圣路易》，许明龙译，商务印书馆。

［法］勒热纳，2013，《自传契约》，杨国政译，生活·读书·新知三联书店。

梁福镇，2004，《教学社会学研究的新典范：传记研究方法之探究》，《教育科学期刊》第1期。

［美］流心，2005，《自我的他性——当代中国的自我系谱》，常姝译，上海人民出版社。

［法］卢梭，2012a，《忏悔录》（《卢梭全集》第1卷），李平沤译，商务印书馆。

［法］卢梭，2012b，《忏悔录》（《卢梭全集》第2卷），李平沤译，商务印书馆。

［法］卢梭，2012c，《一个孤独的散步者的梦》（《卢梭全集》第 3 卷），李平沤译，商务印书馆。

［法］莫洛亚，2009，《为一九四九年法国勃达斯版〈忏悔录〉写的序言》，载《忏悔录》（第 2 部），范希衡译，商务印书馆。

［德］曼海姆，2013，《重建时代的人与社会：现代社会结构研究》，张旅平译，北京联合出版公司。

［美］米尔斯，2017，《社会学的想象力》，李康译，北京师范大学出版社。

［美］瑞泽尔，2014，《古典社会学理论》（第 6 版），王建民译，世界图书出版公司。

［美］施瓦特，2007，《定性研究的三种认识论取向：解释主义、诠释学和社会建构论》，载《定性研究》（第 3 卷），风笑天等译，重庆大学出版社。

［德］叔本华，1982，《作为意志和表象的世界》，石冲白译，商务印书馆。

［美］舒尔茨，2011，《心理传记学手册》，郑剑虹等译，暨南大学出版社。

［英］斯迈尔斯，2009，《自己拯救自己》，宋景堂等译，陕西师范大学出版社。

［加］泰勒，2012，《本真性的伦理》，程炼译，上海三联书店。

［美］特里林，2006，《诚与真》，刘佳林译，江苏教育出版社。

［法］涂尔干，2013，《社会分工论》，渠东译，生活·读书·新知三联书店。

［英］威廉斯，2013，《真理与真诚》，徐向东译，上海译文出版社。

项飙、吴琦，2020，《把自己作为方法——与项飙谈话》，上海文艺出版社。

谢立中，2010，《帕森斯"分析的实在论"：反实证主义，还是另类的实证主义？》，《江苏社会科学》第 6 期。

［美］亚历山大，2018，《社会学的理论逻辑》（第 1 卷），于晓、唐少杰、蒋和明译，商务印书馆。

杨正润，2009，《现代传记学》，南京大学出版社。

叶启政，2006，《社会理论的本土化建构》，北京大学出版社。

［美］扎列茨基，2000，《引言》，载托马斯、兹纳涅茨基著《身处欧美的波兰农民》（简写本），张友云译，译林出版社。

赵山奎，2012，《传记视野与文学解读》，北京大学出版社。

周晓虹，2004，《芝加哥社会学派的贡献与局限》，《社会科学研究》第6期。

周晓虹，2021，《重建中国社会学：40位社会学家口述实录》，商务印书馆。

［德］Kokemohr，2001，《质性方法中的参照推论分析：传记研究之案例分析》，冯朝霖译，《应用心理研究》第12期。

二 英文文献

Abbot, Andrew, Rainer Egloff, 2008, "The Polish Peasant in Oberlin and Chicago: The Intellectual Trajectory of W. I. Thomas", *The American Sociologist*, 39.

Agger, Ben, 2000, *Public Sociology: From Social Facts to Literary acts*, Boulder: Rowman & Littlefield.

Agger, Ben, 2006, "Euros to America: The Disciplining, Deconstruction and Diaspora of American Social Theory", in *Handbook of Contemporary European Social Theory*, edited by Gerard Delanty, Oxon: Routledge.

Aldridge, J., 1993, "The Textual Disembodiment of Knowledge in Research Account Writing", *Sociology*, 27 (1).

Andrzej, Kaleta, 2018, "A Century of Humanistic Sociology and the Biographical Method", *Eastern European Countryside*, 24 (1).

Angrosino, Michael V., 1989, *Documents of Interactions: Biography, Autobiography, and Life History in Social Science Perspective*, Gainesville: University Presses of Florida.

Apitzsch, Ursula, Lena Inowlocki, "Biographical Analysis: A 'German'school?" in *The Turn to Biographical Methods in Social Science: Comparative Issues and*

Examples, edited by Chamberlayne et al. , London and New York: Routledge.

Athens, Lonnie, 2012, "The Self-Revelations of 20th and 21st Century Interactionists", *Studies in Symbolic Interaction*, 38.

Atkinson, Paul, David Silverman, 1997, "Kundera's Immortality: The Interview Society and the Invention of the Self", *Qualitative Inquiry* 3 (3).

Bagguley, Paul, 1998, "Beyond emancipation? The reflexivity of social movements", in *Theorising Modernity: Reflexivity, Environment, and Identity in Giddens'265 Social Theory*, edited by Martin O'Brien, Sue Penna, and Colin Hay, London and New York: Routledge Taylor & Francis Group.

Barry, Kathleen, 1987, "Biography IS Society (Review Essay)", *Qualitative Sociology*, 10 (1).

Bauman, Zygmunt, 1972, "Culture, Values and Science of Society", *University of Leeds Review*, 15 (2).

Bauman, Zygmunt, 2000, *Liquid Modernity*, Cambridge: Polity Press.

Bauman, Zygmunt, 2001, *The Individualized Society*, Cambridge: Polity Press.

Bauman, Zygmunt, 2003, *Liquid Love: On the Frailty of Human Bonds*, Cambridge: Polity Press.

Bauman, Zygmunt, 2004, *Identity: Conversations with Benedetto Vecchi*, Cambridge: Polity Press.

Bauman, Zygmunt, 2009, *Towards a Critical Sociology: An Essay on Commonsense and Emancipation*, London: Routledge & Kegan Paul.

Bauman, Zygmunt, Milena Yakimova, 2002, "A Postmodern Grid on the Worldmap", http://www.eurozine.com/article/2002-11-08-bauman-en.htmtl.

Bauman, Zygmunt, Tim May, 2001, *Thinking Sociologically*, Victoria: Blackwell Publishing Ltd. .

Beck, Ulrich, 1992, *Risk Society: Towards a New Modernity*, London: Sage.

Beck, Ulrich, 1997, *The Reinvention of Politics: Rethinking Modernity in the*

Global Social Order, Cambridge: Polity Press.

Beck, Ulrich, Elisabeth Beck-Gernsheim, 1995, *The Normal Chaos of Love*, Cambridge: Polity Press.

Beck, Ulrich, Elisabeth Beck-Gernsheim, 2002, *Individualization: Institutionalized Individualism and Its Social and Political Consequences*, London: Sage.

Beck, Ulrich, Johannes Willms, 2004, *Conversations with Ulrich Beck*, Cambridge: Polity Press.

Becker, Howard S., 1966, "Introduction", in *The Jack Roller: A Delinquent Boy's Own Story*, by Clifford R. Shaw, Chicago: The University of Chicago Press.

Beck-Gernsneim, Elisabeth, 2000, "Health and Responsibility: From Social Change to Technological Change and Vice Versa", in *The Risk Society and Beyond: Critical Issues for Social Theory*, edited by Barbara Adam, Ulrich beck and Joost Van Loon, London: Sage.

Béjar, Helena, 2014, "Therapeutic Culture and Self-Help Literature: The 'Positive Psychology Code'", in N*orbert Elias and Empirical Research*, edited by Tatiana Savoia Landini and François Dépelteau, New York: Palgrave Macmillan.

Berger, Bennett M., 1990, "Looking for the Interstices", in *Authors of Their Own Lives: Intellectual Autobiographies by Twenty American Sociologists*, edited by Bennett M. Berger, California: University of California Press.

Berger, Peter L., 1963, *An Invitation to Sociology: A Humanistic Perspective*, New York: Doubleday-Anchor.

Berger, Peter L., and Brigitte Berger, 1976, *Sociology: A Biographical Approach*, Middlesex: Penguin Books Ltd.

Bertaux, Daniel, 1981, *Biography and Society*, London: Sage.

Bertaux, Daniel, 1982, "The Life Course Approach as a Challenge to the Social Sciences", in *Ageing and Life Course Transitions: An Interdisciplinary Perspective*, edited by Tamara K. Hareven, Kathleen J. Adams, London:

Tavistock.

Bertaux, Daniel, 2005, "A Response to Thierry Kochuyt's 'Biographical and Empiricist Illusions: A Reply to Recent Criticism'", in *Biographical Research Methods* (IV), edited by Robert Miller, London: Sage.

Blackshaw, Tony, 2005, *Zygmunt Bauman*, London: Routledge.

Blumer, Herbet, 1979, "An Appraisal to Thomas and Znaniecki's", *The Polish Peasant in Europe and America* (Transaction), New Brunswick.

Boulding, Elise, 1979, "Deep Structures and Sociological Analysis: Some Reflections", *The American Sociologist*, 2.

Bourdieu, Pierre, 1962, *The Algerians*, Boston: Beacon Press.

Bourdieu, Pierre, 1988, *Homo Academicus*, California: Stanford University Press.

Bourdieu, Pierre, 1990, *In Other Words: Essays Towards a Reflexive Sociology*, California: Stanford University Press.

Bourdieu, Pierre, 1993a, *The Field of Cultural Production: Essays on Art and Literature*, New York: Columbia University Press.

Bourdieu, Pierre, 1993b, *Sociology in Question*, London: Sage.

Bourdieu, Pierre, 1996, *The State Nobility: Elite Schools in the Field of Power*, Cambridge: Polity Press.

Bourdieu, Pierre, 2000, *Pascalian Meditations*, California: Stanford University Press.

Bourdieu, Pierre, 2002, *The Weight of the World*, Cambridge: Polity Press.

Bourdieu, Pierre, 2003, "Participant Objectivation", *Journal of the Royal Anthropological Institute*, 9 (2).

Bourdieu, Pierre, 2004, "Biographical Illusion", in *Identity: A Reader*, edited by Paul Du Gay, Jessica Evans and Peter Redman, London: Sage.

Bourdieu, Pierre, 2007, *Sketch for a Self-Analysis*, Chicago: The University of Chicago Press.

Bourdieu, Pierre, Jean-Claude Passeron, 1990, *Reproduction in Education, Society, and Culture*, London: Sage.

Bourdieu, Pierre, Loic Wacquant, 1992, *An Invitation to Reflexive Sociology*, Chicago: University of Chicago Press.

Bowker, Gordon, 1993, "The Age of Biography is Upon Us", *Times Higher Education Supplement*, 8 January.

BRE, 2007, "Hard Livin': Bare Life, Autoethnography and the Homeless Body", in *Constituent Imagination: Militant Investigations, Collective Theorization*, edited by Stevphen Shukaitis and David Graeber, San Francisco: AK Press.

Breckner, Roswitha, Monica Massari, 2019, "Past, Present and Future of Biographical Research: A Dialogue with Gabriele Rosenthal", *Rassegna Italiana di Sociologia*, 1.

Brooks, Peter, 2000, *Troubling Confessions: Speaking Guilt in Law and Literature*, Chicago and London: University of Chicago Press.

Bruner, Edward M., 1984, "The Opening up of Anthropology", in *Text, Play, and Story: The Construction and Reconstruction of Self and Society*, edited by Edward M. Bruner, Washington: The American Ethnological Society.

Bruner, Edward M., 1986, "Experience and Its Expressions", in *The Anthropology of Experience*, edited by Victor W. Turner and Edward M. Bruner, Urbana: University of Illinois Press.

Jerome Bruner, 1993, "The Autobiographical Process", in *The Culture of Autobiography: Constructions of Self Representation*, edited by R. Folkenik, Stanford: Stanford University Press.

Bulhof, IIse Nina, 1980, *Wilhelm Dilthey: A Hermeneutic Approach to the Study of History and Culture* (vol. 2), Boston: Martinus Nijhoff Publishers.

Bulmer, Martin, 1984, *The Chicago School of Sociology: Institutionalization, Diversity, and the Rise of Sociological Research*, Chicago: University of Chicago Press.

Chamberlayne, Prue, Joanna Bornat, Ursula Apitzsch (ed.), 2000, *The Turn to Biographical Methods in Social Science: Comparative Issues and Examples, London and New York: Routledge.

Coffey, Amanda, 2001, *Education and Social Change*, Philadelphia: Open University Press.

Coffey, Amanda, 2004, *Reconceptualizing Social Policy: Sociological Perspectives on Contemporary Social Policy*, New York: Open University Press.

de Bichara, Donna M. Kabalen, 2013, *Telling Border Life Stories: Four Mexican American Women Writers*, Texas: Texas A&M University Press.

de Certeau, Michel, 1988, *The Practice of Everyday Life*, Berkeley: University of California Press.

de Man, Paul, 1979, "Autobiography as De-facement", *Comparative Literature*, 94 (5).

Denzin, Norman K., 1989a, *Interpretive Biography*, Newsbury Park: Sage.

Denzin, Norman K., 1989b, *The Research Act* (3rd edition), Englewood: Prentice Hall.

Denzin, Norman K., 2005, "Interpretive Guidelines", in *Biographical Research Methods* (IV), edited by Robert Miller, London: Sage.

Derrida, Jacques, 2002, "Typewriter Ribbon: Limited Ink (2)", in *Without Alibi*, translated and edited by Peggy Kamuf, Stanford: Stanford University Press.

Dilthey, Wilhelm, 1989, *Introduction to the Human Sciences* (Selected Works, Volume I), Princeton: Princeton University Press.

Dilthey, Wilhelm, 2002, *The Formation of the Historical World in the Human Sciences* (Selected Works, Vol. III), Princeton: Princeton University Press.

Dilthey, Wilhelm, 2010, *Understanding the Human World* (Selected Works, Vol. II), Princeton: Princeton University Press.

Durantaye, Leland De la, 2004, "Biographical Illusion and Methodological Reality", *Diacritics*, 34 (2).

Edwards, R., J. Ribbens, 1998, "Living on the Edges: Public Knowledge, Private Lives, Personal Experience", in *Feminist Dilemmas in Qualitative*

Research: Public Knowledge and Private Lives, edited by J. Ribbens and R. Edwards, London: Sage.

Ellis, Carolyn, 1999, "Heartful Autoethnography", Qualitative Health Research, 9 (5).

Emihovich, Catherine, 1995, "Distancing Passion: Narratives in Social Science", in Life History and Narrative, edited by J. Amos Hatch and Richard Wisniewski, London: The Falmer Press.

Erben, Michael, 1994, "Review of The Auto/biographical I: the Theory and Practice of Feminist Auto/biography by Liz Stanley", Sociology, 27 (1).

Erben, Michael, 1998, "Biography and Research Method", in Biography and Education: A Reader, edited by Michael Erben, London: Farmer Press.

Erikson, Erik H., 1975, "On the Nature of Psycho-Historical Evidence", Life History and the Historical Moment, New York: Norton.

Foucault, Michel, 1986, The History of Sexuality Volume III: The Care of the Self, translated by Robert Hurley, London: Penguin.

Foucault, Michel, 1988, Politics, Philosophy, Culture: Interviews and Other Writings, 1977–1984, translated by Alan Sheridan and others, London: Routledge.

Fischer-Rosenthal, Wolfram, 2000, "Biographical Work and Biographical Structuring in Present-day Societies", in the Turn to Biographical Methods in Social Science: Comparative Issues and Examples, edited by Chamberlayne et al., London and NewYork: Routledge.

Fisiak, Tomasz, 2011, "Feminist Auto/biography as a Means of Empowering Women: A Case Study of Sylvia Plath's The Bell Jar and Janet Frames Faces in the Water", Text Matters, 1 (1).

Freccero, John, 1986, "Autobiography and Narrative", in Reconstructing Individualism, edited by Thomas C. Heller, Morton Sosna and David E. Wellbery, California: Stanford University Press.

Friedman, Norman L., 1990, "Review of Autobiographical Sociology", The

American Sociologist, 21 (1).

Gagnon, John, 1990, "An Unlikely Story", in *Authors of their Own Lives: Intellectual Autobiographies by Twenty American Sociologists*, edited by Bennett M. Berger, Berkeley: University of California Press.

Gans, Herbert J., 1990, "Relativism, Equality, and Popular Culture", in *Authors of their Own Lives: Intellectual Autobiographies by Twenty American Sociologists*, edited by Bennett M. Berger, Berkeley: University of California Press.

Gans, Herbert J., 1999, "Participant Observation in the Era of 'Ethnography'", *Journal of Contemporary Ethnography*, 28 (5).

Geertz, Clifford, 1973, *The Interpretation of Cultures*, New York: Basic Books.

Giddens, Anthony, 1984, *The Constitution of Society*, Berkeley: University of California Press.

Giddens, Anthony, 1990, *The Consequences of Modernity*, Cambridge: Polity Press.

Giddens, Anthony, 1991, *Modernity and Self-Identity*, Cambridge: Polity Press.

Giddens, Anthony, 1994, *Beyond Left and Right: The Future of Radical Politics*, Cambridge: Polity Press.

Giddens, Anthony, 1998, *The Third Way: The Renewal of Social Democracy*, Cambridge: Polity Press.

Goodley, Dan, Rebecca Lawthom, Peter Clough, Michele Moore, 2004, *Researching Life Stories: Method, Theory and Analysis in a Biographical Age*, London & Newyork: Routledge.

Goodwin, Glenn A., 1973, "The Emergence of Various Theoretical Trends and Their Prospects in Sociology", *Sociological Forces*, 6 (2).

Goodwin, John, 2012, *Biographical Methods* (eds.), London: Sage.

Gouldner, Alving, 1970, *The Coming Crisis of Western Sociology*, NewYork: Basic Books.

Gusdorf, Georges, 1980, "Conditions and Limits of Autobiography", in *Autobiography: Essays Theoretical and Critical*, edited by James Olney, Princeton: Princeton University Press.

Gusfield, Joseph, 1990, "My Life and Soft Times", in *Authors of their Own Lives: Intellectual Autobiographies by Twenty American Sociologists*, edited by Bennett M. Berger, Berkeley: University of California Press.

Haerle, Rudolf K., 1991, "William Isaac Thomas and The Helen Culver Fund for Race Psychology: The Beginning of Scientific Sociology at the university of Chicago", 1910 – 1913, *Journal of the History of the Behavioral Sciences*, 27 (1).

Hamel, Jacques, 1997, "Sociology, Common Sense, and Qualitative Methodology: The Position of Pierre Bourdieu and Alan Touraine", *Canadian Journal of Sociology*, 22 (1).

Hamilton, Nigel, 2007, *Biography: A Brief History*, Cambridge: Harvard University Press.

Hamilton, Nigel, 2014, "A Nobel Prize for Biography", in *Theoretical Discussions of Biography*, edited by Hans Renders and Binne de Haan, Leiden: Brill.

Hammersley, Martyn, 1989, *The Dilemma of Qualitative Method: Herbert Blumer and the Chicago Tradition*, London: Routledge.

Harvey, Lee, 1987, *Myths of the Chicago School of Sociology*, Avebury: Gower Publishing Company Limited.

Hartle, Ann, 1983, *The Modern Self in Rousseau's Confessions: A Reply to St. Augustine*, Notre Dame: University of Notre Dame Press.

Hertz, R., 1997, *Reflexivity and Voice*, Thousand Oaks: Sage Publications.

Hodges, Herbert Arthur, 1952, *The Philosophy of Wilhelm Dilthey*, London: Routledge & Kegan Paul.

Horowitz, Irving Lewis, 1970, *Sociological Self-Images: A Collective Portrait*, Oxford: Pergamon Press.

Horton, John, 1964, "The Dehumanization of Anomie and Alienation: A

Problem in the Ideology of Sociology", *The British Journal of Sociology*, 15 (4).

Howard, Cosmo, 2007, "Three Models of Individualized Biography", in *Contested Individualization: Debates About Contemporary Personhood*, edited by Cosmo Howard, New York: Palgrave Macmillan.

Hugill, Kevin, 2012, "The 'Auto/biographical' Method and its Potential to Contribute to Nursing Research", *Nurse Researcher*, 20 (2).

Illouz, Eva, 2003, *Oprah Winfrey and the Glamour of Misery: An Essay on Popular Culture*, New York: Columbia University Press.

Illouz, Eva, 2007, *Cold Intimacies: The Making of Emotional Capitalism*, Cambridge: Polity Press.

Illouz, Eva, 2008a, "Review of Self-Help", *Inc.: Makeover Culture in American Life*, *Social Forces*, 86 (4).

Illouz, Eva, 2008b, *Saving the Modern Soul: Therapy, Emotions, and the Culture of Self-help*, London: University of California Press.

Janowitz, Morris, 1969, "Introduction", in *William I. Thomas' On Social Organization and Social Personality*, Chicago: University of Chicago Press.

Järvinen, Margaretha, 2000, "The Biographical Illusion", *Qualitative Inquiry*, 6 (3).

Jindra, Ines W., 2014, "Why American Sociology Needs Biographical Sociology—European Style", *Journal for the Theory of Social Behaviour*, 44 (4).

Karadag, Meltem, 2011, "Reflexivity and Common Sense Knowledge: the Paradoxes of Bourdieu's Sociology of Practice", *Eurasian Journal of Anthropology*, 2 (1).

Kebede, Alem, 2009, "Practicing Sociological Imagination Through Writing Sociological Autobiography", *Teaching Sociology*, 37 (4).

Kirschner, Suzanne R., 1996, *The Religious and Romantic Origins of Psychoanalysis: Individuation and Integration in Post-Freudian Theory*, New York: Cambridge University Press.

Kochuyt, Thierry, 2005, "Biographical and Empiricistic Illusions: A Reply To Recent Criticism", in *Biographical Research Methods* (IV), edited by Robert Miller, London: Sage.

Kohli, Martin, 2005, "Biography: Account, Text, Method", in *Biographical Research Method* (Vol. IV), edited by Robert Miller, London: Sage.

Laplanche, Jean, Jean-Bertrand Pontalis, 1974, *The Language of Psycho-Analysis*, New York: Norton.

Lash, Scott, 1993, "Reflexive Modernization: the Aesthetic Dimension", *Theory, Culture and Society*, (1).

Lash, Scott, 2002, "Individualization in a Non-Linear Mode (as a Foreword)", in *Individualization: Institutionalized Individualism and Its Social and Political Consequences*, by Ulrich Beck and Elisabeth Beck-Gernsheim, London: Sage.

Laslett, Barbara, 1991, "Biography as Historical Sociology: The Case of William Fielding Ogburn", *Theory and Society*, 20.

Lawthom, Rebecca, 2004, "Doing Life History Research", in *Researching Life Stories: Method, Theory and Analyses in a Biographical Age*, edited by Dan Goodley, Peter Clough and Rebecca Lawthom, London: Routledge Falmer.

Lenart-Cheng, Helga, 2018, "Wilhelm Dilthey's Views on Autobiography", *Life Writing*, 15 (3).

Letherby, Gayle, 2003, *Feminist Research in Theory and Practice*, Buckingham: Open University Press.

Lutz, Helma, Martina Schiebel and Elisabeth Tuider, 2018, *Handbuch Biographieforschung*, Wiesbaden: Springer.

MacIntyre, Alasdair, 2007, *After Virtue: A Study in Moral Theory*, Indiana: University of Notre Dame Press.

MacLure, Maggie, 2003, *Discourse in Educational and Social Research*, Buckingham: Open University Press.

Maggie, O'Neill, Ramaswami Harindranath, 2006, "Theorising Narratives of Exile and Belonging: The Importance of Biography and Ethno-mimesis in 'Understanding' Asylum", *Qualitative Sociology Review*, 2 (1).

Mandel, Barret J., 1980, "Full of Life Now", in *Autobiography: Essays Theoretical and Critical*, edited by James Olney, Princeton: Princeton University Press.

Marcus, J., 1992, "Racism, Terror and the Production of Australian Auto/biographies", in *Anthropology and Autobiography*, edited by Judith Okely, Helen Callaway, Abingdon: Routledge.

Markiewicz-Lagneau, Janina, 1988, "Florian Znaniecki: Polish Sociologist or American Philosopher?" *International Sociology*, 3 (4).

McGee, Micki, 2005, *Self-Help, Inc.: Makeover Culture in American Life*, London: Oxford University Press.

Meltzer, Bernard N., John W. Petras and Larry T. Reynolds, 1975, *Symbolic Interactionism: Genesis, Varieties and Criticisms*, London: Routledge & Kegan Paul.

Merrill, Barbara, Linden West, 2009, *Using Biographical Methods in Social Research*, London: Sage.

Merton, Robert K., 1988, "Some Thoughts on the Concept of Sociological Autobiography", in *Sociological Lives*, edited by Matilda White Riley, California: Sage.

Mesny, Anne, 2009, "What Do 'We' Know that "They" Don't? Sociologists' versus Nonsociologists' Knowledge", *Canadian Journal of Sociology*, 34 (3).

Miller, Robert L., 2000, *Researching Life Stories and Family Histories*, London: Sage.

Mills, C. Wright, 1963, "The Social Role of Intellectuals", in *Power, politics and People: The collected essays of C. Wright Mills*, edited by Irving Louis Horowitz, New York: Ballantine Books.

Mills, C. Wright, 2000, The *Sociological Imagination*, New York: Oxford University Press.

Morgan, David, 1998, "Auto/Biographies and other Mysteries Sociological Imaginings and Imagining Sociology: Bodies (Presidential Address to the British Sociological Association)", *Sociology*, 32 (4).

Mostwin, Danuta, 1993, "Thomas and Znaniecki's The Polish Peasant in Europe and America: Survival of the Book", *Polish American Studies*, 50 (1).

Mouzelis, Nicos, 1998, "Exploring Post-traditional Orders: Individual Reflexivity, 'Pure Relations' and Duality of Structure", in *Theorising Modernity: Reflexivity, Environment, and Identity in Giddens' Social Theory*, edited by Martin O'Brien, Sue Penna and Colin Hay, London: Routledge.

Munro, Petra, 1998, *Subject to Fiction: Women Teachers' Life History Narratives and the Cultural Politics of Resistance*, Buckingham: Open University Press.

Mykhalovskiy, Eric, 1996, "Reconsidering Table Talk: Critical Thoughts on the Relationship Between Sociology, Autobiography and Self-Indulgence", *Qualitative Sociology*, 19 (1).

Natanson, Maurice, 1982, "Introduction", in *The Problem of Social Reality*, edited and introduced by Maurice Natanson, The Hague: Martinus Nijhoff Publishers.

Oakley, Ann, 1981, "Interviewing Women: A Contradiction in Terms", in *Doing Feminist Research*, edited by Helen Roberts, London: Routledge.

Olney, James, 1980, "Some Versions of Memory/Some Versions of Bios: The Ontology of Autobiography", in *Autobiography: Essay theoretical and critical*, edited by James Olney, Princeton, NJ: Princeton University Press.

Paechter, Carrie, 1998, *Educating the Other: Gender, Power and Schooling*, London: Falmer.

Page, Charles, H., 1959, "Sociology as a Teaching Enterprise", in *Sociology Today: Problems and Prospects*, edited by Robert K. Merton, Leonard Broom and Leonard S. Cottrell, New York: Basic Books.

Parker, Zoë, 1998, "Ph. D. Students and the Auto/biogrpahies of Their Learning", in *Biography and Education: A Reader*, edited by Micheal Erben, London: Falmer Press.

Parsons, Julie M., Anne Chappell, 2019, "A Case for Auto/ Biography", in *The Palgrave Handbook of Auto /Biography*, edited by Julie M. Parsons and Anne Chappell, Palgrave Macmillan.

Parsons, Talcott, 1964, *Social Structure and Personality*, London: Free Press.

Pereira, Alex, 2018, "Notes on Facing The Biographical Illusion Without Getting Lost in the Process", *Journal of Arts & Humanities*, 5 (2).

Plummer, Ken, 1983, *Documents of Life*, London: George Allen and Unwin.

Plummer, Ken, 1991, "Review of Authors of Their Own Lives: Intellectual Autobiographies by Twenty American Sociologists", *Sociological Review*, 39 (3).

Plummer, Ken, 2001, *Documents of Life 2: An Invitation to Critical Humanism*, London: Sage.

Polkinghorne, Donald E., 1988, *Narrative Knowing and the Human Sciences*, New York: State University of New York Press.

Popadiuk, Natalee, 2004, "The Feminist Biographical Method in Psychological Research", *The Qualitative Report*, 9 (3).

Rahkonen, Keijo, 2011, "Bourdieu and Nietzsche: Taste as a Struggle", in *the Legacy of Pierre Bourdieu: Critical Essays*, edited by Simon Susen and Bryan S. Turner, London: Anthem Press.

Reed-Danahay, Deborah, 2005, *Locating Bourdieu*, Bloomington and Indianapolis: Indiana University Press.

Reinharz, Shulamit, 1992, *Feminist Methods in Social Research*, New York: Oxford University Press.

Renders, Hans, Binne de Haan and Jonne Harmsma, 2017, *The Biographical Turn: Lives in History*, London: Routledge.

Ribbens, Jane, 1993, "Facts or Fictions? Aspects of the Use of Autobiographical Writing in Undergraduate Sociology", *Sociology*, 27 (1).

Richardson, Laurel, 1997, *Fields of Play*, *Constructing an Academic Life*, New Brunswick: Rutgers University Press.

Rickman, H. P., 1979, "Wilhelm Dilthey and Biography", *Biography*, 2 (3).

Ricoeur, Paul, 1991, *From Text to Action: Essays in Hermeneutics II*, London: Athlone Press.

Riley, Matilda White, 1988, *Sociological Lives*, California: Sage Publications.

Roberts, Brain, 2002, *Biographical Research*, Buckingham: Open University Press.

Roberts, Brain, Riitta Kyllonen, 2006, "Editorial Introduction: Special Issue: Biographical Sociology", *Qualitative Sociology Review*, 2 (1).

Rogers, Susan Carol, 2001, "Anthropology in France", *Annual Review of Anthropology*, 30.

Roos, J. P., 1987, "From Farm to Office: Family, Self-Confidence and the New Middle Class", *Life Stories/Recits de vie*, 3.

Roos, J. P., 1995, "Review Essay of Touching the World: Reference in Autobiography by Paul John Eakin and The auto/biographical I by Liz Stanley", *Biography*, 18 (3).

Roos, J. P., 2005, Context, "Authenticity, Referentiality, Reflexivity: Back to Basics in Autobiography", in *Biographical Research Methods* (Vol. IV), edited by Robert Miller, London: Sage.

Rosen, Harold, 1998, *Speaking from Memory: A Guide to Autobiographical Acts and Practices*, Oakhill: Trentham Books.

Rosenthal, Gabriele, 2004, "Biographical Research Seale", in *Qualitative Research Practice*, edited by Clive Seale, Giampietro Gobo and Jaber F. Gubrium, David Silverman, London: Sage.

Ruokonen-Englera, Minna-Kristiina and Irini Siouti, 2013, "Doing Biographical Reflexivity' as a Methodological Tool in Transnational Research Settings", *Transnational Social Review: A Social Work Journal*, 3 (2).

Rustin, Michael, 2000, "Reflections on the Biographical Turn in Social Science", in *The Turn to Biographical Methods in Social Science*, edited by Prue Chamberlayne, Joanna Bornat and Tom Wengraf, London: Routledge.

Sayer, Andrew, 2005, *The Moral Significance of Class*, Cambridge: Cambridge University Press.

Schutz, Alfred, 1970, *Studies in Phenomenological Philosophy* (Collected Papers III), edited by Ilse Schutz, The Hague: Martinus Nijhott.

Schutz, Alfred, 1982, *The Problem of Social Reality* (Collected Papers I), edited and introduced by Maurice Natanson, The Hague: Martinus Nijhoff Publishers.

Schutz, Alfred, 1996a, *Basic Problems of Political Economy* (Collected Papers IV.), edited by Helmut Wagner and George Psathas, Dordrecht: Kluwer Academic Publishers.

Schutz, Alfred, 1996b, *Phaenomenologica* (Collected Papers, Volume IV), edited by Helmut Wagner, George Psathas and Fred Kersten, Dordrecht: Springer Science + Business Media.

Schutz, Alfred, 2011, *Phenomenology and the Social Sciences* (Collected Papers V), edited by Lester Embree, Dordrecht: Springer.

Schutz, Alfred, Thomas Luckmann, 1989, *The Structures of the Life-World*, translated by Richard M. Zaner and David J. Parent, Illinois: Northwestern University.

Seale, Clive, Giampetro Gobo, Jaber F, 2004, "Gubrium and David Silverman (eds)", *Qualitative Research Practice*, London: Sage.

Sennett, Richard, 1998, *The Corrosion of Character: The Personal Consequences of Work in the New Capitalism*, New York and London: Norton.

Shantz, Jeffrey, 2009, "Biographical Sociology: Struggles over an Emergent Sociological Practice", *a/b: Auto/Biography Studies*, 24 (1).

Siisiäinen, Lauri, 2012, "Confession, Voice and the Sensualization of Power:

The Significance of Michel Foucault's 1962 Encounter with Jean-Jacques Rousseau", *Foucault Studies*, (14).

Sikes, Pat, 2010, "The Ethics of Writing Life Histories and Narratives in Educational Research", in *Exploring Learning, Identity and Power through Life History and Narrative Research*, edited by Ann-Marie Bathmaker and Penelope Harnett, London: Routledge.

Simeoni, Daniel, Marco Diani, 1995, "Between Objects and Subjects: The Nation-Bound Character of Biographical Research", *Current Sociology*, 43 (2).

Simmel, Georg, 2004, *The Philosophy of Money* (3rd enlarged edition), London: Routledge.

Slavney, Phillip R., Paul R. Mchugh, 1984, "Life stories and meaningful connections: Reflections on a clinical method in psychiatry and medicine", *Perspectives in Biology and Medicine*, 2.

Smith, Dorothy Edith, 1989, "Sociological Theory: Writing Patriarchy into Feminist Texts", in *Feminism and Sociological Theory*, edited by R. Wallace, London: Sage.

Smith, Sidonie, Julia Watson, 2010, *Reading Autobiography: A Guide for Interpreting Life Narratives*, Minneapolis: University of Minnesota Press.

Sørensen, Mads P., Allan Christiansen, 2013, *Ulrich Beck: An introduction to the theory of Second Modernity and the Risk Society*, London: Routledge.

Sparkes, Andrew C., 2000, "Autoethnography and Narratives of Self: Reflections on Criteria in Action", *Sociology of Sport Journal*, 17 (1).

Stanley, Liz, 1984, *The Diaries of Hannah Cullwick* (ed.), New Jersey: Rutgers University Press.

Stanley, Liz, 1988, *The Life and Death of Emily Wilding Davidson*, London: The Women's Press.

Stanley, Liz, 1990a, "Doing Ethnography, Writing Ethnography", *Sociology*, 24.

Stanley, Liz, 1990b, *Feminist Praxis: Research, Theory and Epistemology in*

Feminist Sociology (ed.), London: Routledge.

Stanley, Liz, 1992, *The Auto/Biographical I: The Theory and Practice of Feminist Auto/Biography*, NewYork: St. Martin's Press.

Stanley, Liz, 1993, On Auto/Biography in Sociology, *Sociology*, 27 (1).

Stanley, Liz, 2013, "'A Referral was Made': Behind the Scenes during the Creation of a Social Services Department 'Elderly' Statistic", in *Feminist Praxis Research: Theory and Epistemology in Feminist Sociology*, edited by Liz Stanley, London and New York: Routledge.

Stanley, Liz, 2018, "Biography", in *The Blackwell Encyclopedia of Sociology*, edited by George Ritzer and Chris Rojek, Oxford: Blackwell Publishing.

Stanley, Liz, Sue Wise, 1995, *Breaking Out Again: Feminist Ontology and Epistemology*, London: Routledge.

Stanley, Liz, David Morgan, 1993, "Editorial Introduction for Special Issue: Biography and Autobiography in Sociology", *Sociology*, 27 (1).

Symonolewicz, Constantin, 1944, "Autobiography as a Source for Historical and Sociological Studies of Polish Immigration", *Polish American Studies*, 1 (1).

Taylor, Chloë, 2009, *The Culture of Confession from Augustine to Foucault: A Genealogy of the "Confessing Animal"*, London: Routledge.

Taylor, Stephanie, Karen Littleton, 2006, "Biographies in Talk: A Narrative-Discursive Research Approach", *Qualitative Sociology Review*, 2 (1).

Temple, Bogusia, 2006, "Representation across Languages: Biographical Sociology Meets Translation and Interpretation Studies", *Qualitative Sociology Review*, 2 (1).

Thomas, Evan A., 1978, "Herbert Blumer's Critique of the Polish Peasant: A Post Mortem on the Life History Approach in Sociology", *Journal of the History of the Behavioral Sciences*, 14.

Thomas, William I., Florian Znaniecki, 1958, *The Polish Peasant in Europe and America* (2 vols), New York: Dover.

Tilly, Charles, 1993, "Blanding in: A review of Berger's Authors of Their Own Lives: Intellectual Autobiographies by Twenty American Sociologists", *Sociological Forum*, 8 (3).

Wacquant, Loïc, 1989, "Towards a Reflexive Sociology: A Workshop with Pierre Bourdieu", *Sociological Theory*, 7 (1).

Wacquant, Loïc, 2000, "Academic Portraits: Autobiography and Scientific Censorship in American Sociology", in *Ideology and the Social Sciences: Contributions in Sociology*, edited by Graham Charles Kinloch and Raj P. Mohan, Westport: Greenwood Press.

Wagner, Peter, 1994, *A Sociology of Modernity: Liberty and Discipline*, London: Routledge.

Walkerdine, Valerie, 2005, *Thereapy, New keywords: A Revised Vocabulary of Culture and Society*, edited by Tony Bennett, Lawrence Grossberg and Meaghan Morris, Malden: Blackwell Publishing Ltd.

Warde, Alan, 1994, "Consumption, Identity-Formation and Uncertainty", *Sociology*, (4).

White, Haydn, 1991, "The Metaphysics of Narrativity", in *On Paul Ricoeur*, edited by David Wood, London: Routledge.

Williams, Raymond, 1977, *Marxism and Literature*, Oxford: Oxford University Press.

Zussman, Robert, 2000, "Autobiographical Occasions: Introduction to the Special Issue", *Qualitative Sociology*, 23 (1).

后　　记

　　本书仅意味着一个课题项目的完结，众多议题有待深入展开。对于书中不如意甚至错处，恳请学界同人批评指正。囿于学识，五位专家给出的结项鉴定意见，恕未能在本书中悉数采纳。为确保议题更聚焦，本书也略去了结项成果中有关传记方法的内容。

　　由衷感谢成伯清老师，该研究议题的选择就是得他指引，学术之路上常有老师耳提面命，幸何如之。在与王佳鹏、任克强、罗朝明、田林楠等同门的交流讨论中，我也多有收获。

　　感谢所在单位江苏省社会科学院诸多领导、同事对本项研究给予过的关心与支持。尤其是丁惠平研究员，就书中内容提出了很多美好建议，并以榜样的力量激励本书付印。皮后峰研究员不时关心本书出版进度，话虽简单却激励人心。

　　书中部分章节先后在《社会》《学海》《广东社会科学》《山东社会科学》《学术界》《江海学刊》等学术期刊发表，感谢田青、毕素华、陆影、刘姝媛、陈泽涛、丁惠平、李天驹诸位老师，他们高超的编研水平令我受益匪浅。感谢本书责任编辑姜雅雯女士，她卓越的工作使本书增色良多。

　　最后要感谢我的爱人陆丽娜，她对于家庭的默默付出，一直是我工作上最有力的支持。本书得以出版，我的女儿鲍美羲同学更是开心，岁月不待人，时时共勉励。

鲍磊

2023 年 7 月于南京